Todos los libros de Linkgua Ediciones cuentan con modelos de Inteligencia Artificial entrenados por hispanistas. Pregúntale al chat de tu libro lo que desees acerca de la obra o su autor/a.

Para ebooks: Accede a nuestro modelo de IA a través de un enlace.

Para libros impresos: Escanea el código QR de la portada con tu dispositivo móvil.

Obtén análisis detallados de nuestros libros, resúmenes, respuestas a tus preguntas y accede a nuestras ediciones críticas generativas para una experiencia de lectura más enriquecedora.
La transparencia y el respeto hacia la autoría de las fuentes utilizadas son distintivos básicos de nuestro proyecto. Por ello, las respuestas ofrecen, mediante un sistema de citas, las fuentes con las que han sido elaboradas.

Autores varios

Antología sobre el Congreso Anfictiónico de Panamá

Barcelona 2025
Linkgua-ediciones.com

Créditos

Título original: Antología sobre el Congreso Anfictiónico de Panamá.

e-mail: info@Linkgua-ediciones.com

Diseño de cubierta: Michel Mallard.

ISBN rústica tipográfica: 978-84-9953-547-0.
ISBN rústica ilustrada: 978-84-1076-067-7
ISBN tapa dura: 978-84-1076-008-0.
ISBN ebook: 978-84-1076-007-3.

Sumario

Brevísima presentación

La presente antología de Documentos del Congreso Anfictiónico de Panamá, también llamado Congreso de Panamá, incluye los documentos clave discutidos y redactados en dicha reunión. Asimismo aquí podrán encontrar los lectores las ideas filosóficas que animaron el Proyecto de una América unida en una sola nación. Sus antecedentes están el Proyecto de Constitución para las Colonias hispanoamericanas de Francisco de Miranda.

El congreso Anfictiónico fue convocado por Simón Bolívar. Quería unir a los nuevos Estados americanos sobre los territorios de los antiguos virreinatos.

En el congreso estuvieron:

la Gran Colombia,
México,
Perú
y la República Federal de Centro América.

Bolivia y Estados Unidos no llegaron a tiempo. Las Provincias Unidas del Río de la Plata, el Imperio del Brasil y Chile no mostraron interés. Paraguay no fue invitado.

El congreso Anfictiónico y su proyecto de confederación auspiciado por Simón Bolívar fracasó. Porque los asistentes no se pusieron de acuerdo.

Documentos sobre el Congreso Anfictiónico de Panamá

Documento n.º 1. Invitación del libertador, presidente de Colombia a los gobiernos de las nuevas repúblicas a que suscriban un tratado confederativo bilateral

Cuartel general de Cali, 8 y 9 de enero de 1822[1]
República de Colombia Simón Bolívar Libertador presidente de Colombia, &, &, &.
Excmo. Señor:
De cuantas épocas señala la historia de las naciones americanas, ninguna es tan gloriosa como la presente, en que desprendidos los imperios del Nuevo Mundo de las cadenas que desde el otro hemisferio les había echado la cruel España, han recobrado su libertad, dándose una existencia nacional. Pero el gran día de la América no ha llegado. Hemos expulsado a nuestros opresores, roto las tablas de sus leyes tiránicas y fundado instituciones legítimas; mas todavía nos falta poner el fundamento del pacto social, que debe formar de este mundo una nación de Repúblicas.

V.E., colocado al frente [del Gobierno de su país],[2] está llamado por una suerte muy afortunada a sellar con su nombre la libertad eterna y la salud de América. Es V.E. el hombre a quien esa bella nación deberá en su más remota posteridad, no solamente su creación política, sino su estabilidad social y su reposo doméstico.

La asociación de los cinco grandes Estados de América es tan sublime en sí misma, que no dudo vendrá a ser motivo de asombro para la Europa.

La imaginación no puede concebir sin pasmo la magnitud de un coloso, que semejante al Júpiter de Homero, hará

1 Simón Bolívar, Cartas del Libertador, 2.ª ed., Caracas, Banco de Venezuela / Fundación Vicente Lecuna, 1964-1970, T. III, documento n.º 828, págs. 181-182.

2 Con pequeñas modificaciones, esta comunicación es enviada a los gobiernos de Chile, Perú y Provincias Unidas del Sur.

temblar la tierra de una ojeada. ¿Quién resistirá a la América reunida de corazón, sumisa a una ley y guiada por la antorcha de la libertad? Tal es el designio que se ha propuesto el Gobierno de Colombia al dirigir cerca de V.E. a nuestro Ministro Plenipotenciario senador Joaquín Mosquera.[3]

Dígnese acoger esta misión con toda su bondad. Ella es la expresión del interés de la América. Ella debe ser la salvación del Nuevo Mundo.

Acepte V.E. los homenajes de alta consideración con que tengo el honor de ser de V.E. su obediente servidor.

Simón Bolívar

3 Miguel de Santamaría parte con propósito similar a México, aunque la carta de Bolívar a ese Gobierno es de felicitación y se refiere de manera general el deseo de que México y Colombia «se presenten al mundo asidas de mano, y aun más por el corazón». S. Bolívar, Cartas del Libertador, Op. cit., T. III, documento n.° 785, págs. 137-138.

Documento n.º 2. Instrucciones del gobierno de Colombia dadas a Joaquín Mosquera y Miguel Santamaría para su misión a los Estados del Perú, Chile, Buenos Aires y México

Cúcuta, 10 y 11 de octubre de 1821[4]
República de Colombia Secretaría de Estado y Relaciones Exteriores Tengo el placer de acompañar a V.S. los poderes y credenciales de Ministro Plenipotenciario de la República cerca de los Gobiernos Supremos del Perú, Chile y Buenos Aires, para que ha sido nombrado extraordinariamente.[5]

V.S. debe esta confianza a sus conocimientos y al celo que ha manifestado siempre por la causa pública, y que le ha hecho justamente acreedor al aprecio de sus compatriotas. S.E. el Vicepresidente espera que V.S. corresponderá a ella con la actividad que le es propia, aprovechando la primera oportunidad que se presente para encaminarse a la capital de Lima y sucesivamente a las de Santiago de Chile y Buenos Aires, prefiriendo la ruta de los Andes para este último destino.

Luego que V.S. haya presentado sus plenos poderes al Secretario de Estado y Relaciones Exteriores y obtenido el permiso para comparecer personalmente a entregar sus letras credenciales a la persona o personas que administren la autoridad suprema en aquellos Estados, se esforzará V.S. en persuadir verbalmente y con las formalidades de estilo los vivos deseos que animan al Gobierno de Colombia para establecer con ellos relaciones íntimas que aseguren la exis-

4 Vicente Lecuna; comp., Relaciones diplomáticas de Bolívar con Chile y Buenos Aires, Caracas, Imprenta Nacional, 1954, T. I, págs. 7-13; 35-40.

5 Las instrucciones de Mosquera y Santamaría difieren en algunos puntos generalmente sin importancia.
La presente trascripción corresponde a las instrucciones de Mosquera.

tencia política y prosperidad de la América antes española, con las congratulaciones propias de los sucesos prósperos que hayan ocurrido.

Concluida esta ceremonia, presentará V.S., por el respectivo Ministro, la ley fundamental, la Constitución de Colombia, añadiendo que cualquiera que sea la forma de gobierno que adopten definitivamente el Perú, Chile y Buenos Aires, para asegurar su tranquilidad interior y su libertad, la República de Colombia tendrá siempre la mayor gloria en contribuir por su parte al sostenimiento de la causa de la independencia, que es el objeto primario de la actual contienda.

Para lograr más prontamente este objeto esencial, invitará V.S. a los Gobiernos Independientes del Perú, Chile y Buenos Aires, a concluir con esta República un pacto convencional de federación para la defensa de la causa común hasta obligar al enemigo a desistir, en virtud de nuestra unanimidad de sentimientos y comunidad de intereses recíprocos, de la guerra injusta a que nos han provocado, reconociendo nuestra soberanía e independencia nacional.

Este es el punto cardinal de la misión que se ha puesto al cargo de V.S. Bajo este concepto, está V.S. plenamente autorizado para ajustar, arreglar y concluir con aquellos Gobiernos un tratado de liga o confederación, o convención confederativa, por el cual se convengan mutuamente, con sus fuerzas marítimas y terrestres, a cooperar enérgicamente al sostenimiento de nuestra independencia de España. Puede V.S. estipular que el Gobierno de Colombia mantendrá a disposición de aquellos Estados una fuerza disponible de cuatro mil hombres y sus fuerzas de mar indistintamente, siempre que por su parte se obliguen igualmente a contribuir con un número proporcionado de fuerzas, según su población y riquezas.

Ambas Partes Contratantes se obligan a no entrar en negociación alguna con el Gobierno de S.M.C., sino sobre la base de los respectivos territorios, como estaban demarcados en el año 1810, esto es, la extensión del territorio que comprendía cada Capitanía General o Virreinato de América, a menos que por leyes posteriores a la revolución, como ha sucedido en Colombia, se incorporen en un solo Estado dos o más Capitanías Generales o Virreinatos.

A este intento manifestará V.S. el estado político de nuestras provincias, ilustrando los sucesos que las han libertado de la dominación española, hasta no quedar más que Puerto Cabello e istmo de Panamá ocupados por el enemigo en toda la extensión de nuestras costas, así sobre el Atlántico como sobre el Pacífico, e igualmente en lo interior, parte de la provincia de Quito, que muy pronto debe incorporarse en nuestro territorio, a esfuerzos de nuestras armas, que marchan hoy a aquel destino.

Como en el estado en que nos hallamos no es posible muchas veces combinar mutuamente las operaciones que se dirigen a repeler una fuerza invasora o destruir las maquinaciones a los enemigos interiores, es conveniente que V.S. pacte que cada Parte Contratante queda en libertad de obrar hostilmente en el territorio de la otra, siempre que lo exijan circunstancias del momento que no den lugar a ponerse previamente de acuerdo con el Gobierno de aquella a quien corresponda la soberanía del territorio expresado.

En tal caso, la Parte que así obrare, deberá cumplir y hacer cumplir las leyes del Estado respectivo en cuanto lo permita la situación política del país, y hacer obedecer y respetar su gobierno, reservando para arreglos posteriores el modo de evacuar el territorio por sus armas. Los gastos que se impendan en estas operaciones se liquidarán igualmente por convenios particulares y amistosos, y serán pagados un año después de la conclusión de la guerra, o antes si fuere posible.

Las Partes Contratantes se obligarán a no ceder bajo ningún pretexto a las pretensiones que pueda mover el Gobierno español en materia de indemnización por la pérdida de su antigua supremacía sobre estos países, a menos que dicho gobierno se obligue a subsanar los daños y perjuicios que una guerra injusta de once años ha irrogado a nuestros compatriotas en sus personas y propiedades. Esta es una materia de muchísima consideración y que V.S. debe tener muy presente, porque ya el Ministro de Madrid ha dado algunos indicios de sus intenciones en esta parte para el caso de desesperación. Sería a la verdad la mayor demencia que los Estados Americanos consintiesen en hacerse tributarios de España ni de ninguna otra potencia, después de haber defendido y conquistado tan gloriosamente su propia existencia.

En materia de comercio podrá V.S. convenir en un mismo tratado, o separadamente, en que los buques y producciones territoriales de las Partes Contratantes no pagarán más derecho de importación y exportación que los que asignan para los nacionales las leyes que gobiernan a los puertos de su arribada, es decir, que los buques de Colombia y sus producciones naturales introducidas bajo su pabellón, se tendrán como nacionales en los puertos del Perú, Chile y Buenos Aires para el arreglo de derechos y lo mismo sucederá en los de esta República. Asimismo estipulará V.S. que se respete el dominio y propiedad de los buques y cargamentos de ambas Partes que llegaren a unos y a otros puertos por avería u otras causas, dándoles la hospitalidad y protección necesaria, siempre que no infrinjan sus leyes. Las propiedades muebles o inmuebles de los comerciantes y de los ciudadanos en general, deberán también ser respetadas y protegidas, pudiendo disponer libremente de ellas por contratos entre vivos o por muerte. Cuanto V.S. convenga en materia de comercio deberá ser por un tiempo limitado que no exceda de diez años.

Habiendo acreditado la experiencia de la presente guerra los abusos que cometen algunos buques armados en alta mar, sin autorización legítima y a pretexto de defender la causa de nuestra libertad e independencia, será conveniente que V.S. convenga con aquellos gobiernos sobre hacer extensiva la jurisdicción de nuestros juzgados marítimos a los buques armados y sus presas indistintamente, que arribaren a cualquier puerto de una y otra Parte.

Las depredaciones escandalosas que están cometiendo algunos piratas con nuestros propios pabellones en perjuicio notable del comercio nacional y extranjero, persuaden la necesidad de extendernos en esta parte para mantener nuestro crédito y vivir en buena inteligencia con las demás naciones.

V.S. sabe muy bien cuán repetidas han sido y son las quejas de los neutrales principalmente contra los corsarios que llevan el pabellón de Buenos Aires o de la Banda Oriental con patentes supuestas o legítimas; pero que estando muy lejos del centro de la autoridad que debe reprimirlos, se entregan en estos mares a toda suerte de excesos.

Mas repito a V.S. que, de cuanto llevo expuesto, nada interesa tanto en estos momentos como la formación de una liga verdaderamente americana.

Pero esta Confederación no debe formarse simplemente sobre los principios de una alianza ordinaria para la ofensa y defensa: debe ser mucho más estrecha que la que se ha formado últimamente en la Europa contra las libertades de los pueblos. Es necesario que la nuestra sea una Sociedad de Naciones hermanas, separadas por ahora y en el ejercicio de su soberanía, por el curso de los acontecimientos humanos, pero unidas, fuertes y poderosas para sostenerse contra las agresiones del poder extranjero. Es indispensable que V.S. encarezca incesantemente la necesidad que hay de poner desde ahora los cimientos de un cuerpo anfictiónico o Asamblea de Plenipotenciarios, que dé impulso a los intereses comunes de los Estados americanos y dirima las discordias que puedan suscitarse en lo venidero entre pueblos que tienen unas mismas costumbres y unas mismas habitudes, y que por falta de una institución tan santa, pueden quizás encender las guerras funestas que han desolado otras regiones menos afortunadas. El Gobierno y pueblo de Colombia está muy dispuesto a cooperar a un fin tan laudable, y desde luego se prestaría a enviar, uno, dos o más plenipotenciarios al lugar que se designare, siempre que los demás Estados de América se prestasen a ello.[6] Entonces podríamos de común acuerdo demarcar las atribuciones de esta asamblea verdaderamente augusta. V.S. está autorizado para arreglar este punto interesantísimo con los Gobiernos Supremos del Perú, Chile y Buenos Aires, si lo juzgaren también útil y necesario.

Además de esto, es preciso que V.S. se entienda clara y distintamente con el Gobierno del Perú en materia de límites. El Estado de Guayaquil exige un manejo prudente, debiendo V.S. obrar de modo que aquella Provincia quede incorporada en el territorio de la República, sin dar jamás a traslucir la menor duda en que deba serlo de hecho y de derecho. V.S., que ha nacido en Popayán, sabe muy bien que la Provincia de Guayaquil ha estado bajo la jurisdicción inmediata de la Audiencia de Quito, y que el Virreinato de Lima no ha tenido otra intervención que la de las armas para su defensa exterior, por haberlo así creído conveniente el Gobierno español, en atención a su posición geográfica.

6 Las instrucciones de Santamaría dicen: «a Panamá o al lugar que se designare siempre que los demás Estados de América se prestaren a ello».

Esta intervención, si no me equivoco, no la tuvo el Virrey del Perú, hasta el año de 1802, pues antes de esta época correspondió íntegra y absolutamente a lo que se llamó Nueva Granada.

Es también necesario que V.S. inquiera de los Gobiernos de Chile y Buenos Aires la parte que han tenido en el establecimiento de las islas de San Andrés y Santa Catalina, correspondientes a la provincia de Cartagena. En dichas islas, ha dos años que estableció Aury, titulándose general y comisionado de aquellos Gobiernos para contribuir a la libertad de estas provincias marítimas. Pero hasta la fecha solo hemos visto organizado allí un sistema de corsarios, bajo el pabellón de Buenos Aires, que han causado no poca inquietud al comercio y envilecido la causa que pretenden defender con sus expediciones depredatorias. El Almirante de la estación de Jamaica acaba de elevar sus quejas a este Gobierno sobre aquel establecimiento, cuyos jefes aun después de la muerte de Aury, han continuado a nombre de Chile y Buenos Aires expidiendo patentes de corso, confiriendo grados militares y ejerciendo casi todas las atribuciones de la soberanía. Este Gobierno espera el informe de V.S. para tomar las medidas correspondientes, que no ha adoptado hasta el día, a pesar de las circunstancias, por puro respeto a los Gobiernos de quienes dependen, según sus alegatos.

V.S. puede llevar consigo a una persona que le sirva de Secretario en su misión, y a medida que vaya terminando sus negociaciones en Lima, Chile y Buenos Aires, dejará a su salida un Encargado de Negocios de esta República con las instrucciones necesarias para que promueva nuestros intereses en aquellos países en conformidad de los arreglos que se hagan, y mantengan con este Gobierno una correspondencia tan frecuente como sea posible. Yo deseo a V.S. en particular un viaje pronto y feliz, y que sus resultados sean tan favorables a Colombia como lo desea el Gobierno.

Dios guarde a V.S. muchos años.

Pedro Gual

Documento n.º 3. Tratado de unión, liga y confederación perpetua entre la República de Colombia y el Estado de Perú

Lima, 6 de julio de 1822[7]

En el nombre de Dios, Soberano Gobernador del Universo.

El Gobierno de la República de Colombia por una parte, y por otra el Estado del Perú, animado del más sincero deseo de poner prontamente un término a las calamidades de la presente guerra, a que se han visto provocados por el Gobierno de S.M.C. el rey de España, cooperando eficazmente a tan importante objeto con todo su influjo, recursos y fuerzas marítimas y terrestres, hasta asegurar para siempre a sus pueblos, súbditos y ciudadanos respectivos los preciosos goces de su tranquilidad interior, de su libertad e independencia nacional; habiendo S.E. el Libertador presidente de Colombia conferido al efecto plenos poderes al honorable señor Joaquín Mosquera, miembro del Senado de la República del mismo nombre; y el del Estado del Perú al ilustrísimo y honorable señor coronel don Bernardo Monteagudo, consejero y ministro de Estado y Relaciones Exteriores, fundador y miembro del Gran Consejo de la Orden del Sol, y secretario de él, condecorado con la medalla del Ejército Libertador, superintendente de la renta general de correos, y presidente de la Sociedad Patriótica; después de haber canjeado en buena y debida forma los expresados poderes, han convenido en los artículos siguientes:

Artículo 1. La República de Colombia y el Estado del Perú se unen, ligan y confederan desde ahora para siempre, en paz y guerra, para sostener con su influjo y fuerzas maríti-

7 Vicente Lecuna; comp., Relaciones diplomáticas de Bolívar con Chile y Buenos Aires, Caracas, Imprenta Nacional, 1954, T. I, págs. 14-18.

mas y terrestres, en cuanto lo permitan las circunstancias, su independencia de la nación española de cualquiera otra dominación extranjera, y asegurar, después de reconocida aquella, su mutua prosperidad, la mejor armonía y buena inteligencia, así entre sus pueblos, súbditos y ciudadanos como con las demás potencias con quienes deben entrar en relaciones.

Artículo 2. La República de Colombia y el Estado del Perú se prometen por tanto, y contraen espontáneamente un Pacto perpetuo de alianza íntima y amistad firme y constante para su defensa común, para la seguridad de su independencia y libertad, para su bien recíproco y general y para su tranquilidad interior,[8] obligándose a socorrerse mutuamente, y rechazar en común todo ataque o invasión que pueda de alguna manera amenazar su existencia política.

Artículo 3. En casos de invasión repentina, ambas Partes podrán obrar hostilmente en los territorios de la dependencia de una u otra, siempre que las circunstancias del momento no den lugar a ponerse de acuerdo con el Gobierno a quien corresponda la soberanía del territorio invadido. Pero la Parte que así obrase, deberá cumplir y hacer cumplir los estatutos, ordenanzas y leyes del Estado respectivo, en cuanto lo permitan las mismas circunstancias, y hacer respetar y obedecer su Gobierno. Los gastos que se hubiesen impendido en estas operaciones se liquidarán por convenios separados y se abonarán un año después de la presente guerra.

Artículo 4. Para asegurar y perpetuar del mejor modo posible la buena amistad y correspondencia entre ambos Estados, los ciudadanos del Perú y de Colombia gozarán de los derechos y prerrogativas que corresponden a los ciudadanos nacidos en ambos territorios, es decir, que los colombianos serán tenidos en el Perú por peruanos y estos en la Repúbli-

8 Subrayado en el original.

ca de Colombia por colombianos; sin perjuicio de las ampliaciones o restricciones que el Poder Legislativo de ambos Estados haya hecho o tuviere a bien hacer con respecto a las calidades que se requieren para ejercer las primeras magistraturas. Mas para entrar en el goce de los demás derechos activos y pasivos de ciudadanos, bastará que hayan establecido su domicilio en el Estado a que quieran pertenecer.

Artículo 5. Los súbditos y ciudadanos de ambos Estados tendrán libre entrada y salida de sus puertos y territorios respectivos y gozarán en ellos de todos los derechos civiles, y privilegios de tráfico y comercio; sujetándose únicamente a los derechos, impuestos y restricciones a que lo estuvieren los súbditos y ciudadanos de cada una de las Partes Contratantes.

Artículo 6. En esta virtud, los buques y producciones territoriales de cada una de las Partes Contratantes no pagarán más derechos de importación, exportación, anclaje y tonelada, que los establecidos o que establecieren para los nacionales en los puertos de cada Estado, según sus leyes vigentes, es decir, que los buques y producciones de Colombia abonarán los derechos de entrada y salida en los puertos del Estado del Perú como peruanos, y los del Estado del Perú en los de Colombia como colombianos.

Artículo 7. Ambas Partes Contratantes se obligan a prestar cuantos auxilios estén a su alcance a los bajeles de guerra y mercantes que llegaren a los puertos de su pertenencia por causa de avería o cualquier otro motivo; y podrán carenarse, repararse, hacer víveres, armarse, aumentar su armamento y tripulaciones hasta el estado de poder continuar sus viajes o cruceros, a expensas del Estado o particulares a quienes correspondan.

Artículo 8. A fin de evitar los abusos escandalosos que puedan causar en alta mar los corsarios armados por cuenta de los particulares, en perjuicio del comercio nacional y el de los neutrales, convienen ambas Partes en hacer extensiva la jurisdicción de sus cortes marítimas a los corsarios que navegan bajo el pabellón de una y otra, y sus presas indistintamente, siempre que no puedan navegar fácilmente hasta los puertos de su procedencia, o que haya indicio de haber cometido exceso contra el comercio de las naciones neutrales con quienes ambos Estados desean cultivar la mejor armonía y buena inteligencia.

Artículo 9. La demarcación de los límites precisos que hayan de dividir los territorios de la República de Colombia y el Estado del Perú, se arreglarán por un convenio particular después que el próximo Congreso Constituyente del Perú haya facultado al Poder Ejecutivo del mismo Estado para arreglar este punto, y las diferencias que puedan ocurrir en esta materia se terminarán por los medios conciliatorios y de paz, propios de dos naciones hermanas y confederadas.

Artículo 10. Si por desgracia se interrumpiere la tranquilidad interior en alguna parte de los Estados mencionados, por hombres turbulentos, sediciosos, y enemigos de los Gobiernos legítimamente constituidos por el voto de los pueblos, libre, quieta y pacíficamente expresado en virtud de sus leyes, ambas Partes se comprometen solemne y formalmente a hacer causa común contra ellos, auxiliándose mutuamente con cuantos medios estén en su poder, hasta lograr el restablecimiento del orden y del imperio de sus leyes.

Artículo 11. Si alguna persona culpable o acusada de traición, sedición, u otro grave delito huyese de la justicia y se encontrase en el territorio de alguno de los Estados mencionados, será entregada a disposición del Gobierno que tiene conocimiento del delito, y en cuya jurisdicción debe ser juzgada, luego que la Parte ofendida haya hecho su reclamación en forma. Los desertores de los ejércitos y marina nacional de una y otra Parte quedan igualmente comprendidos en este artículo.

Artículo 12. Este tratado o convención de unión y amistad firme y perpetua, será ratificado por el Gobierno del Estado del Perú en el término de diez días, sin perjuicio de la aprobación que deberá obtener del próximo Congreso Constituyente; y por el de la República de Colombia, tan prontamente como pueda obtener la aprobación del Senado, en virtud de lo dispuesto por la ley del Congreso de 13 de octubre de 1821; y en caso que por algún accidente no pueda reunirse, será ratificado en el próximo Congreso, conforme a lo prevenido por la Constitución de la República en el artículo 55, párrafo 18.

Las ratificaciones serán canjeadas sin demora, en el término que permiten las distancias que separan a ambos Gobiernos.

En fe de lo cual, los respectivos Plenipotenciarios lo han firmado y sellado con los sellos de los Estados que representan.

Hecho en la ciudad de los libres de Lima, a 6 de julio del año de gracia de 1822, 12.º de la independencia de Colombia y 3.º de la del Perú.

Bernardo Monteagudo — Joaquín Mosquera

Documento n.º 4. Tratado entre la República de Colombia y el Estado de Perú para formar la asamblea de plenipotenciarios

Lima, 6 de julio de 1822[9]
En el nombre de Dios, Soberano Gobernador del Universo.
El Gobierno de la República de Colombia por una parte, y por otra el del Estado del Perú, animados de los más sinceros deseos de terminar las calamidades de la presente guerra a que se han visto provocados por el Gobierno de S.M.C. el rey de España, decididos a emplear todos sus recursos y fuerzas marítimas y terrestres para sostener eficazmente su libertad e independencia; y deseosos de que esta liga sea general entre todos los Estados de la América antes española, para que unidos, fuertes y poderosos, sostengan en común la causa de su independencia, que es el objeto primario de la actual contienda; han nombrado Plenipotenciario para discutir, arreglar y concluir un tratado de unión, liga y confederación, a saber: S.E. el Libertador presidente de Colombia al honorable señor Joaquín Mosquera, miembro del Senado de la República del mismo nombre; y S.E. el Supremo Delegado del Estado del Perú al ilustrísimo y honorable señor coronel don Bernardo Monteagudo, consejero y ministro de Estado y Relaciones Exteriores, fundador y miembro del Gran Consejo de la Orden del Sol, y secretario de él, condecorado con la medalla del Ejército Libertador, superintendente de la Renta General de Correos y presidente de la Sociedad Patriótica; los cuales, después de haber canjeado sus plenos

9 Vicente Lecuna; comp., Relaciones diplomáticas de Bolívar con Chile y Buenos Aires, Caracas, Imprenta Nacional, 1954, T. I, págs. 19-22.

poderes, hallados en buena y debida forma, han convenido en los artículos siguientes:

Artículo 1. Para estrechar más los vínculos que deben unir en lo venidero a ambos Estados, y llenar cualquiera dificultad que pueda presentarse e interrumpir de algún modo su buena correspondencia y armonía, se formará una asamblea compuesta de dos Plenipotenciarios por cada Parte, en los términos y con las mismas formalidades que, en conformidad de los usos establecidos, deben observarse para el nombramiento de los Ministros de igual clase cerca de los Gobiernos de las naciones extranjeras.

Artículo 2. Ambas Partes se obligan a interponer sus buenos oficios con los Gobiernos de los demás Estados de la América antes española para entrar en este Pacto de unión, liga y confederación perpetua.

Artículo 3. Luego que se haya conseguido este grande e importante objeto, se reunirá una Asamblea General de los Estados americanos, compuesta de sus Plenipotenciarios, con el encargo de cimentar de un modo el más sólido y establecer las relaciones íntimas que deben existir entre todos y cada uno de ellos, y que les sirva de consejo en los grandes conflictos, de punto de contacto en los peligros comunes, de fiel intérprete de sus tratados públicos cuando ocurran dificultades, y de juez árbitro[10] y conciliador en sus disputas y diferencias.

Artículo 4. Siendo el istmo de Panamá una parte integrante de Colombia, y el más adecuado para aquella augusta reunión, esta República se compromete gustosamente a prestar a los Plenipotenciarios que compongan la Asamblea de los Estados americanos todos los auxilios que demanda la hospitalidad entre pueblos hermanos, y el carácter sagrado e inviolable de sus personas.

10 Subrayado en el original.

Artículo 5. El Estado del Perú contrae desde ahora igual obligación, siempre que por los acontecimientos de la guerra, o por el consentimiento de la mayoría de los Estados americanos, se reúna la expresada asamblea en el territorio de su dependencia, en los mismos términos en que se ha comprometido la República de Colombia en el artículo anterior, así con respecto al istmo de Panamá como de cualquier otro punto de su jurisdicción que se crea a propósito para este interesantísimo fin, por su posición central entre los Estados del Norte y del Mediodía de esta América antes española.

Artículo 6. Este Pacto de unión, liga y confederación perpetua no interrumpirá en manera alguna el ejercicio de la soberanía nacional de cada una de las Partes Contratantes, así por lo que mira a sus leyes y el establecimiento y forma de sus Gobiernos respectivos, como con respecto a sus relaciones con las demás naciones extranjeras. Pero se obligan expresa e irrevocablemente a no acceder a las demandas de tributos o exacciones que el Gobierno español pueda entablar por la pérdida de su antigua supremacía sobre estos países, o cualquiera otra nación en nombre y representación suya, ni entrar en tratado con España, ni otra nación, en perjuicio y menoscabo de esta independencia, sosteniendo en todas ocasiones y lugares sus intereses recíprocos con la dignidad y energía de naciones libres, independientes, amigas, hermanas y confederadas.

Artículo 7. La República de Colombia se compromete especialmente a sostener y mantener en pie una fuerza de cuatro mil hombres armados y equipados, a fin de concurrir a los objetos indicados en los artículos anteriores.

Su marina nacional, cualquiera que sea, estará también dispuesta al cumplimiento de aquellas estipulaciones.

Artículo 8. El Estado del Perú contribuirá por su parte con sus fuerzas marítimas, cualesquiera que sean, y con igual número de tropas que la República de Colombia.

Artículo 9. Este tratado o convención de unión y amistad libre y perpetua, será ratificado por el Gobierno del Estado del Perú, en el término de diez días, y aprobado por el próximo Congreso Constituyente si en el tiempo de sus sesiones se tuviese a bien publicarlo; y por el de la República de Colombia, tan prontamente como pueda obtenerse la aprobación del Senado, según lo prevenido por la ley del Congreso de 13 de octubre de 1821; y si por algún incidente no se reuniese extraordinariamente, será ratificado en el próximo Congreso, conforme a lo dispuesto por la Constitución de la República, en el artículo 55, párrafo 18. Las ratificaciones serán canjeadas sin demora, en el término que permita la distancia que separa a ambos Gobiernos.

En fe de lo cual, los respectivos Plenipotenciarios lo han firmado y sellado con los sellos de los Estados que representan.

Hecho en la ciudad de los libres de Lima, a 6 de julio del año de gracia de 1822, 12.° de la independencia de Colombia y 3.° de la del Perú.

Bernardo Monteagudo — Joaquín Mosquera

Documento n.º 5. Tratado de unión, liga y confederación perpetua entre la República de Colombia y el Estado de Chile.

Santiago, 21 de octubre de 1822[11]

En el nombre de Dios, Autor y Legislador del Universo.

El Gobierno de la República de Colombia por una parte, y por otra el del Estado de Chile, animados del más sincero deseo de poner prontamente un término a las calamidades de la presente guerra, a que se han visto provocados por el Gobierno de S.M.C. el rey de España, cooperando eficazmente a tan importante objeto con todo su influjo, recursos y fuerzas marítimas y terrestres, hasta asegurar para siempre a sus pueblos, súbditos y ciudadanos respectivos los preciosos goces de su tranquilidad interior, de su libertad e independencia nacional; y habiendo S.E. el Libertador presidente de Colombia conferido al efecto plenos poderes al honorable señor Joaquín Mosquera y Arboleda, miembro del Senado de la República del mismo nombre; y S.E. el Director Supremo del Estado de Chile a sus Ministros de Estado en los Departamentos de Gobierno y Relaciones Exteriores, doctor don Joaquín Echeverría, y en los de Hacienda y Guerra, doctor don José Antonio Rodríguez; después de haber canjeado en buena y debida forma los expresados poderes, han convenido en los artículos siguientes:

Artículo 1. La República de Colombia y el Estado de Chile se unen, ligan y confederan, en paz y guerra, para sostener con su influjo y fuerza marítima y terrestre, en cuanto lo permitan las circunstancias, su independencia de la nación española y de cualquiera otra dominación extranjera, y ase-

11 Vicente Lecuna; comp., Relaciones diplomáticas de Bolívar con Chile y Buenos Aires, Caracas, Imprenta Nacional, 1954, T. I, págs. 22-28.

gurar, después de reconocida aquella, su mutua prosperidad, la mejor armonía y buena inteligencia, así entre sus pueblos, súbditos y ciudadanos, como con las demás con quienes deben entrar en relaciones.

Artículo 2. La República de Colombia y el Estado de Chile se comprometen, por tanto, y contraen espontáneamente un pacto de alianza íntima y amistad firme y constante para su defensa común, para la seguridad de su independencia y libertad, para su bien recíproco y general, y para su tranquilidad interior,[12] obligándose a socorrerse mutuamente, y a rechazar en común todo ataque o invasión que pueda de alguna manera amenazar su existencia política.

Artículo 3. A fin de concurrir a los objetos indicados en los artículos anteriores, la República de Colombia se compromete a auxiliar con las fuerzas terrestres y marítimas disponibles, cuyo número o su equivalente se fijará en la Asamblea de Plenipotenciarios.

Artículo 4. El Estado de Chile contribuirá igualmente con las fuerzas marítimas y terrestres disponibles, cuyo número o su equivalente se fijará también en la expresada asamblea.

Artículo 5. En casos de invasión repentina, ambas Partes podrán obrar hostilmente en los territorios de la dependencia de una u otra, siempre que las circunstancias del momento no den lugar a ponerse de acuerdo con el Gobierno a quien corresponda la soberanía del territorio invadido. Pero la Parte que así obrase deberá cumplir y hacer cumplir los estatutos, ordenanzas y leyes del Estado respectivo, en cuanto lo permitan las circunstancias, y hacer respetar y obedecer su Gobierno. Los gastos que se hubiesen impendido en estas operaciones, y demás que se impendan en consecuencia de los artículos 3 y 4, se liquidarán por convenios separados y

12 Subrayado en el original.

se abonarán un año después de la conclusión de la presente guerra.

Artículo 6. Para asegurar y perpetuar del mejor modo posible la buena amistad y correspondencia entre ambos Estados, sus súbditos y ciudadanos tendrán libre entrada y salida en sus puertos y territorios, y gozarán allí de todos los derechos civiles y privilegios de tráfico y comercio, sujetándose únicamente a los derechos, impuestos y restricciones a que lo estuvieren los súbditos y ciudadanos de cada una de las Partes Contratantes.

Artículo 7. En esta virtud, los buques y producciones territoriales de cada una de las Partes Contratantes no pagarán más derechos de importación, exportación, anclaje y tonelada, que los establecidos o que se establecieren para los nacionales en los puertos de cada Estado según sus leyes vigentes; es decir, que los buques y producciones de Colombia abonarán los derechos de entrada y salida en los puertos del Estado de Chile como chilenos, y los del Estado de Chile como colombianos en los de Colombia.

Artículo 8. Ambas Partes Contratantes se obligan a prestar cuantos auxilios estén a su alcance a sus bajeles de guerra y mercante que lleguen a los puertos de su pertenencia por causa de avería o cualquier otro motivo; y como tal podrán carenarse, repararse, hacer víveres, armarse, aumentar su armamento y sus tripulaciones hasta el estado de poder continuar sus viajes o cruceros, a expensas del Estado o de particulares a quienes correspondan.

Artículo 9. A fin de evitar los abusos escandalosos que puedan causar en alta mar los corsarios armados por cuenta de los particulares, con perjuicio del comercio nacional y los neutrales, convienen ambas Partes en hacer extensivas la jurisdicción de sus cortes marítimas a los corsarios que navegan bajo el pabellón de una y otra, y sus presas indistintamente siempre que no puedan navegar fácilmente hasta los puertos de su procedencia, o que haya indicio de haber cometido excesos contra el comercio de las naciones neutrales, con quienes ambos Estados desean cultivar la mejor armonía y buena inteligencia.

Artículo 10. Si por desgracia se interrumpiese la tranquilidad interior en alguna parte de los Estados mencionados, por hombres turbulentos, sediciosos, y enemigos de los gobiernos legítimamente constituidos por el voto de los pueblos, libre, quieta y pacíficamente expresado en virtud de sus leyes, ambas Partes se comprometen solemne y formalmente a hacer causa común contra ellos, auxiliándose mutuamente con cuantos medios estén en su poder, hasta lograr el restablecimiento del orden y del imperio de sus leyes.

Artículo 11. Si alguna persona culpable o acusada de traición, sedición, u otro grave delito huyese de la justicia y se encontrase en el territorio de alguno de los Estados mencionados, será entregada y remitida a disposición del Gobierno que tiene conocimiento del delito, y en cuya jurisdicción deba ser juzgada, luego que la Parte ofendida haya hecho su reclamación en forma. Los desertores de los ejércitos y de la marina nacional de una y otra Parte quedan igualmente comprendidos en este artículo.

Artículo 12. Para estrechar más los vínculos que deben unir en lo venidero a ambos Estados, y allanar cualquiera dificultad que pueda presentarse e interrumpir de algún modo su buena correspondencia y armonía, se formará una asamblea compuesta de dos Plenipotenciarios por cada Parte, en los términos y con las mismas formalidades que, en conformidad de los usos establecidos, deben observarse para el nombramiento de los Ministros de igual clase cerca de los gobiernos de las naciones extranjeras.

Artículo 13. Ambas Partes se obligan a interponer sus buenos oficios con los Gobiernos de los demás Estados de la América antes española, para entrar en este Pacto de unión, liga y confederación.

Artículo 14. Luego que se haya conseguido este grande e importante objeto, se reunirá una Asamblea General de los Estados americanos, compuesta de sus Plenipotenciarios, con el cargo de cimentar de un modo más sólido y estable las relaciones íntimas que deben existir entre todos y cada uno de ellos, y que les sirva de consejo en los grandes conflictos, de punto de contacto en los peligros comunes, de fiel intérprete de sus tratados públicos cuando ocurran dificultades, y de juez árbitro y conciliador en sus disputas y diferencias.

Artículo 15. La República de Colombia y el Estado de Chile se comprometen gustosamente a prestar a los Plenipotenciarios que compongan la Asamblea de los Estados americanos todos los auxilios que demanda la hospitalidad entre pueblos hermanos, y el carácter sagrado e inviolable de sus personas siempre que los plenipotenciarios eligieren la reunión en algún punto del territorio de Colombia o del de Chile.

Artículo 16. Este Pacto de unión, liga y confederación perpetua no interrumpirá en manera alguna el ejercicio de la soberanía nacional de cada una de las Partes Contratantes, así por lo que mira a sus leyes y el establecimiento y forma de sus Gobiernos respectivos, como por lo que hace a sus relaciones con las demás naciones extranjeras. Pero se obligan expresa e irrevocablemente a no acceder a las demandas de indemnizaciones, tributos o exacciones que el Gobierno español pueda entablar por la pérdida de su antigua supremacía sobre estos países, o cualquiera otra nación en nombre y representación suya, ni entrar en tratado alguno con España ni otra nación en perjuicio y menoscabo de esta independencia, sosteniendo en todas ocasiones y lugares sus intereses recíprocos con la dignidad y energía de naciones libres, independientes, amigas, hermanas y confederadas.

Artículo 17. Este tratado o convención de amistad, liga y confederación, será ratificado dentro de tercer día por el Gobierno del Estado de Chile, de acuerdo con la honorable Convención Nacional, en conformidad del artículo 4, capítulo 3, título 3, de la Constitución provisoria, y por el de la República de Colombia, tan prontamente como pueda obtener la aprobación del Senado, en virtud de lo dispuesto por la Ley del Congreso de 13 de octubre de 1821, y en el caso que por algún accidente no pueda reunirse, será ratificado el próximo Congreso, conforme a lo prevenido por la Constitución de la República en el artículo 55, párrafo 18. Las ratificaciones serán canjeadas sin demora y en el término que permite la distancia que separa a ambos Gobiernos.

En fe de lo cual, los respectivos Plenipotenciarios lo han firmado y sellado con los sellos de los Estados que representan.

Hecho en la ciudad de Santiago de Chile, a 21 días del mes de octubre del año de gracia de 1822, 12.º de la independencia de Colombia, 13.º de la libertad de Chile y 5.º de su independencia.

José Antonio Rodríguez — Joaquín de Echeverría — Joaquín Mosquera Artículo adicional. Habiendo terminado sus sesiones la honorable Convención Nacional de Chile el día 23 de octubre último, y no habiendo tenido, por lo mismo, tiempo bastante para las discusiones en que debió ser ratificado el presente tratado en el término que se había convenido en el artículo XVII, y habiendo propuesto el honorable Ministro Plenipotenciario de Colombia a SS.EE. los Ministros Plenipotenciarios de Chile que se abriese un nuevo término para las ratificaciones, consultaron a la Excma. Suprema Corte de Representantes, con cuyo acuerdo han convenido con el honorable Ministro Plenipotenciario de Colombia en el artículo siguiente:

El presente tratado concluido en Santiago de Chile el 21 de octubre de 1822, será ratificado en el término de cuatro meses, que se contarán desde la fecha de hoy, o antes si puede hacerse, y las ratificaciones serán canjeadas sin demora en el término que permite la distancia que separa a ambos Gobiernos.

En fe de lo cual, los respectivos Plenipotenciarios lo han firmado y sellado con los sellos de los Estados que representan.

Hecho en la ciudad de Santiago de Chile, a 21 días del mes de octubre del año de gracia de 1822, 12.º de la independencia de Colombia y 5.º de su independencia.

José Antonio Rodríguez — Joaquín de Echeverría — Joaquín Mosquera

Documento n.º 6. Tratado de amistad, liga y confederación entre el Estado de Chile y el Estado de Perú.

Santiago, 23 de diciembre de 1822[13]

En el nombre de Dios, Autor y Legislador del Universo.

El Gobierno del Estado de Chile por una parte, y por la otra el del Estado del Perú, animados del más sincero deseo de poner un pronto término a los males de la guerra a que se han visto provocados por el Gobierno de S.M.C. el rey de España, cooperando a tan importante objeto con todo su influjo, recursos y fuerzas marítimas y terrestres hasta asegurar para siempre a sus pueblos, súbditos y ciudadanos respectivos los preciosos goces de su tranquilidad interior, de su libertad e independencia nacional, y habiendo S.E.S. el Director de la República de Chile conferido al efecto plenos poderes a sus Ministros de Estado, a saber: en los Departamentos de Gobierno y Relaciones Exteriores al Excmo. Señor don Joaquín de Echeverría, y en los de Hacienda y Guerra al Excmo. Señor don José Antonio Rodríguez; y el Supremo Gobierno del Perú al Excmo. Señor don José Cavero y Salazar, Ministro Plenipotenciario y Enviado Extraordinario cerca de la República de Chile, después de haber canjeado en buena y bastante forma los preindicados poderes, han convenido en los siguientes artículos:

Artículo 1. El Estado de Chile y el del Perú se unen, ligan y confederan en paz y guerra para sostener con su influjo y fuerzas marítimas y terrestres, en cuanto lo permitan las circunstancias, su independencia de la nación española, y de cualquiera otra dominación extranjera, y asegurar después de reconocida aquella, su mutua prosperidad, la mejor armonía y buena inteligencia así entre sus pueblos súbditos,

13 Javier Vial, Los tratados de Chile, Santiago, Imprenta y Encuadernación Barcelona, 1903, T. I.

y ciudadanos, como con las demás potencias con quienes deben entrar en relaciones.

Artículo 2. El Estado de Chile y el del Perú se comprometen por tanto y contraen espontáneamente un pacto de alianza íntima y amistad firme y constante para su defensa común, para la seguridad de su independencia y libertad, para su bien recíproco y general, y para su tranquilidad interior; obligándose a socorrerse mutuamente y a rechazar en común todo ataque o invasión que pueda de alguna manera amenazar su existencia política.

Artículo 3. A fin de concurrir a los objetos indicados en los artículos precedentes, ambos Estados el de Chile y del Perú se comprometen a auxiliarse mutuamente con sus fuerzas terrestres y marítimas disponibles, cuyo número o su equivalente será fijado en la Asamblea de Plenipotenciarios, de que se hablará después.

Artículo 4. En caso de invasión repentina ambas Partes podrán obrar hostilmente en los territorios de la dependencia de una y otra siempre que las circunstancias del momento no den lugar a ponerse de acuerdo con el Gobierno a quien corresponda la soberanía del territorio invadido. Pero la Parte que así obrase deberá cumplir los estatutos, ordenanzas y leyes del Estado respectivo, en cuanto lo permitan las circunstancias, y hacer respetar y obedecer su Gobierno.

Los gastos que se hubieren impendido en estas operaciones, y demás que se impendan en consecuencia del artículo 39, se liquidarán por convenios separados, y se abonarán un año después de la presente guerra.

Artículo 5. Para asegurar y perpetuar del mejor modo posible la buena amistad y correspondencia entre ambos Estados, los originarios de Chile y del Perú gozarán de los derechos y prerrogativas que corresponden a los nacidos en ambos territorios: es decir, que los chilenos serán tenidos en el Perú por peruanos, y éstos en Chile por chilenos, sin perjuicio de las ampliaciones o restricciones que el poder legítimo de uno y otro Estado haya hecho, o tuviese bien hacer con respecto a las calidades que se requieren para ejercer las primeras magistraturas. Mas para entrar en el goce de los demás derechos activos y pasivos de ciudadanos, bastará que hayan establecido su domicilio en el Estado a que quieren pertenecer.

Artículo 6. Los súbditos y ciudadanos de uno y otro Estado tendrán libre entrada y salida en los puertos y territorios, y gozarán allí de todos los derechos civiles y privilegios de tráfico y comercio, sujetándose únicamente a los derechos impuestos, y restricciones a que lo estuviesen los súbditos y ciudadanos de cada una de las Partes Contratantes.

Artículo 7. En esta virtud los buques y producciones territoriales de cada una de las Partes Contratantes, no pagarán más derechos de importación, exportación, anclaje y tonelada, que los establecidos o que se establecieren para los nacionales en los puertos de cada Estado según las leyes vigentes: es decir que los buques y producciones de Chile abonarán los derechos de entrada y salida en los puertos del Estado del Perú como peruanos, y los del Perú en Chile como chilenos.

Artículo 8. Ambas Partes Contratantes se obligan a prestar cuantos auxilios estén a su alcance, a sus bajeles de guerra y mercantes, de su permanencia por causa de avería, o cualquier otro motivo, y como tal podrán carenarse, repararse, hacer víveres, armarse, aumentar su cargamento y sus tripulaciones hasta el estado de poder continuar sus viajes, o cruceros a expensas del Estado, o particulares a quienes corresponda.

Artículo 9. A fin de evitar los abusos escandalosos que puedan causar en alta mar los corsarios armados por cuenta de los particulares con perjuicio del comercio nacional y de los neutrales, convienen ambas Partes en hacer extensiva la jurisdicción de sus cortes marítimas a los corsarios que navegan bajo el pabellón de una u otra; y sus poderes indistintamente siempre que no puedan navegar fácilmente hasta los puertos de su procedencia, o que haya indicios de haber cometido excesos contra el comercio de las naciones neutrales, con quienes ambos Estados desean cultivar la mejor armonía y buena inteligencia.

Artículo 10. Si por desgracia se interrumpiese la tranquilidad interior en alguna parte de los Estados mencionados por hombres turbulentos, sediciosos, y enemigos de los Gobiernos legítimamente constituidos por el voto de los pueblos, libre, quieta y pacíficamente expresado en virtud de sus leyes, ambas Partes se comprometen solemne y formalmente con cuantos medios estén en su poder, hasta lograr el establecimiento del orden y el imperio de sus leyes.

Artículo 11. Para estrechar más los vínculos que deben unir en lo venidero a ambos Estados, y allanar cualquiera dificultad que pueda presentarse, o interrumpir de algún modo su buena correspondencia y armonía, se formará una asamblea compuesta de dos Plenipotenciarios por cada parte, en los mismos términos, y con las mismas formalidades que en conformidad de los usos establecidos deben observarse para el nombramiento de los Ministros de igual clase cerca de los gobiernos de las naciones extranjeras.

Artículo 12. Ambas Partes se obligan a interponer sus buenos oficios con los Gobiernos de los demás Estados de América antes española para entrar en este pacto de unión, liga y confederación.

Artículo 13. Luego que se haya conseguido este grande e importante objeto, se reunirá una Asamblea General de los Estados americanos compuesta de Plenipotenciarios con el encargo de cimentar de un modo más sólido y estable las relaciones íntimas que deben existir entre todos y cada uno de ellos, y que les servirá de consejo en los grandes conflictos, de punto de contacto en los peligros comunes, de fiel intérprete de sus tratados públicos, cuando ocurran dificultades, y de juez árbitro y conciliador en sus disputas y diferencias.

Artículo 14. El Estado de Chile y el del Perú se comprometen gustosamente a prestar a los Plenipotenciarios que compongan la Asamblea de los Estados americanos, todos los auxilios que demanda la hospitalidad entre pueblos hermanos, y el carácter sagrado e inviolable de sus personas, siempre que los Plenipotenciarios eligieren la reunión en algún punto del territorio de Chile o del Perú.

Artículo 15. Este Pacto de unión, liga y confederación no interrumpirá en manera alguna el ejercicio de la soberanía nacional de cada una de las Partes Contratantes, así por lo que mira a sus leyes, establecimiento y forma de sus gobiernos respectivos, como por lo que hace a sus relaciones con las demás naciones extranjeras. Pero se obligan expresa, e irrevocablemente, a no acceder a las demandas de indemnizaciones, tributos o exacciones que el gobierno español pueda entablar por la pérdida de su antigua supremacía sobre estos países, o cualquiera otra nación en perjuicio y menoscabo de esta independencia, sosteniendo en todas ocasiones y lugares sus intereses recíprocos con la dignidad y energía de naciones libres, independientes, amigas, hermanas y confederadas.

Artículo 16. Este tratado o convención de amistad, liga y confederación será ratificado en el término de cuatro meses contados desde la fecha por el Gobierno del Estado de Chile, de acuerdo con la Excma. Corte de Representantes, y por el Estado del Perú tan prontamente como pueda tener la aprobación del Soberano Congreso Constituyente. Las ratificaciones serán canjeadas sin demora y en el término que permite la distancia que separa a ambos Gobiernos.

En fe de lo cual los respectivos Plenipotenciarios, lo han firmado y sellado con los sellos de los Estados que representan.

Hecho en la ciudad de Santiago de Chile a 23 días del mes de diciembre del año de gracia de 1822, 13.° de la libertad de Chile, y 5.° de su independencia y 3.° de la del Perú.

Joaquín de Echeverría — José Antonio Rodríguez — José Cavero y Salazar

Documento n.º 7. Tratado de unión, liga y confederación perpetua entre la República de Colombia y la Nación Mexicana

México, 3 de octubre de 1823[14]

Artículo 1. La República de Colombia y la nación mexicana se unen, ligan y confederan desde ahora para siempre en paz y guerra para sostener con su influjo y fuerzas marítimas y terrestres en cuanto lo permitan las circunstancias, su independencia de la nación española y de cualquiera otra dominación extranjera y asegurar después de reconocida aquella, su mutua prosperidad, la mejor armonía y buena correspondencia, así entre los pueblos, súbditos y ciudadanos de ambos Estados, como con las demás potencias con quienes deben entrar en relaciones.

Artículo 2. La República de Colombia y la nación mexicana se prometen, por tanto, y contraen espontáneamente un Pacto perpetuo de alianza íntima y amistad firme y constante para su defensa común obligándose a socorrerse mutuamente y a rechazar en común todo ataque o invasión que pueda de alguna manera amenazar la seguridad de su independencia y libertad, su bien recíproco y general y su tranquilidad interior, siempre que para este último caso preceda requerimiento por uno u otro de ambos Gobiernos legítimamente establecidos.

Artículo 3. A fin de concurrir a los objetos indicados en el artículo anterior, las Partes Contratantes se comprometen a auxiliarse recíprocamente con el número de fuerzas

14 «Conferencias de Panamá y Tacubaya», Archivo Histórico Diplomático Mexicano, Primera Secretaría de Estado, Sección de Estado, legajo encuadernado 869 I, años 1825-26, fols. 9-11. Texto publicado el 20 de septiembre de 1825 luego de las correspondientes ratificaciones. En adelante, nos referiremos a legajo encuadernado, por su abreviatura «leg. encuad».

terrestres que se acuerde por convenios particulares según lo exijan las circunstancias, y mientras dure la necesidad o conveniencia de ellas.

Artículo 4. La marina nacional de ambas Partes a cualquiera que sea, estará asimismo dispuesta al cumplimiento de las precedentes estipulaciones.

Artículo 5. En los casos repentinos de mutuo auxilio ambas Partes podrán obrar hostilmente con todas sus fuerzas disponibles en los territorios de la dependencia de una u otra, siempre que las circunstancias del momento no den lugar a ponerse de acuerdo ambos Gobiernos. Pero la Parte que así obrase, deberá cumplir y hacer cumplir los estatutos, ordenanzas y leyes del Estado respectivo, en cuanto lo permitan las mismas circunstancias y hacer respetar y obedecer su Gobierno. Los gastos que se hubiesen impendido en estas operaciones, se liquidarán por convenios separados y se abonarán un año después de la conclusión de la presente guerra.

Artículo 6. Ambas Partes Contratantes se obligan a prestar cuantos auxilios estén a su alcance a los bajeles de guerra y mercantes que llegasen a los puertos de su pertenencia por causa de avería o cualquier otro motivo y como tal podrán carenarse, repararse, hacer víveres, armarse, aumentar su armamento y sus tripulaciones hasta el estado de poder continuar sus viajes o cruceros a expensas del Estado o particulares a quienes correspondan.

Artículo 7. A fin de cortar los abusos escandalosos que puedan causar en alta mar los corsarios armados por cuenta de los particulares en perjuicio del comercio nacional y el de los neutrales, convienen ambas Partes en hacer extensiva la jurisdicción de sus juzgados o cortes marítimas a los corsarios que navegan bajo el pabellón de una y otra, y sus presas indistintamente, siempre que no puedan navegar fácilmente hasta los puertos de su procedencia o que haya indicios de haber cometido excesos contra el comercio de las naciones neutrales con quienes ambos Estados desean cultivar la mejor armonía y buena inteligencia.

Artículo 8. Ambas Partes se garantizan mutuamente la integridad de sus territorios en el mismo pie en que se hallaban antes de la presente guerra, reconociendo igualmente por partes integrantes de una y otra nación, todas las provincias que aunque gobernadas anteriormente por autoridad del todo independiente de la de los antiguos virreinatos de México y Nueva Granada se hayan convenido o se convinieran de un modo legítimo en formar un solo cuerpo de nación con ellos.

Artículo 9. La demarcación especificada de todas y cada una de las partes que componen la integridad expresada en el artículo precedente se hará por expresa declaración y mutuo reconocimiento de ambas Partes, luego que el próximo Congreso Constituyente mexicano haya decretado la Constitución de la nación.

Artículo 10. Si por desgracia se interrumpe la tranquilidad interior en alguna parte de los Estados mencionados por hombres turbulentos, sediciosos y enemigos de los Gobiernos legítimamente constituidos, por el voto de los pueblos, libre, quieta y pacíficamente expresado en virtud de sus leyes, ambas Partes se comprometen solemne y formalmente a hacer causa común contra ellos auxiliándose mutuamente con cuantos medios estén en su poder hasta lograr el restablecimiento del orden y el imperio de sus leyes, en los términos y bajo las condiciones expresadas en los artículos 2 y 5.

Artículo 11. Toda persona que sublevándose hiciere armas contra uno u otro Gobierno establecido por los modos legítimos expresados en el artículo anterior y fugándose de la justicia fuese encontrada en el territorio de alguna de las

Partes Contratantes será entregada y remitida a disposiciones del Gobierno que tiene conocimiento del delito y en cuya jurisdicción deba ser juzgada luego que la Parte ofendida haya hecho su reclamación en forma.

Los desertores de los ejércitos y fuerzas navales de una y otra Parte serán comprendidos en este artículo.

Artículo 12. Para estrechar más los vínculos que deben unir en lo venidero a ambos Estados y allanar cualquiera dificultad que pueda presentarse e interrumpir de algún modo su buena correspondencia y armonía, se formará una asamblea compuesta de dos plenipotenciarios por cada Parte en los mismos términos y con las mismas formalidades que en conformidad de los usos establecidos deben observarse para el nombramiento de los ministros de igual clase cerca de los Gobiernos de las naciones extranjeras.

Artículo 13. Ambas Partes se obligan a interponer sus buenos oficios con los Gobiernos de los demás Estados de la América, antes española, para entrar en este pacto de unión, liga y confederación perpetua.

Artículo 14. Luego que se haya conseguido este grande e importante objeto, se reunirá una Asamblea General de los Estados americanos, compuesta de sus plenipotenciarios con el encargo de cimentar de un modo más sólido y estable las relaciones íntimas que deben existir entre todos y cada uno de ellos y que les sirva de consejo en los grandes conflictos, de punto de contacto en los peligros comunes, de fiel intérprete de sus tratados públicos cuando ocurran dificultades, y de juez árbitro y conciliador en sus disputas y diferencias.

Artículo 15. Siendo el istmo de Panamá una parte integrante de Colombia, y el punto más adecuado para aquella augusta reunión, esta República se compromete gustosamente a prestar a los plenipotenciarios que compongan la Asamblea de los Estados americanos, todos los auxilios que demanda la hospitalidad entre pueblos hermanos y el carácter sagrado e inviolable de sus personas.

Artículo 16. La nación mexicana contrae desde ahora igual obligación siempre que por los acontecimientos de la guerra o por el consentimiento de la mayoría de los Estados americanos, se reúna la expresada asamblea en el territorio de su dependencia en los mismos términos que se ha comprometido la República de Colombia en el artículo anterior, así con respecto al istmo de Panamá como de cualquiera otro punto de su jurisdicción que se crea a propósito para este interesantísimo fin por su posición central entre los Estados del Norte y del Mediodía de esta América, antes española.

Artículo 17. Este Pacto de unión, liga y confederación perpetua, no interrumpirá en manera alguna el ejercicio de la soberanía nacional de cada una de las Partes Contratantes, así por lo que mira a sus leyes, y el establecimiento y forma de sus Gobiernos respectivos, como con respecto a sus relaciones con las demás naciones extranjeras. Pero se obligan expresa e irrevocablemente a no acceder a las demandas de indemnización, tributos o exacciones que el Gobierno español pueda entablar por la pérdida de su antigua supremacía sobre estos países o cualesquiera otra nación en nombre y representación suya, ni entrar en tratado alguno con España, ni otra nación en perjuicio y menoscabo de nuestra independencia, sosteniendo en todas ocasiones y lugares sus intereses recíprocos con la dignidad y energía propias de naciones libres e independientes, amigas, hermanas y confederadas.

Artículo 18. Este Tratado de amistad, liga y confederación perpetua, será ratificado por el Gobierno de la nación mexicana en el término de dos meses contados desde la fecha y por el de la República de Colombia tan pronto como pueda obtener el consentimiento y aprobación del Congreso, en observancia de lo dispuesto en el artículo 18, sección 2 de la Constitución de la República.

Las ratificaciones serán canjeadas sin demora y en el término que permite la distancia que separa a ambos Gobiernos.

En fe de lo cual, los mencionados plenipotenciarios han firmado esta Convención y sellado con los sellos respectivos. Hecho en la Ciudad de México el 3 de octubre de 1823, 13.° de la independencia de Colombia y 3.° de la de México.

Miguel Santa María — Lucas Alamán Y habiendo dado cuenta al Soberano Congreso Constituyente conforme a lo que proviene el artículo 15 del Reglamento de la Regencia, se sirvió aprobarlo en todos sus artículos y cláusulas, suprimiendo en el artículo segundo todo lo que comprende desde las palabras «y tranquilidad», todo el artículo décimo, la primera parte del artículo once subsistiendo la segunda sobre desertores y por último la palabra «y de Juez árbitro» del artículo catorce de dicho convenio.

En tal virtud este Tratado, con las mencionadas modificaciones será exacta y fielmente cumplido por esta nación.

En fe de lo cual hemos hecho expedir la presente firmada de nuestra mano, sellada con el sello de la nación y refrendada por el Secretario de Estado y del Despacho de Relaciones Exteriores, en la capital de México a dos de diciembre del año de gracia de 1823, 3.° de la independencia y 2.° de la libertad.

Vicente Guerrero — José Mariano Michelena — Miguel Domínguez

Documento n.º 8. Tratado de unión, liga y confederación perpetua entre la República de Colombia y las Provincias Unidas del Centro de América.

Bogotá, 15 de marzo de 1825[15]

En el nombre de Dios, Autor y Legislador del Universo.

La República de Colombia y las Provincias Unidas del Centro de América, hallándose animadas de los más sinceros deseos de poner un pronto término a las calamidades de la presente guerra, en que aún se ven empeñadas con el Gobierno de su Majestad el rey de España, y estando dispuestas ambas Potencias Contratantes a combinar todos sus recursos y todas sus fuerzas terrestres y marítimas, e identificar sus principios e intereses en paz y en guerra, han resuelto formar una convención de unión, liga y confederación perpetua, que les asegure para siempre las ventajas de su libertad e independencia.

Con tan saludable objeto, el Vicepresidente, Encargado del Poder Ejecutivo de la República de Colombia, ha conferido plenos poderes a Pedro Gual, Secretario de Estado y del Despacho de Relaciones Exteriores de la misma, y el Supremo Poder Ejecutivo de las Provincias Unidas del Centro de América al doctor Pedro Molina, su enviado extraordinario y ministro plenipotenciario cerca del Gobierno de la referida República; los cuales, después de haber canjeado en buena y debida forma sus expresados poderes, han convenido en los artículos siguientes:

Artículo 1. La República de Colombia y las Provincias Unidas del Centro de América se unen, ligan y confederan

15 Centroamérica en el Congreso de Bolívar: contribución documental, inédita, para la historia de la primera asamblea americana, Guatemala, Tipografía Nacional, 1938, págs. 25-26; Enrique Gaviria Liévano, Política exterior colombiana, Bogotá, Universidad Externado de Colombia, 2001, T. I, págs. 333-337.

perpetuamente, en paz y guerra, para sostener con su influjo y fuerzas disponibles, marítimas y terrestres, su independencia de la nación española y de cualquiera otra dominación extranjera, y asegurar de esta manera su mutua prosperidad, la mejor armonía y buena inteligencia, así entre sus pueblos y ciudades como con las demás potencias con quienes deben entrar en relaciones.

Artículo 2. La República de Colombia y las Provincias Unidas del Centro de América se prometen, por tanto, y contraen espontáneamente, una amistad firme y constante y una alianza permanente, íntima y estrecha para su defensa común, para la seguridad de su independencia y libertad, y para su bien recíproco y general, obligándose a socorrerse mutuamente y a rechazar en común todo ataque o invasión de los enemigos de ambas que pueda de alguna manera amenazar su existencia política.

Artículo 3. A fin de concurrir a los objetos indicados en los artículos anteriores, la República de Colombia se compromete a auxiliar con las fuerzas terrestres y marítimas disponibles, cuyo número o su equivalente se fijará en la Asamblea de Plenipotenciarios de que se hablará después.

Artículo 4. Las Provincias Unidas del Centro de América auxiliarán del mismo modo a la República de Colombia con sus fuerzas marítimas y terrestres disponibles, cuyo número o su equivalente se fijará también en la expresada asamblea.

Artículo 5. Ambas Partes Contratantes se garantiza mutuamente la integridad de sus territorios respectivos, contra las tentativas e invasiones de los vasallos del rey de España y sus adherentes, en el mismo pie en que se hallaban antes de la presente Guerra de Independencia.

Artículo 6. Por tanto, en caso de invasión repentina, ambas Partes podrán obrar hostilmente en los territorios de la dependencia de una u otra, siempre que las circunstancias del momento no den lugar a ponerse de acuerdo con el Gobierno a quien corresponda la soberanía del territorio invadido. Pero la parte que así obrare, deberá cumplir y hacer cumplir los estatutos, ordenanzas y leyes del Estado, respetar y obedecer su Gobierno. Los gastos que se hubieren impendido en estas operaciones, y demás que se impendan en consecuencia de los artículos 3 y 4, se liquidarán por convenios separados, y se abonarán un año después de la conclusión de la presente guerra.

Artículo 7. La República de Colombia y las Provincias Unidas del Centro de América se obligan y comprometen formalmente a respetar sus límites como están al presente, reservándose el hacer amistosamente, por medio de una convención especial, la demarcación de la línea divisoria de uno y otro Estado, tan pronto como lo permitan las circunstancias, o luego que una de las Partes manifieste a la otra estar dispuesta a entrar en esta negociación.

Artículo 8. Para facilitar el progreso y terminación feliz de la negociación de límites, de que se ha hablado en el artículo anterior, cada una de las Partes Contratantes estará en libertad de nombrar comisionados, que recorran todos los puntos y lugares de las fronteras, y levanten en ellas cartas, según lo crean conveniente y necesario para establecer la línea divisoria, sin que las autoridades locales puedan causarles la menor molestia, sino antes bien prestarles toda protección y auxilio para el mejor desempeño de su encargo, con tal que previamente les manifiesten el pasaporte del Gobierno respectivo autorizándoles al efecto.

Artículo 9. Ambas Partes Contratantes, deseando entretanto proveer de remedio a los males que podrán ocasionar a una y otra de las colonizaciones de aventureros desautorizados, en aquella parte de las costas de Mosquitos comprendidas desde el Cabo de Gracias a Dios, inclusive, hasta el río

Chagres, se comprometen y obligan a emplear sus fuerzas marítimas y terrestres contra cualquier individuo o individuos que intenten formar establecimientos en las expresadas costas, sin haber obtenido antes permiso del Gobierno a quien corresponden el dominio y propiedad.

Artículo 10. Para hacer cada vez más íntima y estrecha la unión y alianza contraída por la presente convención, se estipula y conviene además que los ciudadanos y habitantes de cada una de las Partes tendrán indistintamente libre entrada y salida en sus puertos y territorios respectivos, y gozarán en ellos de todos los derechos civiles y privilegios de tráfico y comercio sujetándose únicamente a los derechos, impuestos y restricciones a que lo estuvieren los ciudadanos y habitantes de cada una de las Partes Contratantes.

Artículo 11. En esta virtud, sus buques y cargamentos, compuestos de producciones o mercaderías nacionales o extranjeras, registradas en las aduanas de cada una de las Partes Contratantes, no pagarán más derecho de importación, exportación, anclaje y tonelada que los establecidos o que se establecieren para los nacionales en los puertos de cada Estado, según las leyes vigentes:

es decir, que los buques y efectos procedentes de Colombia abonarán los derechos de importación, exportación, anclaje y tonelada en los puertos de las Provincias Unidas del Centro de América, como si fuesen de dichas Provincias Unidas, y los de las Provincias Unidas como colombianos en los de Colombia.

Artículo 12. Ambas Partes Contratantes se obligan a prestar cuantos auxilios estén a su alcance a sus bajeles de guerra y mercantes que lleguen a los puertos de su pertenencia por causa de avería o cualquiera otro motivo; y como tal podrán carenarse, repararse, hacer víveres, armarse, aumentar su armamento y sus tripulaciones hasta el estado de poder continuar sus viajes o cruceros, a expensas del Estado o particulares a quienes correspondan.

Artículo 13. A fin de evitar los abusos escandalosos que puedan causar en alta mar los corsarios armados por cuenta de los particulares, con perjuicio del comercio nacional y los neutrales, convienen ambas Partes en hacer extensiva la jurisdicción de sus cortes marítimas a los corsarios que naveguen bajo el pabellón de una u otra, y sus presas indistintamente, siempre que no puedan navegar fácilmente hasta los puertos de su procedencia, o que haya indicios de haber cometido excesos contra el comercio de las naciones neutrales, con quienes ambos Estados desean cultivar la mejor armonía y buena inteligencia.

Artículo 14. Con el objeto de evitar todo desorden en el Ejército y Marina de uno y otro país, han convenido además que los tránsfugas de un territorio al otro, siendo soldados o marineros desertores, aunque estos últimos sean de buques mercantes, serán devueltos inmediatamente por cualquier tribunal o autoridad bajo cuya jurisdicción estén el desertor o desertores; bien entendido que a la entrega debe preceder la reclamación de su jefe, o del comandante, o del capitán del buque respectivo, dando las señales del individuo o individuos y el nombre del cuerpo o buque de que haya desertado, pudiendo entre tanto ser depositado en las prisiones públicas hasta que se verifique la entrega en forma.

Artículo 15. Para estrechar más los vínculos que deben unir en lo venidero a ambos Estados, allanar cualquiera dificultad que pueda presentarse, o interrumpir de algún modo su buena correspondencia y armonía, se formará una asamblea compuesta de dos plenipotenciarios por cada Parte, en los mismos términos y con las mismas formalidades que en conformidad de los usos establecidos deben conservarse para el nombramiento de los ministros de igual clase en otras naciones.

Artículo 16. Ambas Partes se obligan a interponer sus buenos oficios con los Gobiernos de los demás Estados de la América antes española para entrar en este Pacto de unión, liga y confederación perpetua.

Artículo 17. Luego que se haya conseguido este grande e importante objeto, se reunirá una Asamblea General de los Estados americanos, compuesta de sus plenipotenciarios, con el encargo de cimentar de un modo más sólido y estable las relaciones íntimas que deben existir entre todos y cada uno de ellos; y que les sirva de consejo en los grandes conflictos, de punto de contacto en los peligros comunes, de fiel intérprete de sus tratados públicos, cuando ocurran dificultades, y de juez árbitro en sus disputas y diferencias.

Artículo 18. Este Pacto de unión, liga y confederación no interrumpirá de manera alguna el ejercicio de la soberanía nacional de cada una de las Partes Contratantes, así por lo que mira a sus leyes y al establecimiento y forma de sus respectivos Gobiernos, como por lo que hace a sus relaciones con las naciones extranjeras. Pero se obligan expresa e irrevocablemente a no acceder a las demandas de indemnizaciones, tributos o exacciones que el Gobierno español pueda entablar por la pérdida de su antigua supremacía sobre estos países, o cualquiera otra nación en nombre y representación suya, ni entrar en tratado con España ni otra nación, en perjuicio y menoscabo de esta independencia, sosteniendo en todas ocasiones y lugares sus intereses recíprocos con la dignidad y energía de naciones libres, independientes, amigas, hermanas y confederadas.

Artículo 19. Siendo el istmo de Panamá una parte integrante de Colombia y el más adecuado para aquella augusta reunión, esta República se compromete gustosamente a prestar a los plenipotenciarios que compongan la Asamblea de los Estados americanos todos los auxilios que demanda la hospitalidad entre pueblos hermanos y el carácter sagrado e inviolable de sus personas.

Artículo 20. Las Provincias Unidas del Centro de América contraen desde ahora igual obligación, siempre que, por los acontecimientos de la guerra o por el consentimiento de la mayoría de los Estados americanos, se reúna la expresada asamblea en el territorio de su dependencia, en los mismos términos en que se ha comprometido la República de Colombia en el artículo anterior, así con respecto al istmo de Panamá como a cualquiera otro punto de su jurisdicción que se crea a propósito para este importantísimo objeto, por su posición central entre los Estados del Norte y del Mediodía en esta América antes española.

Artículo 21. La República de Colombia y las Provincias Unidas del Centro de América, deseando evitar toda interpretación contraria a sus intenciones, declaran que cualquiera ventaja o ventajas que una y otra potencia reporten de las estipulaciones anteriores son y deben entenderse en virtud y como compensación de las obligaciones que acaban de contraer en la presente convención de unión, liga y confederación perpetua.

Artículo 22. La presente convención de unión, liga y confederación perpetua será ratificada por el presidente o Vicepresidente Encargado del Poder Ejecutivo de la República de Colombia y las Provincias Unidas del Centro de América, con consentimiento y aprobación del Congreso de la misma, en el término de treinta días, y por el Gobierno de las Provincias Unidas del Centro de América, tan pronto como sea posible, atendidas las distancias, y las ratificaciones serán canjeadas en la ciudad de Guatemala dentro de seis meses, contados desde la fecha, o antes si fuere posible.

En fe de lo cual, nosotros, los Plenipotenciarios de la República de Colombia y las Provincias Unidas del Centro de América, hemos firmado y sellado las presentes en la ciudad de Bogotá, el día quince del mes de marzo del año del Señor, de 1825, decimoquinto de la independencia de la República de Colombia y quinto de la de las Provincias Unidas del Centro de América.

Pedro Gual — Pedro Molina

Documento n.º 9. Invitación del Libertador de Colombia y encargado del mando supremo de Perú al Congreso de Panamá.

Lima, 7 de diciembre de 1824[16]
Invitación a los Gobiernos de Colombia, México, Río de la Plata, Chile y Guatemala, a formar el Congreso de Panamá.

Aliado y confederado:

Después de quince años de sacrificios consagrados a la libertad de América por obtener el sistema de garantías que, en paz y en guerra, sea el escudo de nuestro nuevo destino, es tiempo ya de que los intereses y las relaciones que unen entre sí a las repúblicas americanas, antes colonias españolas, tengan una base fundamental que eternice, si es posible, la duración de estos gobiernos.

Entablar aquel sistema y consolidar el poder de este gran cuerpo político pertenece al ejercicio de una autoridad sublime, que dirija la política de nuestros gobiernos, cuyo influjo mantenga la uniformidad de sus principios, y cuyo nombre solo calme nuestras tempestades. Tan respetable autoridad no puede existir sino en una asamblea de plenipotenciarios nombrados por cada una de nuestras repúblicas, y reunidos bajo los auspicios de la victoria obtenida por nuestras armas contra el poder español.

Profundamente penetrado de estas ideas invité en ochocientos veintidós, como presidente de la República de Colombia, a los gobiernos de México, Perú, Chile y Buenos Aires, para que formásemos una confederación y reuniésemos en el istmo de Panamá u otro punto elegible a pluralidad, una asamblea de plenipotenciarios de cada Estado «que nos

16 Simón Bolívar, Cartas del Libertador, 2.ª ed., Caracas, Banco de Venezuela / Fundación Vicente Lecuna, 1964-1970, T. IV, Documento n.º 1.136, págs. 211-214.

sirviese de consejo en los grandes conflictos, de punto de contacto en los peligros comunes, de fiel intérprete en los tratados públicos cuando ocurran dificultades, y de conciliador, en fin, de nuestras diferencias».

El gobierno del Perú celebró, en seis de julio[17] de aquel año un tratado de alianza y confederación con el Plenipotenciario de Colombia; y por él quedaron ambas Partes comprometidas a interponer sus buenos oficios con los Gobiernos de la América antes española, para que entrando todos en el mismo pacto se verificase la reunión de la asamblea general de los confederados: igual tratado concluyó en México, a tres de octubre de ochocientos veintitrés, el enviado extraordinario de Colombia a aquel Estado; y hay fuertes razones para esperar que los otros gobiernos se someterán al consejo de sus más altos intereses.

Diferir más tiempo la asamblea general de los plenipotenciarios de las repúblicas que de hecho están ya confederadas, hasta que se verifique la accesión de los demás, sería privarnos de las ventajas que produciría aquella asamblea desde su instalación. Estas ventajas se aumentan prodigiosamente si se contempla el cuadro que nos ofrece el mundo político, y muy particularmente el continente europeo.

La reunión de los plenipotenciarios de México, Colombia y el Perú, se retardaría indefinidamente si no se promoviese por una de las mismas Partes Contratantes, a menos que se aguardase el resultado de una nueva y especial convención sobre el tiempo y lugar relativos a este grande objeto. Al considerar yo las dificultades y retardos por la distancia que nos separa, unidos a otros motivos solemnes que emanan del interés general, me determino a dar este paso con la mira de promover la reunión inmediata de nuestros plenipotenciarios, mientras los demás gobiernos celebran preliminares

17 En el original dice 6 de junio (N. de Vicente Lecuna).

que existen ya entre nosotros, sobre el nombramiento e incorporación de sus representantes.

Con respecto al tiempo de la instalación de la asamblea, me atrevo a pensar que ninguna dificultad puede oponerse a su realización en el término de seis meses, aun contando el día de la fecha; y también me atrevo a lisonjearme de que el ardiente deseo que anima a todos los americanos de exaltar el poder del mundo de Colón, disminuirá las dificultades y demoras que exijan los preparativos ministeriales, y la distancia que media entre las capitales de cada Estado, y el punto central de reunión.

Parece que si el mundo hubiese de elegir su capital, el istmo de Panamá sería el señalado para este augusto destino, colocado como está en el centro del globo, viendo por una parte el Asia, y por la otra, el África y la Europa. El istmo de Panamá, ha sido ofrecido por el Gobierno de Colombia para este fin en los tratados existentes. El Istmo está a igual distancia de las extremidades, y por esta causa podría ser el lugar provisorio de la primera asamblea de los confederados.

Difiriendo por mi parte a estas consideraciones, yo me siento con una gran propensión a mandar a Panamá los diputados de esta república, apenas tenga el honor de recibir la ansiada respuesta de esta circular. Nada ciertamente podrá llenar tanto los ardientes votos de mi corazón, como la conformidad que espero de los gobiernos confederados a realizar este augusto acto de la América.

Si V.E. no se digna adherir a él, yo preveo retardos y perjuicios inmensos a tiempo que el movimiento del mundo lo acelera todo, pudiendo también acelerarlo en nuestro daño.

Tenidas las primeras conferencias entre los plenipotenciarios, la residencia de la asamblea, sus atribuciones, pueden determinarse de un modo solemne por la pluralidad, y entonces todo se habrá alcanzado.

El día que nuestros plenipotenciarios hagan el canje de sus poderes, se fijará en la historia diplomática de la América una época inmortal. Cuando, después de cien siglos, la posteridad busque el origen de nuestro derecho público, y recuerden los pactos que consolidaron su destino, registrará con respeto los protocolos del Istmo: en él encontrará el plan de las primeras alianzas, que trazarán la marcha de nuestras relaciones con el universo. ¿Qué será entonces el istmo de Corinto, comparado con el de Panamá?

Dios guarde a V.E. muchos años.

Palacio del Gobierno en Lima, a 7 de diciembre de 1824.

Vuestro aliado y confederado.

Bolívar José Faustino Sánchez Carrión Ministro de Estado en el Departamento de Gobierno y Relaciones Exteriores

Documento n.º 10. Propuesta de nuevas invitaciones al Congreso de Panamá hecha por el vicepresidente de Colombia

Bogotá, 6 de febrero de 1825[18]
Francisco de Paula Santander, Vicepresidente de Colombia, al Libertador presidente, Encargado del Poder Ejecutivo del Perú, Simón Bolívar.

Grande, buen amigo y fiel aliado:

He leído con el mayor placer vuestra muy estimable nota, fecha en la ciudad de Lima el día siete de diciembre último en la cual me manifestáis vuestros vehementes deseos de ver reunida la Asamblea de los Estados Confederados de la América antes española, dentro de seis meses, si es posible.

Es para mí muy satisfactorio el aseguraros que hallándome animado de vuestros mismos sentimientos, he tomado de antemano todas las medidas capaces de acelerar la realización de un acontecimiento tan esencial a nuestra seguridad y dicha futura. Las necesidades de los nuevos Estados americanos, la posición con respecto a la Europa y la terquedad del rey de España en no reconocerlos como potencias soberanas, exigen ahora más que nunca de nosotros y nuestros caros aliados el adoptar un sistema de combinaciones políticas que ahoguen en su cuna cualquier intento dirigido a envolvernos en nuevas calamidades. El principio peligroso de intervención que algunos Gabinetes del Antiguo Mundo han abrazado y practicado con calor merece de nuestra parte una seria consideración, así por su tendencia a alentar las amortiguadas esperanzas de nuestros obstinados enemigos, como por las consecuencias fatales que produciría en Amé-

18 Raúl Porras Barrenechea; comp., El Congreso de Panamá de 1826, Lima, Archivo Diplomático Peruano, 1930, págs. 154-158.

rica la introducción de una máxima tan subversiva de los derechos soberanos de los pueblos.

Empero, por grandes que sean nuestros deseos de poner al menos los cimientos de esta obra la más portentosa que se ha concebido después de la caída del imperio romano, me parece que es de nuestro mutuo interés que la asamblea convenida de plenipotenciarios, se verifique en el istmo de Panamá con la concurrencia de todos, o la mayor parte de todos los gobiernos americanos, así los beligerantes como los neutrales igualmente interesados en remitir aquel supuesto derecho de intervención de que ya han sido víctimas algunas potencias del Mediodía de Europa.

Con el objeto de conseguir esta concurrencia, se comunicaron instrucciones con fecha 15 de julio último a nuestros Encargados de Negocios en Buenos Aires para que se procurase persuadir la conveniencia de enviar plenipotenciarios a la Asamblea de Panamá, a pesar de haberse malogrado la negociación que con tan laudable propósito se abrió entre ambas Partes en 1822. Se ha esperado aquí asimismo, con la mayor ansiedad la ratificación de nuestro Tratado de alianza y confederación perpetua con el Estado de Chile, de que aún no se tiene noticia alguna. Y probablemente no terminarán las sesiones de la presente legislatura sin haberse concluido un pacto igual con las provincias de Guatemala, de las cuales existe un Ministro en esta Capital y cuyo reconocimiento se ha diferido aun por consideraciones hacia nuestra fiel aliada la República de México.[19]

De esta suerte mantengo la esperanza de que la Asamblea de la América se reúna con la concurrencia de los plenipotenciarios de las Repúblicas de Colombia, México, Guatemala, el Perú y aun Chile y Buenos Aires, si como es probable

19 Se refiere a Pedro Molina, ministro de Centroamérica enviado a Bogotá para negociar el tratado con Pedro Gual.

la política de este ultimo país se aproxima más a nuestros deseos, después que se instale el Congreso de las Provincias Unidas del Río de la Plata.

Con respecto a los Estados Unidos, he creído muy conveniente invitarlo a la augusta Asamblea de Panamá en la firme convicción de que nuestros íntimos aliados no dejarán de ver con satisfacción el tomar parte en sus deliberaciones de un interés común a unos amigos tan sinceros e ilustrados.

Las instrucciones que con este motivo se han transmitido a nuestro Enviado extraordinario y Ministro Plenipotenciario en Washington, de que acompaño copia, os impondrán extensamente de los principios que me han estimulado a tomar esta resolución. Iguales razones me han inducido a recomendar a dicho Enviado el manifestar al Representante del Emperador del Brasil en los Estados Unidos las buenas disposiciones en que está la República de Colombia hacia su Imperio.

Entre tanto el Gobierno de Colombia se prestará gustosamente a destinar dentro de cuatro meses contados desde la fecha sus dos plenipotenciarios al istmo de Panamá, para que uniéndose a los del Perú, entren inmediatamente en conferencias preparatorias a la instalación de la asamblea general, que quizá podrá dar principio a sus importantes tareas el día primero de octubre del presente año. Con el objeto pues de facilitar este resultado, me atrevo a haceros las proposiciones siguientes:

1.ª Que los Gobiernos de Colombia y el Perú autoricen a sus plenipotenciarios reunidos en conferencias preparatorias en el istmo de Panamá, para que entren en correspondencia directa con los Ministros de Estado y Relaciones Exteriores de México, Guatemala, Chile y Buenos Aires manifestándoles la urgencia de enviar sin pérdida de momentos los plenipotenciarios de aquellas Repúblicas a la asamblea general.

2.ª Que los plenipotenciarios de Colombia y el Perú, tengan la libre facultad de escoger en el istmo de Panamá el lugar que crean más adecuado por su salubridad para tener sus conferencias preparatorias.

3.ª Que luego que estén en el istmo de Panamá los plenipotenciarios de Colombia, el Perú, México y Guatemala, o cuando menos de tres de las Repúblicas mencionadas, puedan fijar de común acuerdo el día en que ha de instalarse la asamblea general.

4.ª Que la Asamblea General de los Estados Confederados tenga, asimismo, la libre facultad de escoger en el istmo de Panamá el lugar que por su salubridad les parezca más a propósito para tener sus sesiones.

5.ª Que los Plenipotenciarios de Colombia y el Perú, no se ausenten de manera alguna del istmo de Panamá desde que entren en conferencias preparatorias hasta lograr ver reunida la Asamblea General de los Estados confederados y terminadas sus sesiones.

Yo espero que estas proposiciones os probarán el vivo interés que la República de Colombia toma en ver realizados en nuestro hermoso hemisferio los grandes designios de la divina providencia, a quien pido fervientemente os mantenga en su santa y digna guarda.

Dado, firmado y refrendado por el Secretario de Estado y Relaciones Exteriores en la Ciudad de Bogotá a 6 de febrero de mil ochocientos veinticinco, décimoquinto de la independencia de la República de Colombia.

Francisco de Paula Santander Pedro Gual Secretario de Estado y Relaciones Exteriores

Documento n.º 11. Propuesta de agenda de las negociaciones hecha por el vicepresidente de Colombia

Bogotá, 9 de febrero de 1825[20]
Al honorable Miguel Santamaría, Enviado Extraordinario y Ministro Plenipotenciario de la República, cerca del Gobierno de México, etc.

Señor:

Tengo el honor de participar a V.E. que el 4 del corriente, recibió este Gobierno la circular de S.E. el Libertador, Encargado del Poder Dictatorial del Perú, invitando a esta República su aliada a la reunión de la Gran Asamblea de los Estados americanos en el istmo de Panamá, según se habían obligado por convención especial. S.E. el Vicepresidente, igualmente penetrado de la importancia de esta medida, contestó indicando los puntos siguientes, para facilitar su ejecución.

1.º Que los Gobiernos de Colombia y el Perú autoricen a sus Plenipotenciarios reunidos en conferencias preparatorias en el istmo de Panamá, para que entren en correspondencia directa con los Ministros de Estado y Relaciones Exteriores de México, Guatemala, Chile y Buenos Aires, manifestándoles la urgencia de enviar, sin pérdida de momentos, los Plenipotenciarios de aquellas Repúblicas a la Asamblea General.

2.º Que los Plenipotenciarios de Colombia y el Perú tengan la libre facultad de escoger, en el istmo de Panamá, el lugar que crean más adecuado por su salubridad para tener sus conferencias preparatorias.

20 «Circular enviada por el gobierno de Colombia con propuestas sobre la operación del Congreso», Raúl Porras Barrenechea; comp., El Congreso de Panamá de 1826, Lima, Archivo Diplomático Peruano, 1930, págs. 160-163.

3.° Que luego que estén en el istmo de Panamá los Plenipotenciarios de Colombia, el Perú, México y Guatemala, o cuando menos tres de las Repúblicas mencionadas, puedan fijar, de común acuerdo, el día en que ha de instalarse la Asamblea General.

4.° Que la Asamblea General de los Estados confederados tenga asimismo la libre facultad de escoger en el istmo de Panamá, el lugar que, por su salubridad, le parezca más a propósito para tener sus sesiones.

5.° Que los Plenipotenciarios de Colombia y el Perú no se ausenten, de manera alguna, del istmo de Panamá desde que entren en conferencias preparatorias hasta lograr ver reunida la Asamblea General de los Estados confederados y terminadas sus sesiones.

Estos son los medios que el Gobierno de Colombia ha creído más eficaces para lograr indefectiblemente la instalación de aquella asamblea que fijará, de una vez, los destinos de este continente. Se ha prometido, en consecuencia, enviar nuestros Plenipotenciarios a Panamá dentro de cuatro meses, en la persuasión de que, por más dilaciones que sufran en sus viajes los que fuesen destinados para tan importante misión, la asamblea dará principio a sus tareas el día 1.° de octubre del corriente año, V.S., pues, hará los mayores esfuerzos para que el Gobierno de México se preste a nombrar sus Plenipotenciarios, y darles las correspondientes instrucciones. —Ni debe detener a este Gobierno, en alentar este paso, la consideración de que aún no le ligan con los demás Estados de la América, antes española, obligaciones como las que estableció entre éste y aquel país, el tratado firmado por V.S. en 3 de octubre de 1823, ratificado por el Gobierno de México en 2 de diciembre del mismo año, y por el Gobierno de Colombia en 30 de junio de 1824—. En Panamá podrá renovarse este pacto entre todos los Plenipotenciarios americanos de común acuerdo. El interés de todos, en estos momentos, es presentar la América unida fuertemente a los ojos de la Europa; tomando al mismo tiempo una actitud tan imponente hacia la España, que la obligue a abandonar, por temor, sus delirios de conquista, y a hacer la paz. Este grande objeto no admite dilatorias.

Es preciso acelerarle de cuantos modos sean imaginables, abreviando todas aquellas fórmulas diplomáticas que se opongan a su pronta consecución.

Varias y multiplicadas son, en verdad, las materias de que debe ocuparse la Asamblea de los Estados americanos. Podrá ser la 1.ª renovar, con la mayor solemnidad, el gran Pacto de unión, liga y confederación perpetua contra España y cualquiera otra nación que intente dominarnos. 2.ª Dirigir los Plenipotenciarios, en nombre de sus comitentes, un manifiesto bien concebido sobre la justicia de su causa, devolviendo en él las miras mezquinas de la España, y nuestro sistema de política con respecto a las demás potencias de la cristiandad. 3.ª Hacer o renovar un tratado de comercio entre los nuevos Estados como aliados y confederados. 4.ª Hacer una convención consular entre todos, que demarque, clara y distintamente, las funciones y prerrogativas de sus cónsules respectivos. 5.ª Tomar en consideración los medios de hacer efectivas las declaraciones del presidente de los Estados Unidos de América, en su Mensaje al Congreso del año pasado, sobre frustrar cualquier designio ulterior de colonización en este continente por las potencias europeas, y resistir todo principio de intervención en nuestros negocios domésticos.

6.ª Establecer, de común acuerdo, los principios de derecho de gentes de una naturaleza controvertible; y principalmente los que se versan entre las Partes de las cuales una está en guerra, y la otra permanece neutral.

Como los tres últimos puntos interesan igualmente a los Estados Unidos, considerados como neutrales, el Gobierno ha creído conveniente autorizar a nuestro Enviado extraordinario y Ministro Plenipotenciario en Washington a invitarles a concurrir a la asamblea proyectada como lo verá V.S. en la copia adjunta. Se ha adelantado este paso en la esperanza de que los aliados de la República de Colombia convendrán en su utilidad. Él dará a nuestros buenos, sinceros e ilustrados amigos (los Estados Unidos) una prueba de la confianza que nos merecen por sus procedimientos desinteresados; y al mundo civilizado en general, un testimonio de nuestros deseos de cortar todo motivo de quejas y disgustos dimanados del estado de guerra en que aún nos encontramos.

V.S., pues, se servirá insinuarlo así al Ministro de Relaciones Exteriores, asegurándole que el Gobierno de Colombia sentiría un verdadero placer al saber que sus miras estaban enteramente de acuerdo con las de los Estados Unidos Mexicanos.

V.S. no perderá momento alguno en transmitirme la resolución de ese Gobierno, sobre cada uno de los puntos que contiene la presente comunicación.

Entretanto, tengo la honra de despedirme de V.S. con mucha consideración, muy humilde y obediente servidor.

Pedro Gual

Documento n.º 12. Simón Bolívar: un pensamiento sobre el Congreso de Panamá.

Lima, febrero de 1826[21]
El Congreso de Panamá reunirá a todos los representantes de la América y un agente diplomático del Gobierno de S.M.B. Este Congreso parece destinado a formar la liga más vasta, o más extraordinaria o más fuerte que ha aparecido hasta el día sobre la Tierra. La Santa Alianza será inferior en poder a esta confederación, siempre que la Gran Bretaña quiera tomar parte en ella, como miembro constituyente. El género humano daría mil bendiciones a esta liga de salud y la América como la Gran Bretaña cogerían cosechas de beneficios.

Las relaciones de las sociedades políticas recibirían un código de derecho público por regla de conducta universal.

1.º El nuevo mundo se constituiría en naciones independientes, ligadas todas por una ley común que fijase sus relaciones externas y les ofreciese el poder conservador en un congreso general y permanente.

2.º La existencia de estos nuevos Estados obtendría nuevas garantías.

3.º La España haría la paz por respeto a la Inglaterra y la Santa Alianza prestaría su reconocimiento a estas naciones nacientes.

4.º El orden interno se conservaría intacto entre los diferentes Estados, y dentro de cada uno de ellos.

5.º Ninguno sería débil con respecto a otro; ninguno sería más fuerte.

21 Vicente Lecuna; comp., Documentos referentes a la creación de Bolivia con un resumen de las guerras de Bolívar, Caracas, Banco de Venezuela / Fundación Vicente Lecuna, 1975, T. II, págs. 359-360. El documento, inédito hasta 1916, fue fechado por Lecuna.

6.º Un equilibrio perfecto se establecería en este verdadero nuevo orden de cosas.

7.º La fuerza de todos concurriría al auxilio del que sufriese por parte del enemigo externo o de las facciones anárquicas.

8.º La diferencia de origen y de colores perdería su influencia y poder.

9.º La América no temería más a ese tremendo monstruo que ha devorado a la isla de Santo Domingo; ni tampoco temería la preponderancia numérica de los primitivos habitadores.

10.º La reforma social, en fin, se habría alcanzado bajo los santos auspicios de la libertad y de la paz, pero la Inglaterra debería tomar necesariamente en sus manos el fiel de esta balanza.

La Gran Bretaña alcanzará, sin duda, ventajas considerables por este arreglo.

1.º Su influencia en Europa se aumentaría progresivamente y sus decisiones vendrían a ser las del destino.

2.º La América le serviría como de un opulento dominio de comercio.

3.º Sería para ella la América el centro de sus relaciones entre el Asia y la Europa.

4.º Los ingleses se considerarían iguales a los ciudadanos de América.

5.º Las relaciones mutuas entre los dos países lograrían con el tiempo ser unas mismas.

6.º El carácter británico y sus costumbres las tomarían los americanos por los objetos normales de su existencia futura.

7.º En la marcha de los siglos podría encontrarse, quizá, una sola nación cubriendo al universo, la federal.

Tales ideas ocupan el ánimo de algunos americanos constituidos en el rango más elevado; ellos esperan con impaciencia la iniciativa de este proyecto en el Congreso de Panamá, que puede ser la ocasión de consolidar la unión de los nuevos Estados con el imperio británico.

Documento n.º 13. Primeras instrucciones del Consejo de gobierno de Perú a sus delegados.

Lima, 15 de mayo de 1825[22]
Instrucciones que han de arreglar la conducta de los Ministros Plenipotenciarios para la Gran Asamblea del istmo de Panamá.

Artículo 1. S.E. el Consejo de Gobierno satisfecho de las luces, patriotismo y demás recomendables circunstancias que distinguen a USS. se ha servido nombrarlos Ministros Plenipotenciarios para la Gran Asamblea federal de los Estados americanos que debe reunirse en el istmo de Panamá, y cuenta con que USS. correspondiendo a esta confianza, pondrán por su parte cuanto esté a su arbitrio para llenar las altas miras que el Gobierno se ha propuesto al dar a USS. la importante comisión de representar los intereses nacionales en la Gran Asamblea General.

Artículo 2. Reunidos USS. a los Plenipotenciarios del Gobierno de Colombia que deben ir al istmo de Panamá, quedan USS. autorizados para entrar en correspondencia directa con los Ministros de Estado y Relaciones Exteriores de México, Guatemala, Chile y Buenos Aires, manifestándoles la urgencia de enviar sin pérdida de momentos los Plenipotenciarios de aquellas Repúblicas a la Asamblea General.

Artículo 3. Queda a la discreción de USS. escoger en el istmo de Panamá, de acuerdo con los Plenipotenciarios que estuviesen allí el primero de junio entrante, el lugar que crean más adecuado por su salubridad y posición geográfica, para tener sus conferencias preparatorias, bien sea en el Istmo o fuera de él.

22 Daniel Florencio O'Leary, Memorias del general O'Leary, Caracas, Ministerio de la Defensa de Venezuela, 1981, v. XXIV, págs. 259-262.

Artículo 4. Luego que estén en el istmo de Panamá los Plenipotenciarios de Colombia, México y Guatemala, o cuando menos los de las dos primeras Repúblicas mencionadas, pueden fijar de común acuerdo el día en que deba instalarse la Asamblea General.

Artículo 5. USS. no se ausentarán de manera alguna del istmo de Panamá, o del lugar de residencia que escogiese la Asamblea General hasta no ver reunida dicha asamblea y terminadas sus sesiones.

Artículo 6. Procurarán USS. por su parte que del modo más solemne se renueve el gran Pacto de unión, liga y confederación perpetua contra la España, y contra la dominación de cualquier otra potencia.

Artículo 7. Procurarán por su parte que el Gran Congreso de los Estados americanos presente un manifiesto, desenvolviendo en él las miras mezquinas de la España, los inmensos males que su Gobierno ha causado a la América, y el sistema político que ésta se ha propuesto seguir con respecto a las potencias del mundo: el de amistad y de una estricta neutralidad con todas.

Artículo 8. Como mientras las islas de Puerto Rico y Cuba pertenezcan al Gobierno español, tendrá éste un medio para mantener la discordia, y fomentar turbulencias, y aun amenazar la independencia y la paz en diferentes puntos de América, procurarán USS. hacer que el Congreso resuelva sobre la suerte de dichas islas. Si el Congreso, consultando los verdaderos intereses de los pueblos que representa, creyese conveniente libertarlas, celebrarán un tratado en el cual se señalen las fuerzas de mar y tierra y las cantidades con que cada Estado de América debe contribuir para esta importante operación, y en el cual se decida si dichas islas o alguna de ellas separadamente, se agregan a alguno de los

Estados confederados, o se les deja en libertad de darse el Gobierno que tengan por conveniente.

Artículo 9. Si se resolviese que las islas de Puerto Rico y Cuba se agreguen a alguno de los Estados confederados, procurarán USS. que se decida al mismo tiempo si el Estado a que se agreguen queda o no en obligación de pagar los gastos que ocasionare su emancipación; y en el primer caso el modo y término en que deba hacerse.

Artículo 10. Si se resolviese que las islas expresadas pueden decidir por sí mismas de su suerte futura, USS. se interesarán en que se sancione al mismo tiempo si ellas deben cubrir los gastos que hayan ocasionado, y el modo y términos con que deban verificarlo.

Artículo 11. Procurarán USS. celebrar tratados de amistad, navegación y comercio con los nuevos Estados americanos como aliados y confederados.

Artículo 12. Celebrarán USS. con los mismos Estados una convención consular que señale clara y distintamente las prerrogativas de sus cónsules respectivos.

Artículo 13. En el manifiesto que según el artículo 7 debe publicar el Gran Congreso del Istmo, procurarán USS. hacer al mundo una enérgica y efectiva declaración igual a la del presidente de Estados Unidos de América en su Mensaje al Congreso del año pasado sobre impedir cualquier designio ulterior de colonización en este continente por las potencias europeas y de resistir todo principio de intervención en nuestros negocios domésticos.

Artículo 14. Se interesarán USS. en que de común acuerdo se establezcan los principios de derecho de gentes, de naturaleza controvertible, y principalmente los que deban adaptarse entre partes, de las cuales la una esté en guerra, y la otra permanezca neutral.

Artículo 15. Solicitarán USS. una declaración sobre el pie en que deban establecerse las relaciones políticas y comerciales de aquellas partes de nuestro hemisferio, que como Santo Domingo o Haití, están separadas de sus antiguas metrópolis, y no han logrado hasta el día ser reconocidas por ninguna potencia europea ni americana.

Artículo 16. Como si fuese invadido alguno de los nuevos Estados americanos, y tuviese él por si solo que sostener la guerra, se daría lugar a una contienda prolongada y ruinosa, que acabaría con destruirlo por las circunstancias a que han quedado todos reducidos a consecuencia de los sucesos anteriores, procurarán USS. celebrar un tratado por el cual queden unidos en estrecha alianza ofensiva y defensiva todos los nuevos Estados americanos que tengan parte en el Congreso, determinando el contingente de fuerza de mar y tierra, y los demás auxilios con que cada uno debiera contribuir en ayuda del Estado invadido.

Artículo 17. Consecuente a lo indicado en el artículo anterior, se interesarán USS. en que por parte de los Estados americanos que componen el Congreso del Istmo, se adopte y se siga rigurosamente un plan combinado de hostilidades contra la España, a fin de obligar a su Gobierno a hacer la paz y reconocer la independencia del continente americano. A este fin sería conducente no permitir en ningún punto de los que están en guerra con España el comercio con ella, ni aun por vías indirectas, declarando al efecto confiscables los productos del suelo y de la industria española y los buques que los condujesen bajo cualquiera bandera que fuese; impedir que volviesen a América los españoles que han emigrado durante el curso de la revolución hasta que se celebrase la paz; mantener en secuestro las propiedades de estos mismos emigrados por el mismo término; fomentar por todos los medios posibles los corsarios que obstruyesen del todo la comunicación y comercio español; ponerle a la España, como conditio sine qua non para la paz o tratados de comercio el reconocimiento solemne de la independencia de todos los Estados americanos, comprometiéndose éstos a no admitir el reconocimiento parcial de la independencia.

Artículo 18. Procurarán USS. que de común acuerdo se fijen los límites de los Estados americanos, tomando por base imprescindible los que recíprocamente tuvieron al empezar la revolución; pero USS. harán que este punto no quede de un modo vago e indefinido, sino que precisamente se nombren las rayas divisorias, procurando en lo posible, que sean puntos muy conocidos, como por ejemplo grandes ríos o montes, de modo, que conformándose la división de los Estados con la marcada por la misma naturaleza, se evite todo motivo de controversia en lo sucesivo.

Artículo 19. Necesitando la América de un largo tiempo de reposo y de paz para que pueda reponerse de los males que ha sufrido durante la guerra con España, y observándose por otra parte una gran tendencia en toda ella a las independencias y soberanías provinciales, USS. procurarán que se decida, qué porción de los nuevos Estados puede considerarse representativa de la soberanía y voluntad nacional, y de qué modo debe ser ésta expresada, para que tenga los efectos legales.

Artículo 20. Decidido este punto, USS. harán que se declare que los Estados americanos lejos de fomentar y apoyar las miras de los díscolos y de los ambiciosos que intenten perturbar el sosiego y el orden público, deban por el contrario cooperar a que los Gobiernos legítimamente constituidos, se sostengan por todos los medios que tengan a su alcance.

Artículo 21. Se interesarán USS. vivamente en que la Asamblea General acuerde las providencias más eficaces para impedir el tráfico de esclavos en toda la América.

Artículo 22. Después de ratificados por los respectivos Gobiernos los tratados que se celebren por el Gran Congreso federal de los Estados americanos, USS. harán por su parte que estos tratados se declaren el Código de derecho público americano, obligatorio a todos los Estados que han tenido parte en el expresado Congreso.

Tomás de Heres

Documento n.º 14. Segundas instrucciones del Consejo de gobierno de Perú a sus delegados.

Lima, 18 de febrero de 1826[23]
Señores Ministros:
He tenido el honor de poner en el conocimiento de Su Excelencia el Consejo de Gobierno la apreciable comunicación de Vuestras Señorías del 24 de diciembre próximo pasado, en que se sirven anunciarme el arribo de los señores Ministros de la República de Colombia, acompañarme copias de las notas que recibieron y contestaron, hacerme un prolijo análisis de sus Instrucciones Generales ostensibles, y una explicación substancial de las particulares o eventuales, y consultar varias dudas para el cumplido desempeño de la alta misión que se ha confiado a Vuestras Señorías.

Su Excelencia el Consejo de Gobierno después de haberlas pulsado con la madurez y circunspección que demandan, se ha dignado hacer las aclaraciones siguientes, según el orden numérico en que han sido propuestas.

1. Luego que se reúnan los representantes de cuatro Repúblicas, podrá abrirse la Asamblea, pues sus luces deben reputarse suficientes para resolver los negocios que ocurrieren.

2. Vuestras Señorías se abstendrán de iniciar la cuestión relativa a la independencia de las islas de Cuba y Puerto Rico, si no tuvieren una correcta información del estado político de Europa y relaciones existentes entre Gran Bretaña, Francia y demás potencias marítimas, a fin de no tomar una medida inmadura sobre la independencia de estas islas que comprometa o arriesgue la de Colombia; pero si la ocasión se presenta de un modo tan favorable que se juzgaren su-

23 Oscar Barrenechea y Raygada; comp., El Congreso de Panamá de 1826. Documentación inédita, Lima, Archivo Diplomático Peruano, 1942, págs. 19-24.

ficientes los esfuerzos de las Repúblicas confederadas para lograr la independencia de Cuba, ofrecerán Vuestras Señorías un contingente de tropa proporcional a la naturaleza de nuestra situación y circunstancias y la menor cantidad posible de numerario.

3. No celebrarán Vuestras Señorías tratados de comercio con Estado alguno, porque el Gobierno se reserva verificarlos según las bases que sancionare el Congreso, donde quedó pendiente este asunto desde el tiempo de su primera reunión, y muy próximo a concluirse.

4. Los cónsules se circunscribirán a sus atribuciones puramente comerciales para evitar que patrocinados con la distancia del centro de sus Gobiernos, no se entrometan en asuntos diplomáticos, ni se arroguen prorrogativas o exijan atenciones que se deben exclusivamente a los Ministros Plenipotenciarios o Agentes Diplomáticos, y se impidan las contestaciones odiosas que suscitarían con mengua del decoro del Gobierno.

5. No se admitirá otro derecho de los neutrales entre los beligerantes que el que refiere a las potencias europeas, respecto a que no estamos en aptitud de dictar reglas a las grandes naciones, y que nuestra debilidad volvería ilusorias y tal vez perniciosas las que se establecieren. Se adoptará el mismo derecho para decidir si el pabellón cubre o no las mercancías, ahora sean de contrabando o de guerra, ahora de hacienda, o se violare la neutralidad.

6. No tomarán Vuestras Señorías la iniciativa sobre las relaciones políticas o comerciales con la República de Haití, porque nuestra posición prohíbe que las formemos con ella, pues si desgraciadamente abordasen a nuestras costas sus tripulaciones, incendiarían a nuestros esclavos inspirándoles un deseo ardiente de emanciparse y el país se vería amagado de envolverse en una revolución desastrosa.

7. No prestarán Vuestras Señorías sufragios para la formación de una escuadra federal: el Perú concurrirá a la defensa común con un contingente de tropas proporcionado al millón de habitantes que lo pueblan, siempre que la guerra amenazare las costas del Pacífico, las provincias terrestres del Estado de Colombia hasta Juanambié o el istmo de Panamá; fuera de estos tres casos, contribuirá con dinero. La fuerza auxiliar se sujetará a la autoridad del auxiliado. Cada Estado abonará el prest, transporte y manutención de las tropas, y no se llenarán las bajas, sino a condición de que pasados dos o tres años regresen a su país los que hayan sido destinados a los reemplazos.

8. Una de las bases de la federación será, que ningún Estado acepte aisladamente el reconocimiento de su independencia sin que se reconozca la general de todos, porque un reconocimiento parcial pondría a la España en disposición de emplear con suceso mayor masa de fuerza sobre el Estado inmediato, y de invadir a su vez al Estado reconocido, burlando bajo pretextos especiosos cualquier tratado por solemne que fuese. Se cuidará asimismo de recabar el advenimiento de los confederados, para que ninguno por sí, ni todos juntos consientan en conceder a la España por el reconocimiento de la independencia, cantidad alguna de dinero, sino únicamente algunas ventajas comerciales con previo acuerdo de la Gran Bretaña.

9. La cuestión sobre límites entre las Repúblicas de Colombia y del Perú se ventilará en esta capital con el Gran Mariscal de Ayacucho o con cualesquier otro comisionado legítimamente autorizado para el efecto, en atención a existir aquí los documentos de la materia, y a que podrán adquirirse más fácilmente todas las nociones precisas para tranzar cordial y amigablemente este negocio, mediante la federación y generosidad recíproca, que ligan a ambos Estados,

cuyos inmensos terrenos ocupan gran parte de las márgenes del Marañón y son inútiles en el día por falta de pobladores.

10. No se inferirán Vuestras Señorías en los negocios domésticos de los Estados, ni menos en la organización interior de sus Gobiernos, porque siendo el objeto de la reunión de la Asamblea ocuparse exclusivamente de los intereses generales de los confederados, no les compete entender en los actos particulares de la soberanía de cada uno, si no comprometiesen la seguridad común.

11. No siendo decoroso al Gobierno substraerse de los principios que proclaman las luces del siglo acerca de la supresión del trafico de esclavos, convendrán Vuestras Señorías en que se sancione si se propusiere, sin instar que se declare «piratería internacional».

12. Si los Ministros de los Estados Unidos de la América del Norte compusiesen una parte integrante de la Asamblea, procederán Vuestras Señorías con arreglo a sus instrucciones generales; pero si no compusiesen parte integrante de ella y llegase el casus foederis para defenderse contra la nación española o cualquiera otra europea, se ceñirán al tenor del poder especial que les acompaña.[24]

13. Si el Emperador del Brasil remitiese sus Plenipotenciarios, obrarán Vuestras Señorías con arreglo al artículo anterior; en el caso de tratarse sobre límites, se dirigirán al Gobierno para la decisión de este asunto, pues para perfilar la línea divisoria de ambos Estados que corren paralelos, Norte, Sur, es necesario que sus Gobiernos nombren antici-

24 Este documento se acompaña de un poder especial fechado el 18 de febrero, por medio del cual se faculta a los Plenipotenciarios peruanos para entablar tratados de paz, amistad, y alianza ofensiva y defensiva con Estados Unidos. Un poder similar había sido mostrado a Vidaurre y Pando por los Plenipotenciarios colombianos a su llegada a Panamá.

padamente personas inteligentes y establezcan ciertas bases en que estribe la negociación.

14. Los Ministros se sujetarán en la cuestión relativa a la suspensión o disolución de la asamblea, al dictamen de la mayoría, teniendo constantemente en consideración, la necesidad y conveniencia que resultare de la continuación o receso de sus sesiones, y pesando juiciosamente las diferentes opiniones de los Representantes para calcular por ellas, si la asamblea podrá quedar constituida de tal suerte, que invista un poder moral capaz de hacer que las Repúblicas respeten y obedezcan sus decisiones, sus leyes y sus Gobiernos establecidos, y últimamente, para que la asamblea no sea un cuerpo puramente deliberativo, en que cada Estado se crea autorizado para adoptar de sus resoluciones la que mejor le pareciere, en cuyo caso no habrá una razón suficiente para que la asamblea subsista.

El Ministro que suscribe, aprovecha esta ocasión para renovar a Vuestras Señorías la alta consideración, con que es su muy atento obediente servidor.

Hipólito Unánue

Documento n.º 15. Terceras instrucciones del Consejo de gobierno de Perú a sus delegados

Lima, 25 de mayo de 1826[25]
Señores:
La atención del Gobierno se fija, con la preferencia que merecen, sobre los asuntos que deben ocupar a la Asamblea general americana, puesto que de sus resoluciones puede depender en gran manera la consolidación de los Estados nuevamente constituidos y el arreglo pacífico, amistoso y estable de sus relaciones internacionales.

Pero Vuestras Señorías comprenderán seguramente, que no es lo mismo conocer la importancia de un objeto que percibir de golpe los medios más adecuados para promoverle. En negocios políticos de tan alta esfera, nada es capaz de reemplazar a la experiencia: ni las más sanas intenciones, ni la meditación más detenida, y es inevitable que los Gobiernos colocados al frente de pueblos, cuya existencia independiente acaba de comenzar, se vean por algún tiempo sujetos a oscilación con respecto a puntos nuevos extraordinarios, que envuelven intereses complicados y consecuencias trascendentales.

En tales circunstancias modificar las determinaciones tomadas no puede graduarse de versatilidad, sino más bien de prudencia y buena fe: Vuestras Señorías deben haberse convencido de esta verdad desde que empezaron sus conferencias con los señores Plenipotenciarios de Colombia en ese Istmo. Las recíprocas comunicaciones, el examen prolijo y circunspecto que provocan, hacen considerar los objetos bajo todos sus aspectos; que se ensanchan las miras; se cal-

25 Oscar Barrenechea y Raygada; comp., El Congreso de Panamá de 1826. Documentación inédita, Lima, Archivo Diplomático Peruano, 1942, págs. 36-51.

culan más exactamente las ventajas y los inconvenientes; y se preparan mejor los medios del acierto que todos apetecemos.

Además de la nota de Vuestras Señorías con fecha de 11 de abril próximo pasado, se han recibido en este Ministerio a mi cargo algunos datos relativos a la propia materia, que han llamado de nuevo la seria consideración del Consejo de Gobierno, y después de madura reflexión, he recibido orden de Su Excelencia para refundir las Instrucciones que por dos veces se han dado a Vuestras Señorías de modo que se consulten a la vez los intereses del Perú, y los de los demás Estados nuestros hermanos, no menos que aquella discreta deferencia hacia nuestros aliados de la cual no podemos de manera alguna prescindir.

Por otra parte, la Asamblea de Panamá ha excitado mucho la expectación pública, particularmente en Europa: nuestro crédito, utilidad y decoro exigen que no la burlemos y que, removiendo los obstáculos que se presenten, nos mostremos tan dignos del aprecio de nuestros amigos como superiores a las acechanzas de nuestros contrarios.

Es pues muy urgente que la Asamblea General se instale y dé principio a sus importantes tareas, y el Consejo de Gobierno se lisonjea, en vista de las noticias que Vuestras Señorías han transmitido, de que ese objeto se haya conseguido mediante la llegada a Panamá de los señores Plenipotenciarios mexicanos. Ninguna contradicción ha habido sobre este punto entre las primeras y las últimas instrucciones que a Vuestras Señorías se han remitido. El artículo 4 de aquellas no prescribía que la Asamblea se instalase luego que se hallasen reunidos los representantes de tres Estados, la expresión de cuando menos dejaba a Vuestras Señorías en liberad para decidir en unión con los otros cuatro plenipotenciarios, libertad que si después se restringió en el artículo 1 de las segundas exigiéndose la concurrencia de los representantes de cuatro Estados, fue a consecuencia de la opinión emitida en la nota de esa legación del 24 de diciembre último y del convencimiento del Gobierno acerca de la conveniencia que dicha opinión presentaba.[26]

Parecería a primera vista que el primer asunto que ocupase a la Asamblea debería ser la redacción y publicación de un Manifiesto razonado y decoroso, que manifestase al mundo civilizado en los términos de la templanza y de la moderación, la necesidad y la justicia de la emancipación de las que fueron colonias españolas, los graves inconvenientes que resultan para la tranquilidad y relaciones comerciales que tanto estiman las potencias europeas, de la obstinación del Gabinete de Madrid en no reconocer un orden de cosas irrevocablemente sancionado, y que no está ya en su mano trastornar, las miras pacíficas y amigables de los gobiernos americanos con respecto a todos los demás que respeten sus derechos, la estrecha unión que existe entre ellos para repeler cualquier agresión extraña o intervención en sus negocios domésticos, y su firme resolución de abstenerse de todo género de proselitismo político, respetando todas las formas de gobierno por diferentes que sean de las que los americanos hemos adoptado, y sujetándose gustosos a los principios más severos del derecho de las naciones cultas; pero bien examinada la materia, el Gobierno es del sentir que este manifiesto no preceda a los tratados y convenios que deben celebrarse en la asamblea, sino que sea, por decirlo así, una emanación de los principios que en ellos se sancionen, el proemio con que se den a luz y la explicación de nuestro derecho público. Sin embargo, Vuestras Señorías

26 Se refiere a la extensa comunicación que Manuel Vidaurre y él mismo envían desde Panamá al Consejo de Gobierno del Perú el 24 de diciembre de 1825.

podrán ceder sobre este punto, si el dictamen de la mayoría de los plenipotenciarios fuese diverso.

Lo esencial es que los representantes de los Estados que concurran a la asamblea empiecen por un pacto de mutuo reconocimiento y garantía de la integridad de los territorios respectivos y de alianza íntima, defensiva contra cualquier potencia extranjera que intentase violar nuestra independencia, y ofensiva contra la España, con el único fin de obligarla a poner término a una guerra inútil y desastrosa, cuya prolongación puede a ella misma serle muy perjudicial, y atendido el estado de sus fuerzas que no dan lugar a esperanza de buen éxito, es evidentemente atentatoria al derecho universal de gentes.

Esta alianza sería empero absolutamente ociosa si al mismo tiempo que se solemniza no se señalaren con claridad y distinción los medios convenientes para hacerla efectiva y duradera: a este fin concurren dos cosas:

1. La estipulación de que ningún Estado de los confederados tratará separadamente con la España, ni admitirá el reconocimiento de su aislada independencia por parte de ella, para evitar las funestas consecuencias de la intriga y del dolo, tan familiares a la falsa política, y presentar a la Europa, no sociedades débiles e impotentes, sino una masa homogénea, imponente por su unión y por sus recursos. Como corolario de esta estipulación debe ser la otra (ya sancionada por el artículo 6 de uno de los tratados celebrados en 6 de julio de 1822 entre Colombia y el Perú, artículo 16 del tratado entre Colombia y Chile, y 17.º del tratado entre Colombia y México) relativa a no acceder a demandas de indemnizaciones o erogaciones pecuniarias bajo ningún título, que el Gobierno español puede entablar por la pérdida de su antigua supremacía o cualquiera otra nación en su nombre, pues prescindiendo de su justicia y conveniencia,

ella constituye para los Estados contrayentes un punto de derecho internacional positivo y obligatorio.

2. La designación exacta de las fuerzas con que cada confederado deberá acudir a la defensa del que fuere invadido. Parece que para graduarlas no puede adoptarse base menos imperfecta que la de la respectiva población.

Calculando aproximadamente en cinco millones y medio de habitantes la de los Estados Unidos Mexicanos, en uno y medio la de las Provincias de Centroamérica, en tres y medio la de Colombia, y en un millón la del Perú, resultaría que podría señalarse al primer Estado un contingente de diez a once mil hombres de todas las armas, al segundo de tres mil, al tercero de siete mil y al cuarto de dos mil. Esta proporción no distará mucho de los justos límites, y es la que Vuestras Señorías deberán consentir o proponer rectificándola, sin embargo, y apoyándola con el cálculo segundo de la población de América (aunque algo abultado) que formó en el año 1823 el Barón de Humboldt, y que se halla inserto en varias obras y periódicos.

La formación de un Ejército federal permanente ofrece tantas dificultades que no es posible acceder a ella. Bastará sin duda que aquel Estado que sufriese la desgracia de una agresión, reclame inmediatamente los contingentes que repute necesarios para repelerla; entendiéndose que la manutención, prest y transporte de las tropas sea pagado por quien recibe su auxilio; que el Jefe de ellas esté subordinado al General del Estado auxiliado, y que se llenen las bajas. El fundamento de estas proposiciones es bien manifiesto. Aunque la causa sea común, las ventajas más cercanas e importantes recaen sobre el confederado a quien se liberta de un gran daño, y la justicia pide que quien reporta el principal beneficio reporta las cargas que le acompañan. En el día, por otra parte, no son de temerse como lo pasado, guerras largas, obstinadas y costosas. Lo más que podría hacer la España sería invadir algún corto territorio del cual serían infaliblemente expelidas en poco tiempo sus tropas, mediante la concurrencia de los contingentes que se solicitasen, en todo o en parte, y a los cuales daría movilidad la escuadra federal cuya formación han propuesto los señores Plenipotenciarios de Colombia.

Este último punto ha sido de nuevo tomado en consideración por el Consejo de Gobierno, que ha tenido a la vista las poderosas razones que militan a favor de la medida de las estipulaciones conexas a ella que encierran los tratados existentes entre Perú y Colombia, el peligro de que si no se accede a la misma se frustren los felices resultados que debemos prometernos de la Asamblea General, y la consideración del gasto que tendría el Perú que soportar en caso de decidirse por la afirmativa. A consecuencia de todo, quedan Vuestras Señorías autorizados para entrar en negociaciones sobre el particular, siempre que los otros tres Estados se allanen a contribuir a la creación de una marina federal sobre la base misma de su respectiva población.

El Gobierno sabe que el proyecto consiste en establecer en el Atlántico una escuadra de dieciocho buques de varios portes, y otra en el Pacífico de ocho buques, y que el costo de construcciones y aparejo de ambas se regula en siete millones de pesos. Si este plan fuese adoptado por los demás Estados, el Perú no rehusará su consentimiento, con tal que los 600.000 pesos con que, aproximadamente, le correspondería contribuir, en tal hipótesis, no se exijan en dinero sino su equivalente en buques. Para que la formación de esta Marina surta los efectos deseados, es necesario que sea rápida, lo que no podría lograrse si se aguardase a que se construyeran los vasos en astilleros extranjeros.

México, Colombia y Perú, tienen excelentes buques que pueden declararse federales, calculando su valor por medio de peritos nombrados por la misma confederación. La fragata «Protector», la corbeta «Limeña», el bergantín «Congreso» y la goleta «Macedonia» son muy aparentes para los apostaderos del Pacífico, que pueden establecerse en Guayaquil y Callao; los que se eligieren como más a propósito para el efecto, unidos a los que puede proporcionar México o Colombia, podrán inmediatamente componer la escuadra de esta mar, y la del Atlántico tampoco debe ofrecer dificultades.

El costo anual de estas escuadras se calcula en tres millones cuatrocientos mil pesos, considerando que pueda durar tres años la campaña y, por consiguiente, del costo total de más de diez millones, correspondería al Perú un contingente de novecientos mil pesos, o sea trescientos mil al año. De modo que los mismos datos que ha recibido el Gobierno, le han demostrado la ninguna necesidad de adoptar por parte del Perú, el proyecto de levantar a nombre de la Confederación, un empréstito de más de veinte millones de pesos, con el fin de costear los gastos de construcción y mantenimiento por tres años de la Marina federal. Nosotros nada tenemos que decir si alguno de los demás Estados reputa indispensable someterse a esta nueva carga, pero sí tenemos derecho para no admitir un plan que creemos oneroso. Nuestros amigos y aliados deben quedar satisfechos cuando consentimos en contribuir con nuestros buques a la formación de la escuadra, y con trescientos mil pesos anuales, precisamente, a su conservación. Sobre estas bases pueden Vuestras Señorías negociar sin pararse en pequeños pormenores que el Gobierno no puede prever ni inculcar, y que necesariamente han de ser dejados al prudente arbitrio, a la sagacidad y al celo patriótico de Vuestras Señorías.

La conveniencia y el decoro de los confederados indican sí claramente, que los almirantes a cuyo cargo se pongan las dos escuadras deben ser nombrados de común acuerdo; que también deben estar subordinados a una autoridad central emanada de cada una de las potencias aliadas; que ninguna ofrece este carácter más adecuadamente que la misma Asamblea General, la cual puede intervenir en todas las dificultades que no dejarán de ocurrir por la naturaleza de la cosa; y que ella, reuniendo todos los conocimientos necesarios, particularmente los relativos a las disposiciones de las potencias europeas, se hallara en aptitud para dirigir con buen éxito las operaciones de la Marina federal, sobre todo en el Atlántico, que es donde existen los mayores peligros. Pero si semejante arreglo no fuese de la aprobación de la mayoría, y se prefiriese la formación de comisiones mixtas, es decir, compuestas de comisionados de cada uno de los aliados, tanto en el Atlántico como en el Pacífico, no hay razón para que Vuestras Señorías nieguen su consentimiento.

Celebrado que fuese este pacto solemne de garantía y alianza, que es objeto primordial de la instalación de la Asamblea, parece que ella debería ocuparse de los medios más adecuados de consolidarse tan robustamente cuanto es posible en las transacciones políticas, y no puede excogitarse, en opinión del Consejo de Gobierno uno más plausible que el de hacer permanente a la misma asamblea, con los importantes fines: primero, de velar sobre la exacta ejecución de los tratados y sobre la seguridad de la confederación; segundo, de mediar amigablemente en cualquiera de los Estados aliados y las potencias extranjeras, en caso que ocurriese alguna desavenencia; tercero, de servir de conciliador y aun de árbitro si se pudiese, entre los aliados que por desgracia tuviesen algún motivo de alteración que tendiese a alterar sus estrechas relaciones, impidiendo así que entre ellos renaciese el terrible azote de la guerra; cuarto, de expeler de la Confederación al Estado que obstinadamente faltase a las obligaciones contraídas; quinto, de reunir y dirigir los esfuerzos comunes contra aquel que obcecado por ideas de ambición y de engrandecimiento quisiese romper el equilibrio del poder y violar la independencia de cualquier otro.

No se oculta al Gobierno cuán ardua es la consecuencia de algunos de estos objetos, cuánto se oponen a ella las pasiones de que tan difícilmente se desnudan los que se sienten fuertes, y cuán impracticable ha parecido hasta ahora un sistema que, invocado por los votos de muchos publicistas amigos de la humanidad, rechazado por los Gobiernos europeos que desdeñan toda traba para su política, ha sido menospreciado como un sueño, o absurdo o irrealizable. Pero es digno de nosotros hacer siquiera alguna tentativa para obtener un orden de cosas tan bello, útil y análogo a la civilización del siglo; y sería glorioso para la América dar al viejo hemisferio tan sublime ejemplo.

Los conatos de los Plenipotenciarios del Perú en esta dirección aunque resulten infructuosos, no podrán ser sino muy honrosos. Si la asamblea se decidiese por algún plan de reunión continua o periódica, queda a la discreción de Vuestras Señorías adoptar el partido que sea sostenido por mejores razones de conveniencia y de beneficio tangible y práctico.

Otro de los medios que ocurren como muy conducentes a robustecer la alianza entre los Estados americanos y a estrechar los vínculos de su recíproca amistad, es la formación de un tratado general de comercio. Existe uno entre el Perú y Colombia, cuya copia para en manos de Vuestras Señorías que puede clasificarse bajo esta denominación, pero sus estipulados tienen muchos vacíos. Adoptando como base sus artículos 4, 5, 6, 7 y 8, los artículos 2, 3, 4, 5, 6, 7, 8, 9, 10 y 11 del tratado del 18 de abril de 1825 entre Colombia y la Gran Bretaña, y sobre todo la convención de comercio celebrada entre Colombia y los Estados Unidos del Norte el 3 de octubre de 1824, podría negociarse otro que fuese común a todos los confederados; y sería muy conforme a los sentimientos de fraternidad que deben reinar entre ellos, sancionar el principio de la abolición de prohibiciones en la recíproca introducción de los frutos del suelo y de la industria de las repúblicas aliadas. El Gobierno desea que Vuestras Señorías insistan fuertemente sobre este particular, aduciendo el ejemplo dado recientemente por la Inglaterra y los Estados Unidos del Norte, y apoyando las máximas luminosas esparcidas en los últimos años por los más acreditados economistas.

En la mencionada convención se hallan fijados los principios de que se encarga el artículo 14 de las primeras instrucciones, relativas a los derechos de los neutrales en tiempo de guerra. Estos principios sugeridos por la sana razón, y la civilización de las naciones modernas, aunque violados muchas veces por potencias marítimas preponderantes, llegarán infaliblemente a formar el código general de todas, cuando se convenzan de que la mejor política es la probidad, y de que la violencia ciega con que se sostienen derechos exclusivos, solo acarrean odios e inconvenientes de todo género. El Tratado de Westphalia de 1646, el de Utrecht de 1712, el de la neutralidad del norte de Europa en 1780, la Convención de septiembre de 1800 entre la Francia y los Estados Unidos del Norte, el de la cuádruple Alianza de diciembre del propio año entre Rusia, Suecia, Dinamarca, Prusia y otra multitud de actos públicos han consagrado los puntos siguientes: 1.° El Pabellón cubre la mercancía; 2.°

Solo se exceptúan los efectos de contrabando de guerra, como municiones y armas de toda especie; 3.° La visita de buques neutrales debe hacerse fuera del alcance del cañón sin amenaza ni maltratamiento; confiscarle el contrabando de guerra que se encontrare y dejar libre la demás carga; 4.° Los buques convoyados no sufren visita y basta la declaración del Comandante del convoy; 5.° El derecho de bloqueo no debe aplicarse sino a plaza bloqueada; 6.° Las propiedades enemigas están cubiertas por el pabellón neutral, las de neutrales halladas a bordo de buques enemigos, siguen su suerte; 7.° Los buques neutrales deben tener por lo menos al Capitán y la mitad de la tripulación neutrales del país, cuya bandera lleva. Al comenzar la América la carrera política le corresponde apartarse de las máximas de los tiempos bárbaros de la feudalidad, y Vuestras Señorías a nombre del Perú deberán promover que el código internacional de los Estados confederados sea digno del siglo en que vivimos.

Una convención consular común también a los aliados no puede ofrecer dificultades en su redacción. Las potencias de Europa nos han marcado la senda que debemos seguir sobre esta materia, despreciando las máximas infundadas de algunos escritores interesados que han querido atribuir a semejantes agentes públicos facultades y prerrogativas excesivas. El Gobierno cree que esta convención puede formarse sobre las siguientes bases: 1.° No hay obligación perfecta de recibir cónsules extranjeros; 2.° Los que se admitan necesitan el exequátur del Gobierno para poder dar principio al ejercicio de sus funciones; 3.° No gozan más exenciones que las personales, es decir, del servicio público y de contribuciones que no estén afectas a las propiedades que posean, o comercio en que se ejerciten; 4.° Donde no hay Ministro acreditado de su nación, los cónsules pueden ser órgano de las reclamaciones de sus compatriotas, y en todo caso sus intérpretes y consejeros naturales; 5.° Los particulares litigios civiles de individuos de su nación pueden ser dirimidos por los cónsules de común consentimiento; 6.º Les pertenece legalizar los documentos que deben obrar efecto en el país de los interesados, examinar los papeles de los buques de su nación, mantener en ellos el orden y pedir auxilio a la autoridad pública para conservarle, conceder pasaportes a sus nacionales, después que le hayan obtenido del Gobierno del Estado donde residen; 7.º También puede concedérseles intervención en los inventarios judiciales de bienes de sus compatriotas, testamentarías y otros actos públicos, pero en calidad de meros testigos. Pero no se les consentirá que traten de ejercer funciones diplomáticas, de asilar en sus habitaciones, de introducir efectos prohibidos u otros de libre entrada sin pagar derechos, ni otra multitud de atribuciones que frecuentemente se han arrogado, aprovechando de la debilidad de los gobiernos.

Una vez sancionados estos asuntos esenciales [para] el establecimiento y conservación de la alianza entre los Estados americanos, podría ocuparse la asamblea de otros de menor importancia relativa. Tal es la abolición total del tráfico de esclavos. A pesar de que el Gobierno no se hace ilusión sobre los motivos que han inducido a la Gran Bretaña a promoverla con tanto calor y empeño, y de que conoce los funestos resultados que ocasiona con respecto a la agricultura de los dilatados valles siberianos del Perú, no se negará a escuchar la voz de la filantropía, ni a coadyuvar por su parte a la extinción de este inhumano comercio, prescripto ya por una ley de nuestro Congreso Constituyente.

Vuestras Señorías quedan, por consiguiente, autorizados para prestar su allanamiento a las medidas que la Asamblea juzgue necesario adoptar con respecto a este punto, aunque sean las de declarar de común acuerdo a los traficantes en negros de África incursos en el crimen de «piratería» convencional americana de facultar a los comandantes de buques de guerra para que apresen a los barcos bajo pabellón de confederados que conduzcan a estos desgraciados, y de sujetar las presas a los Tribunales del Almirantazgo del captor.

En cuanto a la cuestión relativa a la independencia de las islas de Cuba y Puerto Rico, tengo orden para manifestar a Vuestras Señorías que el Perú no la considera sino como secundaria y de interés mediato; aunque sí es de opinión que los aliados, a quienes concierne más inmediatamente, deben meditarla con mucha circunspección, investigando cuidadosamente cuál sería el efecto que causaría entre las potencias extranjeras, particularmente la Gran Bretaña, la Francia y los Estados Unidos del Norte, una invasión en dichas islas. No todo lo que es útil puede practicarse, y es bien trivial la máxima de que es necesario soportar un mal, por evitar otro mayor. A los Plenipotenciarios del Perú no les corresponde en manera alguna tomar la iniciativa con respecto a esta cuestión. Pero si después de un maduro examen, de la reunión de datos y de pesar escrupulosamente las ventajas y los inconvenientes, decidiese la Asamblea enviar una expedición para sostener a los partidarios de la libertad en aquellos países, nosotros no rehusaremos nuestra cooperación en una empresa que se crea beneficiosa a la seguridad y reposo de la América. El Perú insiste en que en tal caso, se observe religiosamente el partido que dicta la justicia y la política, dejando a aquellos pueblos en libertad plena de erigirse en Estado soberano e independiente sin más pensión que la de satisfacer los gastos que ocasionare la expedición de los aliados. Las razones en que se funda este dictamen son tan obvias que no se necesita apuntarlas.

Aún menor intervención deberán Vuestras Señorías tener en punto a relaciones con Haití, por los motivos que se indican en el artículo 6 de las segundas instrucciones, cuyo tenor me manda el Consejo de Gobierno ratificar, no menos que el artículo 1 relativo a que no presten Vuestras Señorías su concurrencia si, lo que no es de suponer, se tratase en la asamblea de intervenir en la organización interior de los gobiernos de las Repúblicas aliadas.

Igualmente reitero a Vuestras Señorías lo prescripto en el artículo 9 de las mencionadas instrucciones: el arreglo de los límites entre Perú y Colombia no es operación del momento. El deseo del Consejo de que esta transacción se verifique en Lima se halla en analogía con las disposiciones del Gobierno de esa República, manifestadas a Vuestras Señorías por los señores Gual y Briceño según participaron Vuestras Señorías mismas en su nota del 24 de diciembre último.

Al Gobierno le ha sido muy sensible que los recelos del cuerpo legislativo de los Estados Unidos del Norte hayan entorpecido el nombramiento de sus prometidos representantes para asistir a la Asamblea General. Si todavía se presentasen en ella Vuestras Señorías podrán proceder a celebrar con ellos a nombre del Perú, sondeando previamente sus intenciones, un tratado de amistad, navegación y comercio sistemado sobre un plan semejante al de la convención ya citada entre dichos Estados y el de Colombia. Es ya tiempo de que nuestras relaciones tomen un carácter estable, organizado y decoroso, y de que se eviten los desagradables incidentes que han ocurrido en las comunicaciones de este ministerio con los comandantes navales de los Estados Unidos que frecuentan nuestros puertos.

Sería también muy de desear que, según Vuestras Señorías repetidas veces han anunciado, asistiesen a la Asamblea los Plenipotenciarios del Emperador del Brasil. Cuanto más poderoso se muestra aquel Imperio tanto más conveniente aparece el establecer con él relaciones de buena armonía y vecindad.

La República de Buenos Aires, que desgraciadamente se ha colocado en un estado de guerra sin consultar a los demás Estados, no puede ciertamente esperar que rompan voluntariamente su neutralidad, y el Gobierno del Perú, por su parte, se halla resuelto a mantenerla escrupulosamente. Consiguientemente, si llegasen a presentarse en Panamá los representantes mencionados, deberán Vuestras Señorías después de procurar enterarse confidencialmente de sus disposiciones, iniciar el proyecto de un tratado de amistad, navegación y comercio entre Perú y el Brasil, considerado como potencia neutral, apoyado sobre las bases generales; uno de cuyos artículos deberá ser relativo al nombramiento de comisionados por ambas Partes para recorrer y fijar la línea divisoria de un modo que evite toda duda y contestación en lo sucesivo.

Esta conducta, sugerida por la razón y por nuestro interés bien entendido, ha de hacer necesariamente favorable impresión en los Gabinetes europeos, así como por el contrario, nos concitaríamos su odio y su resentimiento si escuchásemos los insensatos consejos de algunos escritores y hombres irreflexivos que quisieran que los Estados americanos formasen una cruzada para hacer la guerra al Emperador y expelerle de nuestro hemisferio. El Consejo de Gobierno debe suponer en los individuos que compongan esa asamblea, discreción, pulso y conocimiento de la situación general de los negocios; y no puede dudar, por tanto, de que este asunto será tratado con la circunspección que merece. Nada sería tan honroso para la Asamblea, y tan interesante para la causa común como que ella tomara sobre sí el empeño de mediar en la contienda, si el Gobierno de Buenos Aires entendiese sus verdaderos intereses reclamando los buenos oficios de la confederación.

El artículo convenido entre Perú y Colombia relativo a que se sometan a la decisión de la Asamblea los principios controvertibles del derecho de gentes, parece demasiado vago y puede dar lugar a dudas y oscilaciones de dictámenes.

Vuestras Señorías procederán sin duda acerca de este punto con el pulso y la meditación que reclama. No sería empero inoportuno que la Asamblea hiciese una declaración sobre las cuestiones tan debatidas de la libertad de alta mar; de la distancia a que alcanza la jurisdicción del territorio (por ejemplo la distancia del horizonte de las costas); de la propiedad exclusiva de estrechos y mares adyacentes y cerrados; derechos de pesa; abolición absoluta del bárbaro derecho de naufragio y salvamento; aluviones y avulsiones de ríos, y otras de semejante naturaleza, acerca de los cuales se hallan divididos los pareceres de los tratadistas. Sería ocioso indicar a sujetos tan ilustrados como Vuestras Señorías las fuentes donde deben beber los conocimientos necesarios para discutir estas materias. El Gobierno desea que las decisiones que se tomen sean señaladas con el sello de la cultura moral y de la liberalidad de principios que caracteriza a nuestro siglo y que es propio de naciones jóvenes.

Al transmitir a Vuestras Señorías las órdenes del Consejo de Gobierno a las cuales quiere Su Excelencia que arreglen Vuestras Señorías definitivamente sus procedimientos en esa asamblea, me lisonjeo que los pormenores en que he entrado, serán suficientes para remover cualquier duda sobre la inteligencia de las anteriores instrucciones, y para poner a Vuestras Señorías en aptitud de desplegar sus luces y manifestar su anhelo por la prosperidad de nuestra Patria.

Tengo la honra de ofrecer a Vuestras Señorías las protestas de una distinguida consideración suscribiéndome su atento obediente servidor.

José María Pando

Documento n.º 16. Instrucciones generales del secretario de Relaciones exteriores de Colombia a sus delegados

Bogotá, 22 de septiembre de 1825[27]
A los señores Pedro Gual y Pedro Briceño Méndez.
Señores:

Tengo la honra de acompañar a ustedes un pleno poder general que S.E. el Vicepresidente ha tenido a bien conferirles para que concurran en calidad de Ministros Plenipotenciarios de Colombia a la próxima Asamblea de los Estados americanos que va a celebrarse en el istmo de Panamá.

Ustedes pueden imaginar cuánto será el interés del Gobierno en este negocio, cuando consideren que el proyecto nació de él, y que afortunadamente sus esfuerzos se han cumplido como se había propuesto. Era éste en su origen presentar a los Estados americanos fuera de aquel aislamiento en que habían combatido en los años pasados y que fue causa de mortales desastres. El buen orden y espíritu de unión y concordia que sucedió a este estado de cosas se debe a los tratados que los Ministros colombianos fueron negociando y concluyendo con el Perú, Chile, Buenos Aires, México, y últimamente con Guatemala, de los cuales encontrarán ustedes una copia fiel en los números 1, 2, 3, 4, 5 y 6. A la aplicación parcial de este ensayo se debe, en fin, que su teoría sublime se haya ilustrado con un ejemplo tan práctico y tan brillante como la reciente libertad del Perú después de una agonía que no daba esperanza de vida.

Empero la libertad del Perú se debió exclusivamente a los auxilios de Colombia prestados más allá de los que prescribían las obligaciones que le imponía el tratado de Lima de

27 Daniel Florencio O'Leary, Memorias del general O'Leary, Caracas, Ministerio de la Defensa de Venezuela, 1981, v. XXIV, págs. 271-276.

6 de julio de 1822. Mas como tan enorme peso no debe ya solamente gravitar sobre este país, si el curso de la guerra exigiere hacer nuevos sacrificios, es preciso dar a las operaciones de la confederación americana aquel orden, regularidad y concierto que es indispensable para triunfar completamente de todos los obstáculos que puedan ofrecerse en lo venidero.

Ustedes van destinados a acelerar la perfección de tan grande obra. Así parece natural comenzar por renovar de una manera solemne, y recíprocamente de una manera obligatoria, el Pacto de unión, liga y confederación entre todas y cada una de las Partes interesadas. Nuestra posición, pues, con respecto a nuestros aliados, será siempre desventajosa, mientras que las mismas obligaciones que tiene contraídas la República de Colombia hacia el Perú, Chile, Buenos Aires, México y Guatemala y las de estos Estados individualmente hacia Colombia, no se generalicen entre todos y cada uno de ellos de manera que presenten una masa formidable de poder y de recursos.

En el día si México es invadido por los españoles o por cualquiera otra potencia con el designio de privarle de su independencia, México tiene derecho de exigirnos los auxilios a que nos constituimos obligados por el tratado firmado en dicha ciudad el 3 de octubre de 1823, mas no con respecto a los demás Estados americanos que combaten por la misma causa. Semejante anomalía proviene de la indiferencia con que dichos Estados han procurado cumplir los tratados hechos con esta República, en los cuales se comprometieron explícitamente a emplear sus buenos oficios con los otros Gobiernos para que se adhirieran a aquel pacto de unión, liga y confederación perpetua.

Así es que desde 1822 hasta esta fecha no ha llegado a mi noticia que México, Guatemala, Perú, Chile y Buenos Aires, hayan celebrado entre sí ninguna especie de Convención que se parezca a las nuestras con cada uno de ellos.[28]

Tal desconcierto es funestísimo a la causa americana y lo será mucho más, si no nos apresuramos a corregirlo pronto a impulso de las circunstancias presentes. Éstas no admiten dilatorias. La suerte de la América no puede confiarse por más tiempo a la casualidad, ni a los sacrificios multiplicados de una sola parte. Las operaciones vigorosas que ahora conviene adoptar momentánea e imperiosamente, así para reducir a la España al estado de solicitar la paz, como para retraer a sus aliados de toda participación en sus proyectos hostiles, son de tal naturaleza que tomando por base las estipulaciones ya hechas en este punto con el Perú, Chile y Guatemala. Las demás partes de este tratado para ser completo, deben ustedes tomarlas del de paz, amistad, navegación y comercio firmado en esta capital con los Estados Unidos de América el 3 de octubre de 1824, bajo el número 7 del legajo de la negociación que lo produjo, bajo el número 8, y del de amistad, comercio y navegación con la Gran Bretaña concluido igualmente en esta capital el 18 de abril del año corriente, número 9. En ellos encontrarán ustedes materiales abundantes con que componer un tratado de comercio sin dejar nada que desear. Mas si se quisiesen agregar otros puntos, ustedes no deben admitir sino aquellos cuya conveniencia esté suficientemente demostrada por publicistas más imparciales y acreditados.

La prosperidad del comercio pende tanto de un buen establecimiento consular, que se hace preciso que parte de las deliberaciones del Istmo se contraigan a esta materia.

28 Restrepo se equivoca. Chile y Perú firmaron el Tratado de amistad, liga y confederación el 23 de diciembre de 1822 y fue aprobado por el Congreso chileno el 6 de diciembre de 1823.

Todos los días se toca aquí la necesidad de aclarar convencionalmente los derechos y prerrogativas de los cónsules y vicecónsules extranjeros, por sus pretensiones generalmente extravagantes. Ustedes hallarán gran parte del trabajo adelantado, teniendo en cuenta la Convención entre la Francia y los Estados Unidos firmada en Versalles el 14 de noviembre de 1788. Empero no deben ustedes olvidar que esta Convención ha sido algunas veces causa de disgustos entre estas potencias. Para evitarlos, ustedes procurarán que las jurisdicciones que se atribuya a los cónsules en negocios civiles, se limiten únicamente a disputas peculiares a comercio y navegación que se ventilen exclusivamente entre súbditos y ciudadanos de una misma nación y a bordo de sus buques, pero de ninguna manera en los criminales. En las dudas que ocurran a ustedes consultarán a Warden sobre el origen, naturaleza, progresos e influencias de los establecimientos consultares, edición de París de 1813.

El interés que ha manifestado el mundo civilizado por la abolición y supresión del tráfico de esclavos de África, exige también que la Asamblea de los Estados americanos se ocupe de ella. Esta materia presenta a nuestras Repúblicas una bella oportunidad de dar un ejemplo espléndido de la liberalidad y filantropía de sus principios. Mucho tiempo antes de la última paz de París, varias potencias de la cristiandad habían acreditado su celo en favor de la humanidad, proscribiendo por leyes este tráfico abominable. Faltaba, sin embargo, uniformar sus sentimientos y coadunar los esfuerzos de todos, empleando al intento remedios eficaces. Apareció el primer ensayo en 1815 cuando los aliados de la Europa acabaron de echar por tierra el trono del emperador Napoleón. Mas no era bastante manifestarse tan decididamente contrarias al tráfico africano. Era preciso pensar seriamente en aplicar medios adecuados y capaces por sí solos de cortar el mal. La resolución de la Cámara de Representantes de los Estados Unidos de América, solicitando del presidente entrase en negociaciones con las diferentes potencias marítimas de Europa y América para que se declarase a los traficantes de esclavos, incursos en el crimen de piratería según las leyes de las naciones, parece el único propósito para conseguir un fin tan saludable.

Fue en virtud de esta resolución que el Gobierno de los Estados Unidos invitó al de Colombia a una negociación que terminó en el tratado firmado en esta capital el 10 de diciembre del año pasado y la ley de 18 de febrero último, que acompaño a ustedes bajo los números 10 y 11. Desgraciadamente este tratado no ha sido ratificado por el presidente de los Estados Unidos como lo ha sido por nuestra parte. Parece que las disputas que han existido de largo tiempo acá con respecto al derecho de registro, que los buques de guerra británicos se han arrogado a veces de una manera injustificable, ha dado lugar a esta denegación inesperada. Después que el Gabinete americano fue el primero en agitar esta negociación, parece que empezó a reflexionar que las cláusulas del tratado podrían inducir a los ingleses a ejercer en sus buques un registro ilimitado, so color de perseguir a los traficantes de esclavos. De aquí han nacido varias contestaciones y explicaciones entre ambos que es de desearse termine en un avenimiento amistoso.

Mas como no militan las mismas razones respecto de Colombia y los demás Estados americanos, ustedes pueden abrir y concluir una negociación en virtud de la cual no solamente se declare que los traficantes de esclavos in fraganti, o con negros procedentes de África actualmente a bordo de sus embarcaciones, queden incursos en el crimen de piratería convencional, sino que puedan ser juzgados y castigados por el Tribunal del captor. La analogía de costumbres y aspiraciones que existe entre los Estados soberanos de la América antes española y el equilibrio de su poder, no hace temible el que unos respecto de otros registren sus buques de una manera impropia. Es por esta razón que en nuestros tratados de alianza se estipula expresamente que cualquiera de los tribunales de una y otra parte sea competente para tomar conocimiento de las causas de presas y piraterías en alta mar, que hagan o cometan sus buques de guerra indistintamente. Si ustedes pues, logran concluir un tratado como el que llevo referido habrán hecho a la humanidad un servicio señalado que va a ser popular y agradable a los ojos de las naciones que observan cuidadosamente nuestro progreso.

De todo lo que he tenido la honra de decir a ustedes anteriormente se deduce que la misión de ustedes en Panamá se contrae a los puntos siguientes: 1.º A renovar el Pacto de unión, liga y confederación perpetua entre todos y cada uno de los Estados americanos. 2.º A fijar el contingente de fuerzas terrestres y marítimas de la confederación. 3.º A dar una declaración o manifiesto de los motivos y objetos de la Asamblea del Istmo. 4.º Al arreglo de nuestros negocios mercantiles. 5.º A detallar los negocios o funciones de los cónsules respectivos; y 6.º A la abolición del tráfico de esclavos de África y a declarar a los perpetradores de tan horrible comercio incursos en el crimen de piratería convencional.

En cuanto al 1.º y 2.º punto observarán ustedes en el pleno poder que sus cláusulas tienen tal latitud, que por ellas están facultados para admitir en la liga americana a cualquiera potencia que quiera hacer causa común con ella.

No llegará el caso que aquí se prevé si los aliados de la España no se desvían de la senda de la neutralidad como lo han ofrecido repetidas veces. Mas si sucede lo contrario y pretenden arrogarse algún derecho de intervención en nuestros negocios domésticos en ayuda del rey católico, no hay duda que los Estados americanos no tendrán que combatir solos, y con tanta desventaja como lo han hecho anteriormente. Las operaciones de algunas potencias han sido y son todavía tan sospechosas con respecto a este país, que aún no debemos entregarnos a una confianza ciega en sus protestas hechas aparentemente con toda sinceridad. De esta especie de duplicidad parecen participar las maniobras actuales y los preparativos hostiles de los franceses en las Antillas, al mismo tiempo que se nos está asegurando en París que las intenciones de aquel Gabinete son enteramente pacíficas y amistosas con relación a Colombia.

Si semejantes maniobras y preparativos vienen a parar en un rompimiento abierto, la guerra que va a comenzarse envolverá a todas las potencias de nuestro hemisferio y a varias de la Europa. Es, pues, en este solo caso que ustedes están autorizados para influir con actividad cuanto puedan en aumentar el número de los enemigos de la España y sus aliados. Colocados como van ustedes a estar en un punto tan central y asociados de los Representantes de los demás Estados americanos, tendrán así todas las facilidades que puedan apetecer para dar la última mano a esta obra si fuese necesario. Y las potencias que se pongan de nuestro lado, se hallarán afortunadamente en condición de hacer en pocos días lo que en otras circunstancias debía costarles mucho tiempo y mucho trabajo.

La experiencia y el conocimiento profundo que ustedes poseen del espíritu del Gobierno, suplirá lo que falte a estas instrucciones. Por mi parte deseo a ustedes el viaje más feliz y que la misión que se les ha encomendado produzca los resultados más ventajosos a la causa americana.

Quedo entretanto de ustedes muy afectuosamente obediente servidor.

José R. Revenga Secretario de Relaciones Exteriores de Colombia

Documento n.º 17. Instrucciones especiales del secretario de Relaciones exteriores de Colombia a sus delegados

Bogotá, 23 de septiembre de 1825[29]
A los señores Pedro Gual y Pedro Briceño Méndez.
Señores:

Tuve ayer el placer de transmitir a ustedes un pleno poder general de orden del Ejecutivo a fin de que concurran a la próxima Asamblea de los Estados americanos que va a celebrarse en Panamá, en calidad de Representantes de Colombia. Hoy comunico a ustedes otro pleno poder pero de una naturaleza mucho más limitada. Él es completamente comprensivo de aquellos casos que pueden ocurrir entre beligerantes y neutrales.

Mucho antes que el Gobierno de Colombia recibiese la invitación del Perú, número 1 a que contestó con el número 2, había ya dedicado su atención a esta materia. ustedes encontrarán una prueba de ello en la instrucción que se dio al señor Salazar nuestro Ministro en Washington desde el 7 de octubre del año pasado bajo el número 3. El 4 contiene una explicación que ha mandado hacer últimamente al señor Canning por medio del señor Hurtado, sobre los objetos y motivos de la Asamblea del Istmo. Estos pasos eran debidos a la franqueza y amistad de que nos han dado testimonio aquellos Gabinetes y al mismo tiempo al deseo de frustrar por su medio los designios de nuestros enemigos que podían valerse de esta oportunidad para representarnos como perjudiciales a la paz y tranquilidad del mundo civilizado.

El señor Salazar tuvo en efecto la primera conferencia sobre este negocio con el Secretario de Estado a principios de

29 Daniel Florencio O'Leary, Memorias del general O'Leary, Caracas, Ministerio de la Defensa de Venezuela, 1981, v. XXIV, págs. 277-280.

mayo último. De ella y otras posteriores, ha resultado que los Estados Unidos están favorablemente dispuestos a mandar un Plenipotenciario al Istmo, siempre que los puntos que se traten allí sean compatibles con su neutralidad. A esto se ha contestado como verán ustedes en el número 5. De Londres no puede haber respuesta todavía de lo que se dijo recientemente al señor Hurtado. Se espera, sin embargo, que la Gran Bretaña tendrá de alguna manera parte en las conferencias de la Asamblea.

Luego que ustedes se impongan de estos documentos, vendrán en conocimiento de que estas conferencias con los Plenipotenciarios de la América en guerra con España, deben ser unas reservadas y otras públicas u ostensibles.

Estas últimas pueden servir a unos y otros para encubrir el principal objeto de la reunión.

Es éste saber qué parte tomarán con nosotros la Gran Bretaña y los Estados Unidos, llegado el caso de la intervención de los aliados de la España en los negocios de las nuevas potencias americanas. El lenguaje del presidente Monroe y el de los Ministros británicos ha sido tan explícito hablando de esa materia, que parece no dejar duda de sus disposiciones a contraer con nosotros una alianza eventual. Si el casus foederis que reconozcan por fundamento estos tratados no llegare jamás, nada se perderá con haber adelantado un paso que aconsejan la prudencia y la previsión.

Mientras que ustedes, pues, se esfuerzan en preparar los ánimos a este resultado, podrán ocuparse en la discusión de aquellos puntos de derecho de gentes cuya indefinición puede ser motivo de disgustos entre unos y otros.

En 1780 y 1783 se hizo por primera vez un poderoso esfuerzo por establecer una perfecta inteligencia de estos principios por medio de tratados y declaraciones de varias potencias, a cuyo frente se colocó la Emperatriz de todas las Rusias. Ustedes no perderán de vista la historia de aquel tiempo y principalmente la de la neutralidad armada, cuyas reglas están detalladas in extenso en el manifiesto ruso, y las diferentes contestaciones y accesiones de las demás cortes. La tendencia de estas negociaciones era declarar, por consentimiento expreso de todas las naciones, como principios genuinos de derecho internacional en tiempo de guerra, los siguientes: 1. que las potencias neutrales tienen derecho a comerciar con los beligerantes; 2. que el pabellón libre hace libres las mercaderías enemigas; 3. que los artículos de contrabando de guerra se limiten al número y calidad de los que constan en varios tratados; 4. que no debe reconocerse por plaza bloqueada sino aquellas que estén atacadas por un número de buques de guerra capaz de impedir la entrada de los neutrales; y 5., en fin, que los principios anteriores sirvan de base a las decisiones sobre la legalidad de sus presas.

Es probable que las máximas anteriores hubieran sido universalmente reconocidas entonces, si la Gran Bretaña hubiese accedido a ellas, si algunas de las mismas potencias que se manifestaron tan acaloradamente en favor de la neutralidad armada, no hubiesen desmentido con su conducta posterior la sinceridad de sus protestas y declaraciones ministeriales.

Desde aquel tiempo acá no se sabe que se haya hecho otra tentativa sobre este negocio que la de que ha hecho mención el presidente de los Estados Unidos en diferentes actos oficiales. De lo que estos contienen pueden colegirse que a los principios de la neutralidad armada desea el Gobierno americano agregar otros, como la abolición del corso, el tránsito de los mares Atlántico y Pacífico en la parte en que puede intervenir la autoridad pública, etc. En la ignorancia en que estamos de estos puntos en debate, se ha recomendado al señor Salazar solicite de una manera confidencial y remita a esta Secretaría, un catálogo completo de todos ellos. Luego que lleguen tendré el placer de comunicar a ustedes una copia exacta con las instrucciones correspondientes.

Ahora bien, entrando en el fondo de esta cuestión con relación a la neutralidad armada y a los puntos adicionales que se han dejado entrever en varias piezas diplomáticas de los Estados Unidos, ustedes arreglarán su conducta a las estipulaciones contenidas en los tratados de navegación y comercio entre Colombia, los Estados Unidos y la Gran Bretaña. En uno de ellos, es decir, en el de los Estados Unidos, se hallan tan satisfactoriamente definidas las materias relativas al comercio de los neutros con los beligerantes, a la libertad del pabellón, al bloqueo y a los artículos de contrabando, que yo no tengo más que recomendar a ustedes se arreglen fielmente a las modificaciones allí establecidas.

Cualquiera cosa que ustedes hagan en conformidad de estas estipulaciones merecerá la aprobación del Gobierno de Colombia.

No será así, señores, cuando se trate de la abolición del corso y la comunicación de los dos mares. Las consecuencias de la admisión de la primera por las potencias americanas, no puede menos que ser extremadamente perjudicial a sus intereses en el estado de infancia en que se encuentran sus marinas respectivas con inclusión de la de los Estados Unidos. Semejante vacío no puede llenarse sino por los corsarios que siendo armados y mantenidos por cuenta de particulares, hacen la guerra al enemigo, interceptan y destruyen su comercio, lo mantienen en continua alarma y proveen de poderosos auxiliares en todas las operaciones activas sin exigir a nosotros el menor sacrificio.

¿Qué interés, pues, tienen los Estados americanos en acceder a una declaración que les priva de los medios de contrarrestar legítimamente la superioridad conocida de las marinas europeas que en adelante les hagan la guerra?

Ninguna absolutamente a excepción de la de alegar un sentimiento estéril de pura humanidad y filantropía de que no participan aquellas.

Supongamos, sin embargo, que todas las naciones cristianas conviniesen universalmente en la abolición del corso, y que las propiedades particulares de súbditos de aquellas que están en guerra con otra quedasen exceptuadas de embargo y confiscación, ¿de parte de quién estaría la ventaja? No son necesarios cálculos profundos para descubrir que las potencias europeas que tienen mucho mayor número de buques, marineros, manufactureros y comerciantes que las americanas, serían las que ganarían con semejante declaración. Ustedes por consiguiente, se opondrán a ella con cuantas razones acabo de exponer, a pesar de convenir en lo laudable y humano del objeto.

Tampoco convendrán ustedes en tomar en consideración nada que se refiera a la comunicación de los dos mares. Es esta una materia en que Colombia tiene intereses mucho mayores y mucho más peculiares suyos que los de ninguna otra potencia de nuestro hemisferio. Se cree por tanto, que a su gobierno exclusivamente corresponde dictar las reglas con que los extranjeros deban transitar de un mar a otro por medio de su territorio.

Si los Ministros de las potencias neutrales quisiesen tratar de otros negocios fuera de los contenidos en esta comunicación, ustedes deberán consultar al Ejecutivo por medio de esta Secretaría de Relaciones Exteriores. Ustedes, sin embargo, podrán concluir con ellos, si lo quisiesen, todos aquellos arreglos de comercio y que se dirijan a detallar los derechos y prerrogativas de sus cónsules en los Estados americanos y a lograr la completa supresión y abolición del tráfico de esclavos de África, ora sea sometiendo el conocimiento de las causas de presas al Tribunal del apresado o del captor, o de uno y otro indistintamente en los términos expresados en la instrucción general del día de ayer.

Quedo de ustedes con mucha consideración obediente servidor.

José R. Revenga Secretario de Relaciones Exteriores de Colombia

Documento n.º 18. Bases para las instrucciones del Gobierno de México a sus delegados.

México, marzo de 1826[30]

Bases para LAS INSTRUCCIONES DE LOS MINISTROS para LA ASAMBLEA DE PANAMÁ

1.ª Sostener la independencia de mancomún de toda potencia extranjera.

2.ª Sostener también la interior de cada Estado y su respectiva integridad.

3.ª Sostener las formas republicanas.

4.ª No admitir colonización por nación extranjera en parte alguna de los territorios de las Partes Contratantes.

5.ª Fijar los principios generales en que ha de descansar el derecho público americano, tanto con respecto a los nuevos Estados, como con respecto a las potencias extranjeras.

6.ª Formar el proyecto del plan general para la defensa común y particular de cada Estado que fuere amenazado por potencia extranjera: formar también los presupuestos generales, señalar los contingentes, y designar los demás medios más propios para llenar estos objetos.

Atribuciones peculiares del Congreso

1.ª Convenir el modo y tiempo en que deben reunirse los que le sucedan.

2.ª Designar el lugar para la reunión.

3.ª La duración y reglas que han de observarse en caso de prórroga o para reuniones extraordinarias.

30 Antonio de la Peña y Reyes; comp., El Congreso de Panamá y algunos proyectos de unión hispanoamericana, México, Archivo Histórico Diplomático Mexicano, 1926, págs. 9-17.

4.ª Declarar cuál sea la fuerza y vigor de las obligaciones contraídas supuesta la conclusión y última ratificación de estos negociados.

5.ª Las sesiones ordinarias no pasarán de tres meses y solo podrán prorrogarse por otros dos: cumplido este término le queda la facultad a cada Gobierno para continuar o retirar a sus representantes.

6.ª En el caso de que el Congreso general crea conveniente tener sesiones extraordinarias solo lo podrá hacer por una vez en el año y la duración de ellas será a lo más de dos meses.

7.ª Señalar en general las reglas en caso de necesidad o conveniencia para establecer alianzas ofensivas y defensivas con las naciones de Europa o con alguna de ellas salvando los intereses generales del continente.

Debe tomarse en consideración la concurrencia que se ha anunciado de un agente inglés por invitación de Colombia para resolver si se deben admitir y en qué manera semejantes ministros.

El Congreso debe sujetarse a las formas diplomáticas y no tomar las de deliberante, sino en los puntos que conciernan a la economía de su Gobierno interior.

Debe tenerse por objeto de la alianza conservar la integridad del territorio de las nuevas Repúblicas, según los derechos con que respectivamente se hallen.

Si se promoviese el asunto de Soconusco deben instruirse cabalmente los derechos de la República de México, manifestando la legitimidad con que se comprendió en su territorio y la moderación que ha observado, sin usar de su fuerza en esta cuestión.

Debe acordarse que los tratados celebrados con naciones extranjeras no perjudiquen el principio de poder celebrar convenios especiales entre las nuevas Repúblicas por motivos también especiales.

Debe designarse un territorio para el Congreso, dentro del cual no pueda residir autoridad alguna por eminente que sea de las nuevas Repúblicas, ni tampoco fuerza armada, a no ser solicitada en caso necesario por el mismo Congreso.

Deben designarse las garantías y el modo con que han de llevarse a su puntual cumplimiento el tratado o tratados que concluyere el Congreso después de la ratificación de los respectivos gobiernos.

Nota. El señor Michelena indicó que en su concepto el orden natural de las instrucciones debía ser: 1.º determinar el carácter del Congreso; 2.º en qué materia ha de deliberar remitiéndolas a la mayoría y en cuáles no; 3.º qué personas se han de admitir; 4.º qué pueden los Ministros ofrecer, y qué deben pedir; 5.º a qué punto se puede promover que venga el Congreso.

La reunión de una Asamblea General de los Estados americanos compuesta de dos Plenipotenciarios por cada uno, es el objeto señalado de los artículos 12 hasta el 16, del Tratado de unión, liga y confederación perpetua entre los Estados Unidos Mexicanos y la República de Colombia concluido y firmado en esta capital el día 3 de octubre del año de 1823.

En estos artículos bajo la modificación que puso en el 14 el Soberano Congreso Constituyente, se explicó claramente que la Asamblea reunida debería ordenarse a que los demás Estados de la América antes española entrasen en el Pacto de unión, liga y confederación perpetua, y encargarse de cimentar de un modo más sólido y estable las relaciones íntimas que debían existir entre todos y cada uno de ellos, servir de consejo en los grandes conflictos, de punto de contacto en los peligros comunes, de fiel intérprete en sus Tratados públicos cuando ocurran dificultades y conciliador en sus disputas y diferencias.

Para llenar estos grandes objetos, los Ministros Plenipotenciarios de los Estados Unidos Mexicanos, ocupándose de la idea de que la América meridional al formar un Congreso de naciones libres, estipulando a la faz del mundo los intereses de la justicia y de la humanidad va a presentar el más imponente de los espectáculos, deberán mover a la Asamblea a que la Alianza se estipule o se dirija:

1.° A sostener de mancomún con toda la energía y acumulación, fuerza y poder que tienen los Estados de la América antes española, su absoluta independencia de toda potencia extranjera.

2.° A no admitir colonización por nación extranjera en parte alguna de los territorios de los Estados contratantes.

3.° A sostener las formas republicanas.

Los Ministros Plenipotenciarios considerarán como requisito necesario para el cumplido efecto de esta alianza y como tal promoverán en la Asamblea:

1.° Que ésta forme el proyecto del plan general para la defensa común y particular de cada Estado que fuere amenazado por potencia extranjera.

2.° Que arregle también los presupuestos generales.

3.° Que señale los contingentes y demás recursos propios para llenar el proyecto y presupuestos.

4.° Que designe las garantías y el modo con que deberán llevarse a su puntual cumplimiento el tratado o tratados que concluyere la Asamblea después de la ratificación de los respectivos gobiernos.

Al entrar los Ministros Plenipotenciarios en las conferencias necesarias para el arreglo de los puntos de que habla el artículo anterior, tendrán presentes los del tratado celebrado entre esta nación y la República de Colombia en que constan los pactos esenciales de la liga y confederación perpetua que se trata de extender a los demás Estados de la América antes española.

Por estar íntimamente unido al interés de sostener contra las pretensiones, tentativas y esfuerzos de la España la independencia de los nuevos Estados americanos, el de conservar entre ellos mismos la paz más segura y armoniosa, precaviendo cualquiera ocasión funesta que pudiera turbarla, e interrumpir las relaciones y buena correspondencia que deben existir entre todos y cada uno de ellos, solicitarán los Ministros Plenipotenciarios que la alianza se extienda a sostener también la independencia interior de las nuevas Repúblicas y conservar la respectiva integridad del territorio de cada una, según los derechos con que respectivamente se hallen.

Si se promoviere el asunto relativo a las diferencias que han ocurrido sobre Soconusco, los Ministros Plenipotenciarios instruirán cabalmente con los documentos de que oportunamente se les remitirán copias autorizadas, los derechos de la República de México, manifestando la legitimidad con que la Constitución federal lo comprendió en su territorio y la moderación que el Gobierno ha observado, sin usar su fuerza en esta cuestión.

Con el mismo objeto de que la paz entre los nuevos Estados americanos sea inalterable y de que haya una solemne garantía que la asegure, que dé a su independencia la mayor firmeza, e inspire confianza a las naciones europeas, los Ministros Plenipotenciarios deben recomendar como obra digna de la sabiduría y prudencia de la asamblea en que se reúnen todas las nuevas Repúblicas de América, acordar los principios generales en que ha de descansar el derecho público americano, tanto con respecto a los nuevos Estados como con respecto a las potencias extranjeras.

Además de estos grandes objetos es muy importante y como tal lo solicitarán los Ministros Plenipotenciarios que en la misma asamblea se declare:

1.° Cuál sea la fuerza y vigor de las obligaciones contraídas, supuesta la conclusión y ultima ratificación de estos negociados.

2.° Que los tratados celebrados con otras naciones, no perjudiquen al principio de poder celebrar convenios especiales entre las nuevas Repúblicas por motivos también especiales.

3.° Qué reglas en general deben observarse en caso de necesidad o conveniencia para establecer alianzas ofensivas y defensivas con naciones de Europa, o con algunas de ellas salvando los intereses del continente americano.

Como principal designio con que se ha promovido la Asamblea de los nuevos Estados americanos, es la celebración de un tratado de confederación perpetua entre ellos para aniquilar hasta la esperanza de que la España auxiliada por otras fuerzas pueda hacer valer sus tercas pretensiones, es consiguiente que la Asamblea se revista del carácter de su principal objeto, sin embargo de que por la conveniencia de éste mismo se haya de ocupar de los que quedan indicados y algunos otros.

En este concepto todos los puntos concernientes al tratado, no solo se sujetarán a las formas diplomáticas que se arreglen en las primeras reuniones para entrar en negociación, sino que estimándose convencionales quedarán subordinados a lo que prescribe en esta materia nuestra Constitución federal.

Todo lo que concierne al ceremonial y economía del Gobierno de la Asamblea, debe considerarse asunto propio de su acuerdo y deliberación.

Entre las cinco proposiciones hechas por la República de Colombia al Gobierno de la del Perú y que éste comunicó en 16 de abril del año próximo pasado con aviso de su deferencia, es la tercera que luego que estén en el istmo de Panamá los Plenipotenciarios de México, Colombia, el Perú y Guatemala, o cuando menos de tres de estas Repúblicas, puedan fijar de común acuerdo el día en que ha de instalarse la Asamblea general y la cuarta que esta Asamblea tenga asimismo la libre facultad de escoger en el istmo de Panamá el lugar que por su salubridad le parezca más a propósito para tener sus sesiones.

Aunque los ministros Plenipotenciarios de México no se opongan a que la Asamblea elija el lugar más propio para sus sesiones, no omitirán hacer las reflexiones correspondientes para que además de la salubridad del punto que se escoja para tan famosa reunión, tenga las demás calidades que se requieren de una situación proporcionada para facilitar las comunicaciones y de abundancia de víveres y comodidad de precio en ellos y en los alojamientos, y sobre todo se prevea cualquier suceso futuro que pueda embarazar la reunión en determinado punto.

Los Ministros Plenipotenciarios tendrán presente que por el artículo 16 del Tratado de confederación con la República de Colombia, se comprometió la nación mexicana a que siempre que por los acontecimientos de la guerra o por el consentimiento de la mayoría de los Estados americanos se reúna la expresada asamblea en el territorio de su dependencia, prestaría los mismos auxilios que aquella república ofreció en el artículo 15. Por lo mismo tienen esta ocasión de procurar la gloria y conveniencia que resulta de semejante elección para que recaiga en algún punto del estado de Yucatán.

Por lo demás, en la asamblea se convendrá y arreglará el modo y tiempo en que deban reunirse los Ministros Plenipotenciarios que hayan de suceder, la duración de las sesiones ordinarias y las reglas que deban observarse en caso de que ellas se prorroguen, o para reuniones extraordinarias y en este punto los Ministros Plenipotenciarios de México exigirán:

1.º Que las sesiones ordinarias no pasen de tres meses.

2.º Que solo puedan prorrogarse por otros dos.

3.º Que concluido este término quede la facultad a cada Gobierno para continuar o retirar a sus Representantes.

4.º Que en el caso de que la Asamblea crea conveniente tener sesiones extraordinarias, solo pueda hacerse esto una vez en el año y la duración de ella a lo más sea de dos meses.

Los Ministros Plenipotenciarios de México promoverán que la Asamblea tome muy particularmente en consideración la misión que se anuncia de uno o dos agentes del Gabinete británico a la misma Asamblea por invitación de Colombia y que es natural que sigan este ejemplo la Francia, la Holanda y demás naciones, y que la misma facilidad con que pueda verse solicitada de agentes diplomáticos, la habrá también para que se halle rodeada de observadores extranjeros; por lo que es necesario que teniendo consideración por una parte al derecho de embajada de las naciones, y al que tienen de aspirar a ser comprendidos en los tratados de un Congreso y de velar sobre sus intereses para que en el tratado de las Partes principales no resulten perjudicados, y por otra, el primero y más esencial derecho de las naciones de cuidar de su seguridad y de precaverse de la conducta de algún Gabinete artificioso que no pensase en enviar sus Ministros a hacer proposiciones, sino con el objeto de desunir los aliados, de adormecerlos con esperanzas y apariencias de paz, y de sorprenderlos, se acuerde y convenga si deben admitirse y en qué manera semejantes agentes diplomáticos.

No siendo de menor momento la seguridad de los Ministros Plenipotenciarios apoyada en la fe del tratado con la República de Colombia y en su carácter sagrado e inviolable, que la tranquilidad y libertad que deben tener en sus conferencias y deliberaciones, conviene alejar toda causa que pueda inquietarla y todo influjo capaz de comprometerla; por lo que los Ministros Plenipotenciarios de México deben promover que en el lugar que la Asamblea elija para sus reuniones, se designe la extensión de un territorio dentro del cual no pueda residir autoridad alguna por eminente que sea de las nuevas Repúblicas, ni fuerza armada a no ser solicitada por la misma Asamblea en caso necesario.

Siendo uno de los intereses esenciales a que deben atender los Plenipotenciarios el de que la Asamblea por la consideración de la importancia y energía que le da el poder unido de los nuevos Estados americanos se concilie el más alto respeto, inspire y sostenga la confianza y ofrezca una solemne garantía de su independencia territorial, de la mutua y firme amistad y de la paz interna, cuidarán celosamente de aspirar a la uniformidad en el espíritu de las proposiciones y la mayor armonía en los acuerdos, y de precaver las cuestiones sobre los derechos y deberes recíprocos de las nuevas Repúblicas, moderando en las diferencias que pueda producir el defecto de reglas y principios adoptables a su situación actual todo ardor y efervescencia, mitigando los ímpetus del espíritu de localidad, preferencia, poder, etc., que serán tan funestos, y vigilando infatigablemente sobre todas las maniobras insidiosas que se intenten para atravesar y desconcertar las operaciones de la Asamblea y la unión y buena inteligencia de todos los Ministros Plenipotenciarios.

Este cuidado debe ser todavía más escrupuloso entre los dos Ministros Plenipotenciarios de México, los cuales observarán la regla constante en su correspondencia de informar unidos en un mismo despacho, aunque su dictamen sea divergente y opuesto, con solo la expresión del dictamen de cada uno y de las razones en que lo ha apoyado.

Debiendo esperarse que en muchos capítulos de estas instrucciones, coincidan y estén conformes las que habrán dado a sus Ministros Plenipotenciarios los nuevos Estados americanos signatarios de la Asamblea, el convenio de este caso es llano, y desde luego puede formalizarse para obtener las ratificaciones respectivas y que la celeridad con que se adelanten los tratados, sea otro motivo de consideración y respeto que la asamblea se concilie.

En todo lo demás en que no haya esta conformidad y coincidencia, los Ministros Plenipotenciarios de México se arreglarán al espíritu de estas instrucciones, negociando diferentemente con arreglo a él, e informando todo lo que conceptúen necesario para que el gobierno forme clara y cabal idea del negocio y dé su dictamen.

Esto mismo harán sobre todos los puntos de que consideren que el Gobierno debe tener oportuno conocimiento y estar seguramente informado, tanto con respeto a las ocurrencias de la misma asamblea, como a cualesquiera otras interesantes.

Los Ministros Plenipotenciarios mexicanos cuidarán particularmente de lo que se trate primero de los objetos de conveniencia común; dejando para después que en éstos se haya obtenido la conformidad de los Estados signatarios que se conferencien y acuerden los demás negocios e intereses que afecten en particular a alguno o algunos de ellos.

En falta de alguno de los Ministros Plenipotenciarios le sucederá el Secretario interinamente, y hasta la resolución que el Gobierno informado tuviere a bien comunicar a la legación.

Documento n.º 19. Solicitud de aclaración de las instrucciones al Gobierno de México.

México, 9 de marzo de 1826[31]
En vista de las instrucciones acordadas que han visto, los Ministros Plenipotenciarios nombrados para Panamá desean tener resolución sobre las siguientes dudas:

1.ª ¿Qué credenciales deberán tener los extranjeros que se presenten en el lugar de la reunión para que se respete en ellos el derecho de embajada?

2.ª ¿Cuáles deberán respetarse con estas credenciales y cuáles no con ellas?

3.ª ¿Todos los tratados serán generales o habrá algunos particulares y aún secretos?

4.ª ¿Los puntos que se traten en reunión se remitirán al voto de la mayoría?

5.ª ¿Para el proyecto de tratado que presentemos, cuáles serán las bases?

6.ª ¿Hasta qué punto podemos extendernos en subsidios de hombres y dinero, y cuál será el minimun que exigiremos?

7.ª ¿Las fuerzas aliadas reunidas obrarán en combinación o subordinadas y en este caso, a quién?

8.ª ¿La liga será puramente defensiva o será también ofensiva y en este caso, qué Estado tendrá la dirección?

9.ª ¿Si se presentan el Brasil, Santo Domingo y los Estados Unidos, se admiten como miembros de la Federación? ¿Si no vienen se invitan?

10.ª ¿Reconoceremos en las Repúblicas antes colonias españolas un Poder Ejecutivo perpetuo, o un Jefe Supremo militar con esta cualidad?

31 Antonio de la Peña y Reyes; comp., El Congreso de Panamá y algunos proyectos de unión hispanoamericana, México, Archivo Histórico Diplomático Mexicano, 1926, págs. 17-18.

11.ª ¿Si se presentase algún enviado europeo con suficientes credenciales para tratar podemos entrar en negociación?

12.ª ¿Se conviene en la independencia de Cuba y Puerto Rico sin unirse al continente?

13.ª ¿Cuándo debemos retirarnos?

14.ª ¿Si el Secretario entra por muerte de alguno será como Encargado de Negocios, o como Ministro?

15.ª ¿Se abrirán las negociaciones sin esperar a los que falten, y se les comunicará lo que se trate?

16.ª ¿Sobre lo de Roma qué bases tendremos?

17.ª ¿La intervención que se concede a la Asamblea para que en la Alianza se estipule sostener las formas republicanas, hasta qué punto se ha de llevar?

18.ª ¿Se reconocerán las Provincias del Alto Perú?

José Domínguez

J.M. Michelena

Documento n.º 20. Respuesta del Gobierno de México a la solicitud de aclaraciones.

México, 9 de marzo de 1826[32]

A las dudas propuestas en esta fecha por los Ministros Plenipotenciarios nombrados para Panamá, ha acordado el Excmo. Señor presidente en Consejo de Ministros que se conteste lo siguiente:

A la 1.ª Que quedará a la deliberación del Congreso.

A la 2.ª Que se respetarán las que tengan por base el reconocimiento de la Independencia.

A la 3.ª Que todos serán generales y particulares solo se iniciarán, cuidando de que no se opongan a los generales, ni perjudiquen a su celebración.

A la 4.ª Que sin atención a la mayoría votará México como le convenga, pero quedando las cosas in statu quo reservará la resolución al Gobierno respectivo.

A la 5.ª Que las dichas en las instrucciones.

A la 6.ª Que los subsidios se arreglarán por la población, obligándose a dar a lo menos una tercera parte a la primera requisición de ellos.

A la 7.ª Que serán subordinadas y sujetas al Gobierno del territorio en que estén y hallándose en el enemigo, o para obrar sobre él, mandará el que haya concurrido con mayor fuerza.

A la 8.ª Que será ofensiva y defensiva y sobre la dirección en la ofensiva los Gobiernos se pondrán de acuerdo.

A la 9.ª Que se admitan si se presentaren, teniendo poderes para entrar en la alianza ofensiva y defensiva.

32 Antonio de la Peña Reyes; comp., El Congreso de Panamá y algunos proyectos de unión hispanoamericana, México, Archivo Histórico Diplomático Mexicano, 1926, págs. 18-20.

A la 10.ª Que se reciban los Ministros del Gobierno en que el Poder Ejecutivo sea perpetuo, o lo tenga con esta calidad un Jefe militar; pero que se deben pedir y en todo caso promoverán los Ministros Plenipotenciarios mexicanos en la Asamblea, que en ninguno de los Estados confederados se encargue perpetuamente del Poder Ejecutivo a una o más personas.

A la 11.ª Que se admita remitiendo todo al Gobierno.

A la 12.ª Afirmativamente.

A la 13.ª Que cuando se concluya el tiempo designado en las instrucciones.

A la 14.ª Que para que pueda tomar el carácter de Ministro, y que esta calidad aun en el concepto de interino que designan las instrucciones, no tenga embarazo, se hará al Senado la proposición o consulta correspondiente y en este concepto se obrará según lo que en las instrucciones se previene.

A la 15.ª Afirmativamente estando la mayoría.

A la 16.ª Que las que está trabajando y decretare el Congreso.

A la 17.ª Hasta segregar de la Alianza al Estado que se separare de estas formas y no reconocer su Gobierno.

A la 18.ª Afirmativamente.

Documento n.º 21. Instrucciones del Congreso federal de la República de Centroamérica a sus delegados

Guatemala, 17 de diciembre de 1825[33]

Orden reservada de la Secretaría del Congreso Federal, dirigida al C.

Secretario de Estado y del Despacho de Relaciones.

Debiendo el Congreso, con arreglo al artículo 4 del decreto del 28 de octubre último, fijar las bases de las instrucciones de los Ministros Plenipotenciarios que deben representar a esta República en la Asamblea General americana, se ocupó desde luego en formarlas, oyendo previamente el dictamen de una comisión especial; discutiéndose en varias sesiones con el detenimiento que exige la delicadeza y entidad del negocio; y teniendo presente cuáles son los primeros objetos con que ha sido convocada la Asamblea; cuáles las facultades que le ha concedido esta República en el tratado de unión celebrado con la de Colombia; qué otras se ha proyectado conferirle en los diversos planes escritos y publicados sobre los medios de realizar el de la Confederación general en la América, y todo lo que exigen los grandes intereses de esta y su convicción en las circunstancias presentes.

Examinando tan importantes asuntos y considerando por otra parte el Congreso, que el término de sus sesiones se

33 Centroamérica en el Congreso de Bolívar: contribución documental, inédita, para la historia de la primera asamblea americana, Guatemala, Tipografía Nacional, 1938, págs. 89-95. Sobre el origen del documento y la explicación de sus mutilaciones, el compilador aclara: «Las importantísimas instrucciones [...] fueron publicadas por primera vez en la Revista del Departamento de Historia de San Salvador, n.º 4 de junio de 1930. Las mutilaciones que se advierten provinieron del incendio que destruyó gran parte del archivo federal, en el edificio entonces de correos de aquella capital (conocido por Casa Blanca) en 1889.» Las mutilaciones se encuentran entre corchetes con la leyenda «ilegible».

aproxima y que nombrados, como están ya, los Plenipotenciarios conforme a lo prevenido en el citado decreto, solo deben esperarse las bases que fijen sus instrucciones, se ha servido acordar y decretar las siguientes:

1.ª Los ministros plenipotenciarios que deben representar a esta República en la Asamblea General de los Estados independientes de América, están autorizados:

Artículo I

1. Para reunirse en conferencias preparatorias con los de Colombia, Perú y demás enviados de las otras Repúblicas que hubiesen llegado o sucesivamente fuesen llegando a Panamá.

2. Para concurrir con ellos: 1) A la designación del lugar en que hayan de celebrarse estas conferencias dentro del territorio de Panamá. 2) Al señalamiento del día en que ha de instalarse la Asamblea, luego de hallarse reunidos los Plenipotenciarios de tres repúblicas. 3) A fijar, dentro de los límites del Istmo, el punto más apropiado en que celebre sus sesiones la misma Asamblea.[34]

3. Para promover oportunamente la traslación de ésta a la República de Centroamérica, procurándolo con la mayor eficacia, y ofreciéndole las garantías de la inviolabilidad de los representantes, las consideraciones debidas a su alto carácter y los edificios y oficinas que sean necesarias en caso de verificarse la traslación.

4. Para celebrar, a nombre de esta República, con todas las demás representadas en la Asamblea General, de común acuerdo con sus Plenipotenciarios, un tratado que en sustancia contenga los mismos puntos del que se celebró con la de

34 El original dice «llegar» en lugar de «fijar», con lo cual la frase carece de sentido. Se retoma la corrección propuesta por J. Rodríguez Cerna.

Colombia, concluido y firmado en Bogotá a 15 de marzo del presente año.

5. Para concurrir a fijar las fuerzas de tierra y de mar con que recíprocamente se han de auxiliar esta República y la de Colombia, según lo convenido en los artículos 3 y 4 del mismo tratado; y si éste se hiciese extensivo a las [demás]

Repúblicas, designar también el contingente con que deben auxiliar a la del Centro y el que en su caso puedan exigir de ella, para rechazar los ataques e incursiones de sus enemigos comunes.

6. Para que se invite a la República de Haití con el objeto de que entre a la Confederación general; y si la Asamblea no acordó la invitación o si la misma República no se prestare a concurrir, para que se determine lo conveniente sobre nuestras relaciones políticas y comerciales con ella.

7. Para solicitar la alianza de Inglaterra y de otra potencia, ofreciéndole las ventajas que se consideren necesarias en caso de haber fundados temores de una próxima agresión por parte de la Liga Europea. Pero esas ventajas deberán ser iguales respecto de todas las Repúblicas; no deberán cargar sobre algunas; y se entenderá además que los tratados de cada una de ellas permanecen ilesos.

8. Para acordar en la Asamblea que se levante un ejército y marina competentes con el fin de oponer esas fuerzas a las de la misma Liga europea, siempre que se perciba que las dirige contra América.

9. Para acordar igualmente que se señale un término, pasado el cual no se admitirán en los puertos de las Repúblicas aliadas buques de aquellas naciones que no hubieren reconocido la independencia de algunos de sus gobiernos, designando otro término para que sea reconocida la de todas, bajo la misma exclusiva. En cuyo supuesto, ninguna República admitirá, después del segundo término, los buques

de aquellas potencias que no hubieren reconocido a todas las confederadas. Mas para decidir este paso, que puede ser el medio más seguro de obtener los principales fines de la Confederación americana, deberá proceder el conocimiento del estado de la política europea, a efecto de lograr y no complicar en cualquiera de sus relaciones el intento de que sea reconocida la independencia.

10. Para adoptar todos los planes políticos que se dirijan al mismo importante objeto de conseguir este reconocimiento; procurando sin embargo que los nuevos Estados de la América antes española se hallen en circunstancias como las presentes, se evite [ilegible] inciso que cualquiera de ellos debe tener alguno o algunos de los gobiernos de [ilegible] pensarles protección.

11. Para concurrir a la designación del contingente de hombres, buques y dinero con que respectivamente debe contribuir cada República a los objetos señalados en los artículos anteriores, y a los que se indicarán en los siguientes.

12. Para dirigir las comisiones diplomáticas que puedan convenir, sobre objetos generales que sean del resorte de la Asamblea, y sin perjuicio de los particulares de los gobiernos confederados.

13. Para resolver respecto de las islas de Puerto Rico y Cuba, reuniendo todas las fuerzas a fin de libertarlas de la dominación española, en el concepto de que, libres, deben unidas formar nación independiente y en el de que el apoyo no debe ponerse en [ilegible] probabilidades aseguren el éxito, para que la América entera no caiga en el descrédito que le traería la frustración de la empresa, y calculando al propio tiempo por el estado de la cuestión en Europa que la misma empresa no traiga en resultas la agresión al contingente por parte de la Liga europea.

14. Para que se realice la idea que ha anunciado ya el Gobierno de los Estados Unidos del Norte de impedir que las

potencias de Europa establezcan colonizaciones en el continente americano y sus islas adyacentes: sobre cuyo objeto deberán tomarse las medidas más eficaces, principalmente con respecto a los territorios que habitan las tribus de indígenas aún no reconocidas como naciones.

15. Para que se impida del mismo modo en el continente la colonización intentada por particulares extranjeros sin permiso del Gobierno a que pertenezca el territorio a donde se dirigiese la empresa.

16. Para que todos los confederados se obliguen, como un medio de llenar los fines propuestos en los artículos anteriores, a colonizar sus respectivas costas conforme a sus leyes particulares y adoptar los [ilegible] ser para conseguirlo.

17. Será también [ilegible] los Ministros para promover y excitar a los [ilegible] y materias siguientes.

18. Que la Asamblea General acuerde todas las medidas que conduzcan a evitar la intervención de cualquier potencia extranjera en los negocios interiores del gobierno de las Repúblicas confederadas y la intervención de los Gobiernos de éstas entre sí.

19. Que para lograr lo primero, se determine lo conveniente acerca de las resoluciones que las potencias de Europa puedan [tomar] con las tribus de indígenas aún no reconocidas como naciones.

20. Que se determine igualmente sobre los límites respectivos del territorio de las Repúblicas confederadas, haciendo que se les declaren y reconozcan los mismos que naturalmente las reparaban antes de la presente Guerra de Independencia, a menos que por actos libres las que antiguamente se formaron virreinatos o las capitanías generales se hayan incorporado [como] secciones.

21. Que se decrete la paz general del continente, a lo menos por quince años, declarándose desde ahora que se ten-

drá por enemigo al Gobierno de la República que invadiese o atacare a otra de las confederadas.

22. Que todas ellas, en consecuencia de los principios que han admitido y sancionado en sus instituciones fundamentales, decreten cuanto antes la abolición del injusto tráfico de esclavos, prohibiéndolo bajo las penas más severas, así en su territorio como en sus costas y en sus buques.

Artículo II

Por último, están autorizados los Ministros:

23. Para estipular que los habitantes de una República serán habidos [ilegible] tales en cada cual de las confederadas [ilegible] en todo lo que pertenece a los derechos políticos y comerciales, sin perjuicio de lo que dispuso o en adelante disponga la Constitución particular de cada una de las mismas Repúblicas; y de que en ellas se exijan ciertas calidades para obtener los primeros empleos en sus respectivos Gobiernos.

24. Para declarar todo lo que convenga a las relaciones de los confederados con el nuevo [Imperio] del Brasil.

25. Para determinar claramente y establecer por medio de una Convención los derechos, prerrogativas y funciones de los cónsules de las repúblicas.

26. Para celebrar el tratado de comercio más útil a su riqueza, prosperidad y engrandecimiento.

27. Para interpretar sus tratados públicos, ser árbitro y conciliadores en sus disputas y diferencias, conforme a los convenidos entre esta República y Colombia en el tratado de que se ha hecho referencia en los artículos anteriores.

28. Para concurrir a fijar los principios del derecho de gentes, de una naturaleza controvertible, especialmente en-

tre Partes de las cuales una se halla en guerra y otra permanezca neutral.

Artículo III

En fin, se les autoriza para deliberar y resolver, procediendo de acuerdo entre sí los dos Plenipotenciarios, sobre todos los demás puntos y materias que no estando expresamente detallados en estas bases; interesen conocidamente al bien y prosperidad de la América; no graven y perjudiquen a esta República; y se hallen en las instrucciones y dentro de las facultades de la mayoría de los representantes que componen la Asamblea.

Artículo IV

Los Ministros Plenipotenciarios quedan autorizados en virtud de estas bases para resolver por sí definitivamente y sin necesidad de ratificación, acerca de todos los puntos que en ellas se expresan, siempre que la mayoría de los representantes de la Asamblea tengan la misma facultad en sus instrucciones.[35]

Artículo V

Debiendo existir perpetuamente reunida la representación de América en la Asamblea General y mientras se llenen los objetos con que esta vez ha sido convocada: los Plenipotenciarios promoverán que la misma Asamblea conforme el plan de sus operaciones; determine sus facultades en el estatuto que ha de regirla en lo sucesivo; y que concluido que sea

35 Centroamérica fue el único país cuyos delegados recibieron sus instrucciones directamente del Congreso. Con ello se allanaba el proceso de ratificación, como lo señala el artículo IV.

se exponga a las confederadas, con el objeto de que hagan sobre él las que estimen oportunas.

Artículo VI

Debiendo las presentes bases limitar como conviene las facultades de los plenipotenciarios, no podrán estos:

1. Comprometerse ni comprometer a la República en más de aquello que por el interés general de la América estén dispuestos a comprometer también los demás plenipotenciarios.

2. Ceder parte del territorio que comprendía la antigua Capitanía General de Guatemala y hoy debe formar el de [...][36] venir en que se admita a la Confederación americana la representación de ninguna monarquía.

Artículo VII

Los poderes que por esta vez se confieren a ambos ministros para que los desempeñen de acuerdo, se entenderán conferidos a uno solo, en caso de muerte o imposibilidad perpetua o temporal del otro.

Artículo VIII

Las presentes bases de las instrucciones que el Gobierno les ha de dar, son reservadas, y para el uso privado de dichos plenipotenciarios, que solo podrán manifestarlas según lo fuere exigiendo el curso de los negocios de la asamblea, o cuando a su juicio lo demande el objeto mismo de su misión.

De orden del Congreso lo decimos a Ud. para inteligencia del Supremo Poder Ejecutivo y efectos correspondientes.

Dios, Unión, Libertad.

José Francisco de Córdoba Mariano Gálvez

36 En la edición base, existe una nota que reza: «(probablemente falta una página en el original, porque continúa así)». Centroamérica en el Congreso de Bolívar..., Op. cit., pág. 95. (N. de B. A.)

Documento n.º 22. Instrucciones del gobierno de estado de Estados Unidos a su ministro plenipotenciario cerca de la República de Colombia.

Washington, 16 de septiembre de 1825[37]
A Richard C. Anderson, Ministro de los Estados Unidos en Colombia (Extractos).

Durante la última primavera, los Ministros de Colombia y México dirigieron a este Departamento, separadamente, pero casi al mismo tiempo, comunicaciones relativas al proyectado Congreso de Panamá. Cada uno de ellos expuso que tenía instrucciones de su Gobierno para decir que le sería muy agradable que los Estados Unidos estuvieran representados en ese Congreso; que no se esperaba que tomaran parte en sus deliberaciones o medidas de común acuerdo con respecto a la guerra existente con España; pero que en el Congreso podría considerarse y solucionarse los demás grandes intereses que afectaban el continente de América y el trato amistoso entre las naciones independientes que se han establecido; que no sabiendo cuáles pudieron ser las opiniones de los Estados Unidos, se les había ordenado averiguar previamente si éstos, en caso de ser invitados por Colombia o México estarían representados en Panamá; y que en el caso de darse una respuesta afirmativa, cada uno de esos Ministros expresara que, en consecuencia, los Estados Unidos serían invitados por su Gobierno para estar representados en él. El presidente me encargó decir y de conformidad a ello respondí que tal comunicación había sido recibida con la mayor consideración, teniendo en cuenta los sentimientos de amistad para los Estados Unidos con que había sido dic-

37 William R. Manning, Correspondencia diplomática de los Estados Unidos concerniente a la independencia de las naciones latinoamericanas, Buenos Aires, Librería y Editorial La Facultad, 1930-1932, págs. 293-295.

tada; que, naturalmente, ellos no podrían tomar parte en la guerra existente con España o en asambleas para deliberar sobre los medios de su ulterior prosecución; que él creía que, tal como había sido propuesto, ese Congreso podría ser altamente útil para solucionar muchas e importantes y controvertidas cuestiones de Derecho público y para arreglar otras materias de profundo interés para el continente americano y para el trato amistoso de las potencias americanas; que, sin embargo, antes de que ese Congreso se reuniera, le parecía necesario arreglar entre las diferentes potencias que estarían representadas en él algunos puntos preliminares tales como las materias a que debía consagrar su atención el Congreso; la naturaleza y forma de los plenos poderes que se les darían a los ministros y la manera de organizar el Congreso. A los Ministros de Colombia y de México se les informó que los Estados Unidos se harían representar en el Congreso, si esos puntos preliminares pudieran ser ajustados de manera satisfactoria para los Estados Unidos.

Al averiguar si esos puntos preliminares habían embargado ya la atención del Gobierno de Colombia [y] del de México, no pudieron informarme que eso hubiese ocurrido, aun cuando ambos parecieron admitir la conveniencia de su arreglo. Cada uno de ellos se comprometió a comunicar a su Gobierno la contestación que se les dio por encargo del presidente; y después nada nuevo ha ocurrido. Se ha considerado conveniente que Usted sea puesto al corriente de lo que ha ocurrido aquí sobre ese asunto, para que si fuese tocado por el Gobierno de Colombia pueda Usted, si fuera necesario, estar en condiciones de comunicar lo que ocurrió. Caso de que el presidente determine en definitiva que los Estados Unidos estén representados en Panamá, usted será designado para ese servicio, ya solo o asociado con otros; y, en consecuencia, usted se preparará para ello. No daremos ningún otro paso hasta que tengamos noticias de Colombia o de México.

El 10 de mayo próximo pasado le dirigí por encargo del presidente una nota oficial al Ministro de los Estados Unidos en San Petersburgo [...] y que tiene por objeto emplear los buenos oficios de Rusia para acelerar la paz entre España y los nuevos Estados americanos. La misma nota o la sustancia de ella se le ha comunicado con el mismo propósito de paz a las Cortes de París y de Londres por medio de los Ministros de los Estados Unidos. Se ha abrigado la esperanza de que por un esfuerzo común y especialmente por la interposición del Emperador de Rusia, pueda hacérsele sentir a España cuáles son sus verdaderos intereses y que consienta en terminar una guerra que ya ella no está en condiciones de proseguir. Todavía no hemos obtenido información alguna de Rusia acerca de la manera como el Emperador ha recibido ese llamamiento a su humanidad y a su poder. Por el recibimiento que Francia le ha dado a la solicitud nos hemos confirmado en la previa impresión de la importancia de la acción de Rusia; y, en caso de que se considere probable que sean útiles, se harán nuevos esfuerzos para estimular a esa nación a favor de la gran obra de la pacificación. Al propio tiempo se ha considerado conveniente ponerlo a usted en posesión de lo que se ha hecho y de la copia de la nota misma que queda autorizado para comunicársela al Gobierno de Colombia o aquellos fragmentos de ella que puedan parecerle a usted convenientes.

Henry Clay

Documento n.º 23. Instrucciones del Gobierno de Estados Unidos a sus delegados

Al Congreso de Panamá.
Washington, 8 de mayo de 1826[38]
Instrucciones generales dadas por el presidente John Quincy Adams y el Secretario de Estado Henry Clay a los señores Richard C. Anderson y John Sergeant, nombrados Enviados Extraordinarios y Ministros Plenipotenciarios de los Estados Unidos cerca del Congreso de Panamá.

Señores:

Las relaciones que existen entre Estados Unidos y las demás potencias americanas, así como la analogía de deberes, intereses y simpatías han determinado al presidente a que acepte la invitación que le han hecho las Repúblicas de Colombia, México y la América Central, para que envíe sus representantes al Congreso de Panamá. Ciertamente, no podía negarse a una invitación de tan alto carácter y comunicada con tanta delicadeza y respeto, sin sujetar a Estados Unidos al baldón de insensibilidad a los intereses más serios del hemisferio americano y quizás a una falta de sinceridad en las declaraciones importantes que hizo su predecesor a la faz de ambos mundos. Estados Unidos, cediendo al deseo amistoso de aquellas tres repúblicas, que se le comunicó por medio de sus ministros y de que transmitimos copias, obran

38 Archivo Histórico Diplomático Mexicano, leg. encuad. 877. Se ha procurado actualizar la puntuación y la ortografía para facilitar la lectura del documento. Para esta operación se ha consultado la transcripción en Las instrucciones de Henry Clay, México, Secretaría de Relaciones Exteriores, 1985, págs. 19-48. Nota al final del documento: «Es copia sacada de una publicación hecha en Filadelfia en el año de 1830, con el título de 'Observaciones sobre las instrucciones que dio el presidente de los Estados Unidos de Norte América a los representantes de aquella República, en el Congreso de Panamá en 1826'. México, julio 8 de 1878».

en perfecta armonía con sus anteriores pasos con respecto a los nuevos Estados americanos.

La reunión de un Congreso en Panamá, compuesto de los representantes diplomáticos de las naciones independientes de la América, formará una nueva época en los negocios humanos. El hecho mismo, sean cuales fueren las resultas de las conferencias de semejante Congreso, no puede menos que llamar la atención del presente siglo, así como la de la posteridad. Pero es de esperar que tendrá otros y más fuertes motivos para la observación del género humano que los que puedan nacer de la mera circunstancia de su novedad, y que merecerá el afecto y la gratitud de toda la América por la sabiduría y liberalidad de sus principios. Es tan importante y tan lleno de responsabilidad este evento, que el presidente ha deseado que la representación de Estados Unidos caiga en ciudadanos distinguidos. El Senado, confiado en el celo, habilidad y patriotismo de ustedes les ha elegido para llenar tan interesante servicio, y es su deseo que procedan ustedes lo más pronto posible a Panamá.

La corbeta estadounidense «Lexington» se ha habilitado con el fin de llevar al señor Sergeant y se halla pronta a dar la vela desde el Puerto de Nueva York al de Puertobello. El señor Anderson está notificado ya de su nombramiento y se le han enviado las instrucciones necesarias para que deje encargados los negocios de Estados Unidos en Bogotá a la persona que tenga por conveniente, y proceda a unirse al señor Sergeant en Puertobello, de donde se cree que será más cómodo seguir por el istmo a Panamá. Es probable que los ministros nombrados por las otras potencias hayan llegado ya a su destino, y quizás habrán comparado sus credenciales y principiado las conferencias sobre algunos de los artículos de que debe tratarse en el Congreso; pero también es de suponer que habrán diferido, hasta la llegada de ustedes, la consideración de aquellos puntos en que se espera que nuestro Gobierno tome parte.

El poder que acompaña es mancomún e in solidum y autoriza a ustedes a conferir y tratar con los ministros, legalmente autorizados, de todas o cualquiera de las otras potencias americanas, sobre paz, amistad, comercio, navegación, ley marítima, derechos neutrales y beligerantes, y todas las demás cuestiones que puedan interesar al continente de América. Después del mutuo canje de sus respectivos poderes, será necesario determinar las fórmulas de las deliberaciones, y establecer el método que debe seguir el Congreso. El presidente opina que el referido Congreso se debe considerar como un cuerpo diplomático, y no como uno revestido de los poderes de una legislación ordinaria; es decir, que un solo Estado de los que tengan representación no se debe considerar comprometido por cualquier tratado, convención, pacto o hecho, al cual no suscribe y conviene su representante; y que en los casos de tratados, convenciones y pactos, se debe enviar a las respectivas Partes Contratantes, para su final ratificación en conformidad a las provisiones de su particular Constitución. De este modo se destruye la tentativa de obligar a la minoría a convenios opuestos a su opinión por la mera circunstancia de la concurrencia de la mayoría, y cada Estado gozará de su libre albedrío y voluntad y se gobernará por sus propios intereses. Se desecha la idea de un consejo anfictiónico, revestido de poderes para decidir las controversias que suscitaren entre los Estados americanos, o para arreglar, de cualquiera manera, su conducta.

Un consejo de esta naturaleza quizás convendría a un número de Estados pequeños y reducidos, cuyo territorio unido no excedería el de la más pequeña de las potencias americanas. Tan absurdo sería confiar los intereses diversos y complicados de las naciones de este continente a una sola autoridad legislativa, como el establecer un consejo anfictiónico que arreglase los negocios de todo el orbe. Pero si el establecimiento de semejante consejo fuese apetecible, el Gobierno de los Estados Unidos no puede consentir en él sino una infracción de su actual Constitución. Aunque muchos periódicos han querido dar este carácter al Congreso de Panamá, no podemos creer que las Partes interesadas quieran establecerlo. Los congresos, tan comunes en Europa últimamente, han sido enteramente diplomáticos, y por consecuencia, los Estados solamente se obligaban a las firmas de los ministros que los representaban. A pesar de esta restricción necesaria e indispensable, grandes ventajas deberán resultar de esta reunión de los ministros de todas las naciones americanas. Esta Asamblea constituida con la aprobación de toda la América, facilitará las conferencias libres y amistosas, las explicaciones mutuas y necesarias, y las discusiones y el establecimiento de algunos principios generales, que tengan relación con la paz y la guerra, con el comercio y la navegación.

En este Congreso, en el espacio de pocos meses, se podrán concluir tratados que cimentarán nuestra amistad, los que no podrían concluirse, quizá por muchos años, si se discutiesen por diferentes representantes y en diferentes épocas y lugares. Teniendo constantemente a la vista el carácter esencial y el objeto de este Congreso, no es de mucha importancia el método de sus conferencias y discusiones. La experiencia ha establecido que, en cuanto a precisión, seguridad de los representantes y prontas resultas, sería mejor extender un protocolo, en el cual pueden registrarse las propuestas mutuas de las Partes, acompañadas de las observaciones concisas que tenga a bien cualquier miembro ofrecer. Pero ustedes están en libertad de proceder del modo que tengan más conveniente, con la indispensable restricción ya nombrada. Sus poderes abrazan la autoridad de tratar con todas o cualquiera de las naciones representadas en el Congreso sobre cualquiera de los puntos de que hablan sus instrucciones.

El presidente desea, que en las cuestiones de comercio, navegación, ley marítima y derechos neutrales y beligerantes, se formen tratados con las potencias que estén dispuestas a hacerlo, en caso que todas no convengan en ello; pero al entrar en estas negociaciones separadas, tendrán ustedes el mayor cuidado de no dar ofensa a los que se nieguen a tratar y si creen ustedes que el hecho mismo de abrir estas negociaciones separadas puede excitar sentimientos de enemistad, en alguna de las otras potencias americanas, desistirán ustedes de su intención. Ustedes están igualmente autorizados a transferir las conferencias desde Panamá a cualquiera otro punto del continente americano que crean los representantes más elegible.

Procedo a llamar la atención de ustedes a las instrucciones del presidente, por las cuales se gobernarán ustedes después de arreglar el punto preliminar de que he tratado. La primera observación que se presenta, al acceder a la invitación que se nos ha hecho es, que no se tiene la menor intención de mudar la pacífica y neutral política que actualmente caracteriza a los Estados Unidos. Al contrario, las tres repúblicas que nos han convidado, están bien impuestas (pues así siempre lo hemos inculcado), que Estados Unidos no se desviará de aquella política y que cumplirá con la mayor escrupulosidad con todas las obligaciones de una potencia neutral. En tanto que la guerra se limita a las Partes actuales, sería una imprudencia y falta de política si Estados Unidos tomase parte en ella. No se puede imaginar un estado de cosas en que este Gobierno se constituiría voluntariamente un aliado de la España, y nuestro auxilio sería inútil a las Repúblicas, pues que ellas solas han mantenido su causa hasta aquí y han triunfado de las armas, aunque no de la obstinación de la España. La conservación de esta posición neutral que ha tomado Estados Unidos, le ha permitido hacer uso de un lenguaje fuerte a la Europa y reprimir cualquiera disposición que existía de auxiliar a la España en la reconquista de las colonias. Si separándose de su neutralidad, se hubiera precipitado en la guerra, era de temer que sus esfuerzos hubieran sido neutralizados por los de otras potencias que, llevadas de su ejemplo, hubieran auxiliado a la España.

Teniendo continuamente a la vista la determinada neutralidad y la disposición pacífica de Estados Unidos y los deberes que exigen, procederemos al examen de los puntos que se cree llamarán la consideración del Congreso de Panamá.

Estos pueden colocarse bajo dos capítulos:

1.º Los que tengan referencia a la continuación de la presente guerra por las armas unidas o separadas de los beligerantes americanos; 2.º Los que tengan interés para todas las naciones de América ya sean neutrales o beligerantes.

En cuanto al primero no podemos tomar parte alguna, por las razones ya expuestas y evitarán ustedes entrar en discusiones sobre él. Mas al paso que el Congreso sabe muy bien que Estados Unidos jamás comprometerá su neutralidad, quizás les instará a que contraigan una alianza ofensiva y defensiva en caso que las potencias de Europa, llamadas generalmente la Santa Alianza, intentasen auxiliar a la España, bien sea a reducir las nuevas Repúblicas americanas a su antiguo estado colonial, o bien sea con el fin de obligarlas a adoptar formas de gobierno más conformes a la política y a las miras de aquella Alianza. No puede haber duda de los pasos que dictaría el interés o el deber de Estados Unidos, en caso de semejante tentativa. Nuestro último Primer Magistrado declaró solemnemente lo que debe hacer Estados

Unidos en semejante caso —el pueblo consintió en la Declaración, y el actual presidente es de la misma opinión. Si las potencias continentales de Europa se hubiesen comprometido en una guerra para realizar cualquiera de los dos puntos ya citados, Estados Unidos al oponerse a sus miras, apenas merecerían la opinión, que obraba en virtud de un impulso de generosa simpatía a favor de las nuevas y oprimidas naciones.

En esta contingencia Estados Unidos hubiera tenido que tomar las armas en su propia defensa, y no con menos razón porque la guerra reinaba en un punto distante de este continente, y lejos de sus límites: pues no es creíble que el mismo espíritu presuntuoso que hubiera incitado a Europa a invadir las otras repúblicas americanas en auxilio de España o por causa de sus instituciones políticas, se hubiera detenido en su injusta carrera (si la victoria hubiere coronado sus armas) hasta extenderse aquí, y borrar en estos Estados todo vestigio de libertad humana.

Hubo tiempos en que se temieron estos designios; y se cree que la declaración que hizo el último presidente al Congreso de Estados Unidos tuvo mucha parte en desconcertar y arrestar su progreso. Por este tiempo, Gran Bretaña manifestó una determinación de seguir la misma política con respecto a los nuevos Estados, que marcó la conducta de Estados Unidos. Después que estas dos grandes potencias marítimas (Gran Bretaña y Estados Unidos) hicieron saber a Europa continental que no miraría a favor de España, era evidente que no tendría efecto, al menos con la probabilidad de un éxito favorable. Desde aquel tiempo la Santa Alianza ha desistido de cualquiera atentado contra las Repúblicas americanas y si esta misma Alianza ha visto con disgusto (como es de creer) el progreso afortunado de aquellos Estados, tanto en la guerra como en el establecimiento de sus liberales sistemas políticos, han tenido que sufrirlo con sentimiento y en silencio.

El feliz curso de los negocios no solamente ha causado el abandono de las intenciones hostiles de parte de la Alianza europea; hay motivos para esperar que ha conducido al establecimiento de miras pacíficas, cuando no amistosas, hacia nuestras Repúblicas hermanas. Al entrar el presidente de Estados Unidos a llenar las funciones de su empleo, su atención se ha dirigido sin cesar al objeto del establecimiento de la paz entre España y aquellas Repúblicas.

Cuando reflexionamos en los medios más asequibles para el logro de este objeto, no nos animó la esperanza de dirigirnos en derechura a España, pero nos pareció más oportuno valernos de la intervención de aquella misma Alianza a cuyo favor y auxilio se acogía principalmente para la reconquista de las colonias. Es notorio que Rusia era el alma de esta Alianza, y al instante nos dirigimos a su Emperador quien había dado ya a Estados Unidos innumerables pruebas de amistad y de talento. Acompaña a estas instrucciones copia de la nota de este Departamento al Ministro americano residente en San Petersburgo. Al mismo tiempo se enviaron copias a los gabinetes de Londres y París, cuya cooperación también se deseaba para la terminación de la guerra. Nuestro Ministro en Madrid recibió órdenes para crear y afianzar una disposición a la paz. Se nutrió la esperanza, que por un movimiento simultaneo, general y concertado de Estados Unidos y de las potencias de Europa, España quizás accedería a una paz, que en el día le es más necesaria a ella, que no a las nuevas Repúblicas. El gabinete de San Petersburgo, por el conducto del señor Middleton, nos ha enviado últimamente una respuesta, copia de la cual, como igualmente la de sus propias notas, acompaño. Enterado de estos documentos, cuyo contenido confirma igualmente el Ministro de

Rusia cerca de estos Estados en las conferencias oficiales que he tenido con él, verán ustedes que nuestra apelación a Rusia no ha sido en vano, y que el difunto Emperador, convencido de la necesidad de la paz, interpuso sus buenos oficios para efectuarla. Su sucesor ha anunciado formalmente su intención de seguir las sendas de su ilustre predecesor, y es probable que también empleará el influjo de aquel Gobierno para la adquisición de una paz satisfactoria a ambas Partes. Estos esfuerzos quizás serán inútiles, y la soberbia y la obstinación de España triunfarán de nuestros deseos. Sin embargo, hay motivos para esperar que, o consentirá en una paz cuya base sea la independencia de las colonias, o en caso que crea que este paso sea demasiado humillante, convendrá en una suspensión de hostilidades, como sucedió antiguamente con los Países Bajos, y esto al fin conduciría inevitablemente a un reconocimiento formal de la actual independencia de las nuevas Repúblicas.

Sea cual fuere la conducta de España, la acogida favorable que ha dado el Emperador de Rusia a las propuestas de Estados Unidos, con la conocida inclinación que tienen Francia y demás potencias europeas a seguir nuestro ejemplo, nos hace creer que la Santa Alianza no tomará parte en la guerra, sino que conservará su actual neutralidad. Habiendo, pues, desaparecido el peligro que nos amenazaba desde aquel punto, no existe la necesidad de una alianza ofensiva y defensiva entre las potencias americanas, la que solo podría justificarse en el caso de la continuación de semejante peligro. En las actuales circunstancias esta alianza sería más que inútil, pues solo tendría el efecto de engendrar en el Emperador de Rusia y en sus aliados sentimientos que no debían provocarse inútilmente.

La República de Colombia ha pedido últimamente la intervención amistosa de este Gobierno con el fin de procurar que España acceda a un armisticio bajo las condiciones expresadas en la nota que nos pasó el señor Salazar, copia de la cual juntamente con mi contestación es inclusa y en consecuencia se han enviado las correspondientes instrucciones a los ministros de Estados Unidos en Madrid y San Petersburgo.

Otras razones median para impedir que Estados Unidos entre en esta Alianza. Desde el primer establecimiento de su actual Constitución, sus ilustres estadistas han inculcado la opinión —como una máxima de su política—

que debían evitarse alianzas extranjeras. Es verdad que al tiempo de adoptar esta resolución, su atención se dirigía a Europa, pues siendo su sistema de intereses y conexión enteramente opuesto al nuestro, no les parecía justo que nos mezclásemos en él. También es verdad, que mucho después del establecimiento de esta máxima, se han erigido las nuevas Repúblicas, en quienes tiene muy poca o ninguna aplicación. Sin decir positivamente que no podía ocurrir un caso en que una alianza muy estrecha entre Estados Unidos y las otras Repúblicas americanas sería propia y expediente, podemos decir con seguridad, que el motivo que nos hiciera desviar de aquella máxima establecida debía ser una de la mayor urgencia, y que en la actualidad no existe.

Entre las varias objeciones que se presentan a estas alianzas, y las que tienen mucho peso son:

1.° La dificultad de un arreglo justo e igual de las contribuciones de fuerzas y de otros medios, entre las respectivas Partes, para la adquisición de un objeto recíproco, y 2.° La de proveer de antemano, y determinar con precisión, cuando se presente el casus foederis; y de este modo evitar toda controversia. Menos utilidad se presenta ahora de parte de Estados Unidos para una alianza de esta naturaleza, porque ningún pacto, sea del carácter que fuere o revestido de las mayores solemnidades, podía excitar en él un motivo más irresistible que su propia conservación, la que inmediatamente le estimularía a los mayores esfuerzos en el caso de un ataque de parte de Europa contra las libertades de América.

Las consideraciones que he expuesto, juntamente con las más que pueden presentarse a ustedes, convencerán a los representantes de los otros Estados americanos que una alianza ofensiva y defensiva entre ellos y Estados Unidos, para el fin expuesto, sería innecesaria y tal vez perjudicial. Mas si acaso ustedes no les pudieren convencer, y creyesen que el rehusar esta alianza no sería considerado como una conducta amistosa, o tuviese un efecto perjudicial sobre el éxito de las demás negociaciones, pedirán ustedes que pongan por escrito los términos de dicha alianza en la forma más precisa, y los recibirán ustedes ad referendum. Por este medio el Gobierno de Estados Unidos tendrá el tiempo preciso para considerar este punto y para adquirir los informes necesarios. Como la alianza, si acaso es admisible, es una cuestión de tiempo que demuestre su inutilidad, ustedes prepararán los ánimos de los representantes del Congreso a la negativa que, según es probable, dará este Gobierno.

En la discusión de aquellos puntos en que todas las naciones de América que están ahora en paz o en guerra, tienen un interés común, insistirán ustedes en la necesidad de terminar la guerra con la mayor prontitud posible, y de fomentar los medios más adecuados a la conservación de la paz entre sí y con el resto del mundo. En el cultivo de la paz estriba el verdadero interés de todas las naciones, pero en particular el de los nuevos Estados. La tranquilidad no es más necesaria al adelanto y expansión de individuos en su juventud, que a las nuevas naciones, que en medio de una guerra desoladora comienzan su carrera de independencia y de gobierno. Lo que más necesita América en el día es la paz, pero por muy apetecible que sea, nada vemos en lo venidero que deba inducir a las Repúblicas americanas a sacrificar un ápice de su soberanía independiente para su adquisición. Deben, pues, rechazar todas las propuestas que estriben sobre el principio de una concesión perpetua de privilegios comerciales a una potencia extranjera. La concesión de semejantes privilegios es incompatible con su actual y absoluta independencia y participaría del espíritu de su antigua conexión colonial, estableciéndolo de hecho aunque no en la apariencia. Su honor y orgullo nacional no deben permitirles entrar en la discusión de propuestas, que tengan por base el reconocimiento de su independencia por España si esta ha de conseguirse por consideraciones pecuniarias.

Enseguida al objeto primero de poner fin a la guerra entre las nuevas Repúblicas y España, deben tomarse en consideración los medios necesarios para conservar la paz entre las mismas naciones americanas, y con el resto del mundo. No puede haber época más favorable que la presente para que las naciones americanas indaguen las causas que tantas veces han destruido la tranquilidad del mundo, y para que hagan un esfuerzo loable [...], para evitar en cuanto sea posible, toda mala inteligencia. No tienen preocupaciones antiguas que combatir —prácticas establecidas que mudar— teorías ni concesiones complicadas que vencer, libres de todo compromiso a un sistema particular de comercio y de todo código egoísta y beligerante, pueden consultar la experiencia del género humano, y establecer sin parcialidad principios adaptados a su condición y capaces de promover la paz, sosiego y felicidad.

Lejos de Europa, no es probable que tengan que tomar parte en las guerras que en adelante pueda sufrir aquel punto del globo. En estas guerras la política de toda América debe ser la misma, la paz y la neutralidad que hasta ahora siempre ha tratado de conservar Estados Unidos.

Si los principios que indica aquel estado de neutralidad como más adecuados a los intereses de este hemisferio, tienen la cualidad de ser justos en sí mismos y calculados a impedir la guerra o mitigar sus rigores, se presentarán a la aprobación general con un conjunto de recomendaciones irresistibles.

Los principios marítimos de Estados Unidos poseen ambas cualidades, y más particularmente durante las últimas guerras de Europa. El presidente quiere que ustedes traten de estos principios en el Congreso de Panamá. El poder arbitrario, en cualquier elemento que se ejerce, está sujeto a grandes abusos:

pero está aún más expuesto a ellos en mar que en tierra, quizás porque se ejerce fuera de la vista de espectadores imparciales, y por consiguiente libre de aquella restricción moral, hija del influjo de la opinión pública. En todos tiempos y entre todas las naciones ha existido mayor desigualdad de la distribución del poder marítimo que del terrestre. En todos los siglos siempre ha habido alguna nación que ha tenido un completo ascendiente sobre el océano, y esta superioridad ha sido algunas veces tan grande que ha contrapesado la fuerza marítima combinada de todas las demás naciones. Pero cuando una sola nación se halla en posesión de un poder en cualquiera parte que sea, que no cede a las fuerzas unidas de las otras, las consecuencias son bien notorias y se hallan bien registradas en las páginas de la historia. Semejante nación además de hacerse presuntuosa, e incapaz de sufrir contradicción u oposición, encuentra que la solución de los problemas nacionales es más fácil y agradable a su orgullo por medio de la espada, que no por el tardío y oscuro proceso de una paciente investigación. Cuando la superioridad ocurre en el océano, el abuso del poder se hace más insufrible. Aunque la seguridad contra la opresión debía ser mayor en los casos donde hay probabilidad de su más frecuente ejercicio, es de advertir, no obstante, que la civilización ha hecho más progresos en tierra que en mar, y por consiguiente los derechos personales y los de propiedad en particular, encuentran mayor seguridad y protección en el primero. Nada puede elevar más el carácter de América, que la reunión de todos sus esfuerzos para llevar la civilización marítima al mismo grado que ha adquirido en tierra, y de este modo proteger a los navegantes y a sus propiedades contra la injusticia y la violencia, dejándoles expuestos solamente a las borrascas y contratiempos que ordena la Providencia.

Bajo el influjo de estas e iguales consideraciones propondrán ustedes la abolición de la guerra contra las propiedades individuales y contra los buques que no estén armados. En tierra la propiedad de individuos está protegida de embargo y confiscación; los que no llevan armas no están incomodados en el ejercicio de sus respectivos oficios. ¿Y por qué no se ha de extender esta humana exención al mar? ¿Si las mercancías depositadas en un almacén en tierra quedan intactas en medio de los asolamientos de una guerra moderna, puede haber razón para que estas mismas mercancías transferidas a un buque que navega apaciblemente el océano, sean el objeto de captura y de condenación legal? ¿Si se permite a los artesanos y a los labradores seguir sus respectivas profesiones sin molestia, porque no son permitidos los marineros a distribuir las producciones de su industria en cambios para el beneficio común del género humano? Este objeto ha animado a Estados Unidos desde que tomó su rango entre las naciones. Hace más de cuarenta años que el doctor Franklin, uno de sus ministros más ilustrados, se expresó de esta manera:

> Ya es tiempo que se pusiese fin a un exceso que ultraja a la humanidad.
>
> Aunque por su situación geográfica Estados Unidos pueden sacar más provecho que otras naciones de la guerra de corsarios, sin embargo se esmera en abolir el sistema ofreciendo en todos sus tratados con las demás potencias un artículo por el cual se obligan, en caso de una guerra, que no se armarán corsarios y que los buques particulares de ambas Partes seguirán sus viajes sin ser molestados. Esta será una mejora feliz de la ley de las naciones. Los hombres justos y humanos no pueden menos que desear las resultas más felices.

Nuestro progreso ha confirmado las anticipaciones de aquel ilustre estadista.

Nuestra situación geográfica es superior a la de otras naciones en este punto, y en caso de una guerra, tenemos los medios suficientes para aprovecharnos de nuestros corsarios. Pero, fieles a nuestros principios, ofrecemos ahora las mismas estipulaciones que ofrecieron Franklin y otros negociadores americanos; estas propuestas se pudieran haber atribuido entonces a nuestra infancia y debilidad, pero en nuestra actual y madura situación solo proceden de un espíritu de filantropía.

Si por el consentimiento general de las naciones la propiedad individual no estuviese sujeta a captura, como una presa legal de la guerra, el principio que la bandera cubre la propiedad perdería su importancia, pues se confundiría en los demás arreglos más liberales y extensos. Pero si se puede juzgar por el tardío progreso que hace la civilización en sus operaciones sobre los usos y costumbres de la guerra, y por la tenacidad con que el poder siempre se adhiere a las ventajas que supone tener, no se puede esperar que las naciones concurran en eximir la captura toda la propiedad individual. Algunas naciones tal vez admitirían un principio limitado, cuando jamás consentirían en uno más comprensivo. Propondrán ustedes, pues, la adopción del principio de que la bandera cubre la propiedad y que el buque enemigo hace la propiedad enemiga. El uno necesariamente emana del otro, y en su aplicación práctica hay en ambos una sencillez y certeza que los recomiendan a que se adopten generalmente. Ambos obran a favor de la neutralidad, y de este modo presentan un nuevo inconveniente a las naciones para que emprendan temerariamente una guerra.

Ustedes propondrán una definición del bloqueo. La experiencia de Estados Unidos como igualmente la de algunos de los nuevos Estados, aun durante el corto término de su existencia política, claramente indica la necesidad de una descripción clara e inteligible de los hechos que constituyen un legítimo bloqueo. La falta de esta definición ha sido la principal causa de las dificultades que han existido entre ellos y Estados Unidos. El interés del beligerante extiende, al paso que el del neutral contrae, en cuanto sea posible, la línea del bloqueo: el interés del beligerante insiste en la menor fuerza posible para dar valor al bloqueo, el del neutral en la mayor. En esta lucha de pretensiones encontradas, como el beligerante tiene las armas en la mano en apoyo de las suyas, el neutral generalmente padece. La mayor seguridad contra los abusos de ambas Partes es una clara definición, la que presentando circunstancias notorias en su carácter y naturaleza no admite de disputa entre las naciones que tienen un sentido propio de justicia y un mutuo miramiento a sus respectivos derechos. En los tratados con Colombia y con América Central, recientemente concluidos y ratificados aquí (copias de los cuales acompaño) hallarán ustedes la definición del bloqueo que el presidente quiere que se proponga y adopte.

Los mismos tratados contienen igualmente artículos que suplen una lista de contrabandos, como también varios otros que aluden a un estado de guerra, en los cuales las Partes Contratantes pueden ser beligerantes o neutrales según sea el caso; ustedes están autorizados a proponerlos todos. Entre los documentos que acompañan hallarán ustedes una carta de mi predecesor, fechada el 28 de julio de 1823, dirigida al señor Rush, ministro de Estados Unidos cerca de Gran Bretaña, con copia de los artículos de un tratado que estaba autorizado a proponer a aquel Gobierno: tal vez facilitarán sus trabajos.

Habiéndose preparado los referidos artículos con la mayor reflexión, bien pueden servir de modelo para los que se agiten en el Congreso, sobre puntos de igual naturaleza. Apenas es necesario añadir, que este nuevo experimento con Gran Bretaña, como todos los anteriores ha sido infructuoso.

Entre los puntos más importantes que tal vez llamarán la atención del Congreso, está el de fijar algunos principios generales, aplicables a todas las potencias de América, para el mutuo arreglo de comercio y de navegación.

Estados Unidos desde el principio de la guerra, siempre ha proclamado que no desea tener ventajas particulares en sus tratados de comercio con cualquiera de las nuevas potencias y continúa en la misma desinteresada doctrina. En sus conferencias expondrán ustedes que como en sus tratados con algunos de los Estados americanos, no han pedido privilegios que no estén igualmente extendidos a cada uno de ellos, tampoco los pedirán en sus negociaciones generales.

[El país] está dispuesto a extender a las potencias de Europa los mismos principios liberales de comercio y navegación, sobre cuya base Estados Unidos está pronto a tratar. El presidente espera que ustedes encuentren la misma buena disposición en los demás Estados americanos, y que no se presente dificultad alguna en obtener su pronto consentimiento a las bases equitativas de una perfecta igualdad y reciprocidad, las que están ustedes autorizados desde luego a proponer para el comercio y navegación entre todas las naciones americanas. Todo lo que sea de importancia a su comercio y a su navegación se puede comprender bajo dos principios generales, y ambos están fundados sobre aquellas bases. El primero es que ninguna nación americana concederá favores, en comercio y navegación a cualquiera potencia extranjera en este u otro continente que no estén igualmente extendidos a las demás potencias americanas, y el segundo, que las importaciones [que] se hagan de cualquiera de las naciones americanas, o las exportaciones en sus propios buques, pueden de la misma manera hacerse desde sus puertos en los buques de todas las demás naciones americanas, ya sea el buque nacional o extranjero, y en ambos casos el cargamento pagará los mismos derechos y gastos, y no más.

El primero de estos dos principios está tan altamente recomendado a todas las naciones, tanto por motivos de política como de justicia, que ciertamente exigirá, al menos en el abstracto, la anuencia de todos al instante que se haga la proposición. Las naciones son miembros comunes e iguales de una familia universal. ¿Por qué debía existir una desigualdad entre ellas en sus tratos mercantiles? ¿Por qué razón debía una conceder favores a otra que niega a la tercera? Todos estos favores parciales solo excitan celos y al fin están contrapesados y castigados por las potencias injuriadas. El principio propuesto no excluye aquellos arreglos particulares que tienen por base verdaderos y justos equivalentes, independiente de la mera reciprocidad mercantil, por la cual se conceden ciertas ventajas a una potencia particular; pero la prudencia dicta que aún esto debe evitarse en cuanto sea posible. Si el principio es sano en su aplicación general, es preciso confesar que se acomoda en particular a la condición y a las circunstancias de las potencias americanas. Estados Unidos no tuvo la menor dificultad en establecer estos principios con las repúblicas de Colombia y América Central y se hallan insertos en los tratados con aquellas potencias. Estados Unidos de México solo se ha opuesto a su reconocimiento, y en sus negociaciones con este Gobierno ha querido exceptuar aquellos Estados americanos que tienen origen español, en cuyo favor México insiste en conceder favores mercantiles que niega a Estados Unidos.

Esta excepción es inadmisible, y se enterarán ustedes de la opinión que hemos formado de ella, por un despacho oficial dirigido al señor Poinsett, fechado el 9 de noviembre de 1825, copia del cual es adjunto. Este señor tiene órdenes de dar punto a las negociaciones, si en contra de nuestras esperanzas el Gobierno mexicano persiste en la excepción. Lo más extraordinario es que al paso que pretende que ha habido una especie de inteligencia entre las nuevas Repúblicas en este punto, no insistía en él Colombia, ni América Central. Ni aun se nombró en todo el curso de las negociaciones aquí, que terminaron en el tratado con la última potencia. El señor Anderson se acordará si se tocó en el tratado concluido con Colombia. Este Gobierno no puede consentir en semejante excepción; la resistirán ustedes en todas sus formas, si se propone; y se negarán ustedes a todo tratado que la admita. No estamos aún impuestos si México ha abandonado esta excepción, y concluido con el señor Poinsett

un tratado de comercio, o ha insistido en ello y por consiguiente puesto fin a las negociaciones. La base de la nación más favorecida deja a la Parte en plena libertad de prohibir los productos y manufacturas extranjeras que guste y de imponer sobre los que admita, los derechos que requiera su política o sus intereses.

El principio solo encarga la imparcialidad a las potencias extranjeras a quienes se aplica, y por consiguiente que sus prohibiciones y sus derechos, cualesquiera que sean, extenderán igualmente al producto y a las manufacturas de todas ellas. Si una nación ha contraído ya empeños con otra potencia, por los cuales ha concedido favores comerciales, que perjudican y dañan a sí misma, podrá ser opuesto a sus intereses extender estos mismos favores a otras naciones. Pero Estados Unidos no ha hecho semejantes concesiones a ninguna potencia extranjera particular, ni tampoco ha llegado a nuestra noticia que lo haya hecho alguna de las potencias americanas.

El tiempo y el lugar convidan a la adopción de un principio mercantil vasto y liberal el que dispensando favores igualmente a todos, priva a uno en particular de un motivo justo de queja.

El presidente cree de la mayor importancia el segundo principio ya referido, a saber: Que las importaciones que se hagan de cualquiera país extranjero en los puertos de cualquiera de las naciones americanas, o las exportaciones en sus propios buques, pueden de la misma manera hacerse desde sus puertos en los buques de todas las demás naciones, ya sea el buque nacional o extranjero; y en ambos casos el cargamento pagará los mismos derechos y gastos, y no más. En sus conferencias lo instarán ustedes con un celo y actividad, proporcionados a su alto valor y a la liberalidad en que originó la propuesta. Su reciprocidad es perfecta y cuando lo adopten todas las naciones, nada puede haber más importante a la libertad y a los intereses de su mutua navegación. Los proyectos de las naciones marítimas han sido varios y siempre han tendido a aumentar su marina a expensas de las otras potencias.

Cuando ha habido un consentimiento pasivo a las operaciones de aquellos proyectos, sin ocurrir a arreglos que los refrenen, su suceso en algunos casos ha sido completo. Las naciones en el día están demasiado ilustradas para someterse humildemente a los esfuerzos interesados de una sola potencia, que desea monopolizar, en virtud de su propia legislación separada una parte desproporcionada de la navegación en sus tratos mutuos. A estos esfuerzos en el día se oponen otros esfuerzos; la restricción engendra restricción, hasta que al fin se descubre después de una larga serie de vejámenes de ambas Partes, que el curso de la legislación interesada no causa efecto sobre la distribución del poder marítimo, al paso que acarrea la consecuencia inevitable de enemistar a las naciones, unas contra las otras. La experiencia nos enseña que es mejor empezar y continuar en la carrera de la liberalidad que en la de una estrecha y ceñida política; pues lo primero conduce al mismo fin sin los desagradables incidentes que el último necesariamente atrae.

El principio de la libertad recíproca de navegación posee una sencillez

que lo hace muy recomendable: hace innecesaria toda indagación difícil y penosa en cuanto al origen de los efectos de un cargamento surtido. Dispensa con las penalidades y confiscaciones que muchas veces sufre un cargamento entero y de mucho valor, porque hay en él un solo artículo, cuya introducción se ha hecho con una ignorancia e inocente violación de los arreglos de la aduana. Establece una ley llana e inteligible. Hace al extranjero observar las empresas legales del nacional. Abre todos los puertos americanos a todos los buques americanos y los pone sobre un pie de igualdad, sea cual fuere la distancia, o los mares que han adquirido sus cargamentos.

Este principio de la libertad recíproca de navegación, como la de la nación más favorecida, deja a cada Estado que la adopta, en plena libertad de imponer los derechos de toneladas que dictan sus necesidades o su política.

Solo establece la regla de que el buque extranjero pague los mismos derechos que el nacional, y también que el cargamento, sea de importación o exportación, pague los mismos derechos, sea quien fuere el propietario, o el buque que los cargue. Quizá se propondrá que el mismo arancel de derechos rija en todos los puertos de las naciones americanas, pero esto sería inadmisible, pues sujetaría el poder de impuestos que tiene cada Estado, en vez de dejarlo libre a consultar las circunstancias de su posición peculiar, costumbres, constitución de Gobierno y manantiales de donde nacen sus rentas. El extranjero no tiene motivo de queja cuando la misma medida se aplica al natural.

Tal vez se pondrá el reparo que la marina de las demás naciones americanas está aún en su infancia; que la nuestra ha hecho grandes progresos, y que no están preparados a ejercer esta recíproca libertad de navegación hasta que la suya haya tomado mayor incremento —no hay duda que existe esta diferencia en la marina de las respectivas naciones—, ¿pero cómo se ha de remediar? ¿Por un sistema de monopolio que no podrá menos que provocar la ley de talión? ¿O por uno que, procediendo con liberalidad hacia otros, les inducirá a devolver la misma liberalidad? Ya se ha mostrado claramente que el primer sistema nunca tiene feliz éxito a menos que las potencias extranjeras no obren con moderación, lo que en el actual estado vigilante del mundo marítimo no puede esperarse. Si aguardamos a dar principio al sistema igual y liberal hasta que todas las naciones hayan puesto sus respectivas marinas bajo el mismo pie, se puede considerar como diferido indefinidamente. Si los nuevos Estados quieren tener una marina poderosa, deben buscar los elementos en la abundancia y excelencia de sus materiales, en la habilidad de sus artesanos, en el precio bajo de sus manufacturas, en el número de sus marineros y en su carácter fuerte y emprendedor, formado por los peligros del mar, e invigorado por una competición liberal, viva e intrépida con las otras potencias; y no en una legislación limitada y contraída, siempre neutralizada y al fin frustrada por la de las demás naciones.

Ambos de estos principios están comprendidos, aunque más en detalle en el 2, 3, 4 y 5 artículos del referido tratado con la Confederación de la América Central. Pueden servir de modelo a los que ustedes están instruidos a proponer y se considerarán ustedes autorizados a convenir en todos los artículos de aquel tratado, para cuyo fin una copia acompaña a esta carta.

Es probable que los ministros de las otras potencias americanas que no están preparados a convenir al segundo principio tal vez no suscribirán a ello en los términos propuestos, o no consentirán a una libertad recíproca de importación y exportación con el mismo arancel, sin una restricción en cuanto al origen del cargamento y de la propiedad o destino del buque. Sin embargo, es preciso no abandonar sus esfuerzos para restablecer este principio en su mayor extensión, hasta que estén exhaustos todos sus argumentos y persuasiones y se hace patente que es impracticable su adopción. Si acaso hallan ustedes una firme oposición, propondrán una modificación del principio, de modo que incluya, al menos, los productos y manufacturas de todas las naciones americanas, inclusas las Indias Occidentales. Aún con estos límites tendrá un gran beneficio práctico: todos los buques de las varias potencias americanas gozarán una libertad recíproca de exportación de los productos y manufacturas americanas que permiten las leyes de cada una, pagando los mismos derechos para el buque y su carga. Si el raciocinio es exacto en apoyo del principio en su mayor extensión, también lo es en sus operaciones más limitadas. A esto se puede añadir que hay mucha semejanza en los productos de varios puntos de las Américas, y por consecuencia mucha dificultad en trazar el origen de los artículos que tengan un carácter común y semejanza, y en imponer un derecho distinto, cuando la importación se haga en distintos buques, o los efectos estén mezclados en el mismo buque.

Si los representantes niegan el principio aún con estas modificaciones, lo propondrán ustedes con la más amplia restricción de adoptar solamente las reglas que deben observarse entre dos de las naciones americanas que en él convengan, cuando quieran transportar sus respectivos productos y manufacturas.

Bajo esta forma lo propuso Estados Unidos el 3 de marzo de 1815 [...] a todas las naciones. El 3 de julio del mismo año se insertó en la convención con Gran Bretaña [...]. Después se aplicó a los Países Bajos, a las ciudades imperiales hanseáticas de Hamburgo, Lubeck y Bremen, al Ducado de Oldenburgo, a la Noruega, Cerdeña y a la Rusia [...]. También se admitió en nuestro tratado de 1816 con Suecia [...] y últimamente lo ha admitido Colombia. En caso que se admita en este sentido más limitado, el primero, segundo y tercer artículo de la convención con Gran Bretaña ya referida, servirán de modelo para extender los que ustedes están autorizados a concluir.

Estos tres artículos abrazan otras materias que el mismo principio, pero son las que o tienen una conexión directa con él, o son necesarios para darle un amplio y completo efecto.

Al entrar en la descripción de los territorios de los nuevos Estados americanos con quienes tendremos en adelante un trato mercantil, verán ustedes la propiedad de emplear en los tratados que concluyan, los términos que puedan incluir cualesquiera territorios, insulares o continentales, que pertenezcan a cada uno a la conclusión de la presente guerra.

En el discurso de su progreso se pueden perder o conquistar territorios que deben ser comprendidos o excluidos.

En diciembre de 1823, el presidente de Estados Unidos en su Mensaje anual a la apertura del Congreso, anunció, como un principio adecuado a este continente y en que debemos insistir en lo sucesivo, que no se debe permitir a ninguna nación europea, el que establezca en él nuevas colonias. No se propuso por aquel principio, incomodar [a] las colonias europeas ya existentes y establecidas en América; tiene relación a lo venidero, y no a lo pasado. Varios de los nuevos Estados americanos han intimado su anuencia al principio, pero se cree que ganará la opinión del mundo imparcial. Cuando América era comparativamente un baldío ilimitado y un desierto casi despoblado, al principio establecida por hombres civilizados de las naciones europeas por quienes fue descubierta, éstos convinieron entre sí en los límites de sus respectivos territorios, pues no existía ningún Estado americano que se opusiese, o cuyos derechos se perjudicasen por el establecimiento de nuevas colonias. Ahora no es así; desde los límites Noreste de Estados Unidos en Norteamérica, al Cabo de Hornos en Sudamérica sobre el Atlántico, con una o dos excepciones; y desde el mismo Cabo a los 51 grados de latitud Norte, en Norteamérica sobre el Pacífico, sin excepción alguna, todas las costas y territorios pertenecen a potencias soberanas americanas. No existe, pues, un solo punto dentro de los límites referidos en donde una nueva colonia europea pueda establecerse, sin violar los derechos territoriales de algunos Estados americanos. Un atentado de establecer colonias, y con su establecimiento adquirir soberanía, debe mirarse como una intrusión inadmisible. Si una porción de los pueblos de Europa, acosada por la opresión de su país nativo, o instigados del deseo de mejorar su condición y la de su posteridad, quiere emigrar a América, será sin duda la política de los nuevos Estados, como siempre ha sido la nuestra, ofrecerles un asilo, y naturalizándoles, extender a los que lo merezcan los mismos privilegios políticos que disfrutan los ciudadanos naturales. Pero no podemos permitir que esta facultad de emigración traiga tras sí el derecho del Estado europeo, de que se componen los dichos emigrados, de adquirir poderes soberanos en América. ¿Qué diría Europa, si América pensase en establecer allí una colonia? Si de este modo se provocase su orgullo y ejerciese su poder para reprimir y castigar un hecho tan arrojado, deben acordarse y deben sentir que los americanos, descendientes de europeos, tienen igualmente sus sensibilidades y sus derechos.

Con el fin de impedir estas colonias europeas y para prevenir de antemano a Europa que no se permitirán, el presidente quiere que se proponga una declaración general de los diversos Estados americanos; cada cual, sin embargo, obrando por sí y solamente obligándose a sí mismo, que no se permitirá en lo venidero el establecimiento de ninguna nueva colonia europea dentro de los límites de sus respectivos territorios. No se pretende comprometer a las Partes concurrentes para que apoyen el derecho que crea tener cualquiera de ellos a los límites particulares; ni tampoco se propone comprometerles a una resistencia combinada contra cualquier atentado futuro de establecer una nueva colonia europea. Es creíble que solamente el efecto moral de una declaración combinada, que tiene por origen la autoridad de todas las naciones americanas, servirá para impedir radicalmente dicho establecimiento; pero si así no fuere, y se hiciese efectivamente el atentado, entonces habrá tiempo para que se unan las potencias americanas y consideren la propiedad de negociar entre sí, y si fuere preciso, adoptar las medidas que sean necesarias para reprimir e impedirlo. El respeto que se deben tanto a sí como a Europa, requiere que queden satisfechos, que esta declaración publicada con tanta solemnidad ganará un respeto universal. No será preciso darle la forma de un tratado; la pueden firmar los varios ministros del Congreso y se dará al mundo como una prueba del sentido de todas las potencias americanas.

Entre los asuntos que deben llamar la consideración del Congreso no hay uno que tenga un interés tan poderoso y tan dominante como el que se refiere a Cuba y Puerto Rico, pero en particular al primero. La isla de Cuba, por su posición, por el número y carácter de su población, y por sus recursos enormes aunque casi desconocidos, es en la actualidad el importante objeto que atrae la atención tanto de Europa como de América. Ninguna potencia, ni aun España misma, tiene un interés más profundo en su suerte futura, cualquiera que fuese, que Estados Unidos. Nuestra política en relación a ella está amplia y claramente descubierta en la nota al señor Middelton. Allí declaramos que no deseamos mudanza alguna en la posesión o condición política de aquella isla, y que no podemos ver con indiferencia que pasase de España a otra potencia europea. Tampoco deseamos que se trasfiera o anexe a alguno de los nuevos Estados americanos. En caso de la larga duración de la actual guerra se presentan tres situaciones, en una de las cuales puede colocarse aquella isla; y todas tres merecen la más seria y particular atención.

La primera es su independencia, fiándose de sus propios recursos, a la conclusión de la guerra, para la conservación de ella. Segunda: su independencia con la garantía de otras potencias; o de Europa, o de América o de ambos y tercera: su conquista, y su unión al dominio de la República de Colombia, o de México. Examinaremos ahora cada una de estas situaciones en el orden en que las hemos colocado.

Primera. Si Cuba fuere capaz de mantener un gobierno independiente contra los asaltos internos y externos, preferiríamos verla en aquel estado, pues que deseamos la felicidad de otras como la nuestra, y creemos que esta independencia más probablemente se asegurará por un Gobierno local, que nace directamente de, y se identifica con el sentimiento, interés y simpatía de los gobernados. Pero una sola ojeada a la extensión reducida, condición, moral y carácter discorde de sus habitantes nos convencerá de su incompetencia actual de sostener un Gobierno sin el auxilio de otras potencias. Y si ahora el atentado de romper la conexión con España tuviese feliz éxito, parte de los habitantes de la isla, e igualmente sus vecinos en Estados Unidos vivirían en la continua alarma de presenciar aquellas escenas trágicas que se representaron en una isla vecina, y su población por el mero hecho de su independencia, sería tentada a emplear todos los medios que la vecindad, semejanza de origen y simpatía pudiesen suplir para fomentar y estimular la insurrección, a fin de ganar fuerzas para su propia causa.

Aunque una independencia garantizada pudiera libertar la isla de los peligros que hemos expuesto, sin embargo sustituiría otros no menos temibles, y según mi opinión, casi insuperables. ¿Quiénes han de ser las potencias que garanticen? ¿Serán exclusivamente americanas, o se unirán estas con algunas de las europeas? ¿Cuál ha de ser el importe de sus respectivas contribuciones militares y navales a la potencia protegida, y de los demás medios necesarios al apoyo del Gobierno local? ¿A quién se confiará el mando de aquellas fuerzas? ¿De las potencias que garantizaren no excitará al que manda los celos y los temores de la que no manda? Confesemos ingenuamente que estas son cuestiones que confunden, y que aunque no se debe desechar la idea de independencia bajo estas circunstancias como enteramente inadmisible, si acaso se logra un consentimiento será con repugnancia, pues atraerá inevitablemente una serie de sucesos imprevistos e imposibles de evitar.

Con respecto a la conquista y unión de la isla a Colombia o a México, es preciso confesar (en caso que estas potencias lo intentasen) que se muda todo el carácter de la presente guerra. La lucha, de parte de las Repúblicas se ha dirigido hasta aquí a la adquisición de su independencia, y han granjeado los buenos deseos y las simpatías de la mayor parte del mundo, y en particular de Estados Unidos. Pero en caso de alistar una expedición militar contra Cuba, ya se hace una guerra de conquista. En una guerra de esta naturaleza, sean las que fuesen las resultas, los derechos de los neutrales sufrirían una impresión seria, y quizás se verán en la necesidad de cumplir con un deber que no podrán descuidar. Las naciones de Europa quizás se creerán obligadas a interponer sus fuerzas para impedir un curso de eventos que no pueden mirar con indiferencia. Si su interposición se limitase únicamente al objeto de impedir una mudanza en el estado actual de las cosas con respecto a las islas, Estados Unidos, lejos de verse empeñado en poner obstáculos a sus intenciones, se verá en la necesidad, en oposición a sus deseos, de cooperar con ellas. En el supuesto que se emprenda la expedición indicada debe haber un examen detenido, primero, de los medios que tengan Colombia y México para efectuar el objeto, y segundo, su poder para conservar la conquista, en caso de realizarla. No tenemos datos suficientes para formar un juicio sano en cuanto al primer punto. Para formarlo con exactitud debemos estar impuestos en primer lugar de las fuerzas militares y navales que las Repúblicas pueden emplear; en segundo las que puede tener España para resistir a los invasores, y en tercero, qué porción de los habitantes se unirían a uno y otro lado de los beligerantes. Aunque no tenemos una relación circunstanciada de estos puntos, es notorio que España está en actual posesión, con una fuerza militar bien considerable; y este ejército recientemente reforzado ocupa al Morro, que se cree casi inexpugnable, juntamente con las demás plazas de la Isla. Sabemos igualmente que, acosada del continente de América, todos sus medios y todos sus esfuerzos se han concentrado en esta preciosa colonia que todas sus miras, destruidas por largo tiempo por la multitud de sus empeños en Norte y Sudamérica, se dirigirán a este solo punto, y reuniendo los restos de sus ejércitos en Europa y en América, se opondrá con tesón a la invasión.

Y además hay motivos para creer que si las potencias europeas no prestan sus auxilios abiertamente, lo harán en secreto y sin incurrir en responsabilidad.

Con esta combinación de recursos y circunstancias favorables no se puede negar que la conquista de Cuba es bien dificultosa, y tal vez impracticable, si la expedición carece de medios cuantiosos y poderosos, tanto navales como militares.

¿Y acaso poseen Colombia y México estos medios? Lo dudamos. Ambos tienen que crear una marina. Un navío de línea, dos fragatas y dos o tres buques menores mal tripulados, componen toda la fuerza naval de Estados Unidos Mexicanos. La de Colombia no es mucho mayor, ni mejor tripulada.

Pero los medios de transportar y defender la fuerza militar durante la travesía, son absolutamente indispensables. Sería además temeridad e imprudencia desembarcar un ejército en Cuba, si las dos Repúblicas no tuviesen una superioridad naval en el Golfo de México, para proveer las contingencias que siempre se deben anticipar en las vicisitudes de una guerra. Últimamente es bien sabido que los habitantes de Cuba, lejos de unirse a favor de una invasión, tienen la mayor aprehensión en cuanto a su seguridad, y que temen en particular una invasión de Colombia, por el carácter de una porción de las tropas de aquella República.

En caso que se superasen todas estas dificultades y se hiciese la conquista de la Isla, nos atormentaría el temor de la inestabilidad de su condición futura.

La misma falta de fuerzas navales que experimentarían en la reducción de la Isla, les impedirían defender y conservarla. Ni Colombia ni México jamás podrán aspirar al rango de gran potencia naval. Ambas Repúblicas (y México en particular) carecen de extensión de costas, bahías y puertos —cunas de los marineros—; en fin, de todos los elementos necesarios para una poderosa marina. Inglaterra, Francia, Países Bajos, España misma cuando se recobre de su actual debilidad, como precisamente sucederá antes de muchos años, precederán a México y a Colombia en este ramo. Una guerra con cualquiera de estas naciones de Europa, pondría a Cuba, si estuviese en manos de alguna de estas Repúblicas, en el peligro más eminente. El Gobierno de Estados Unidos no puede cerrar los ojos al hecho, que en caso que las Repúblicas emprendan una expedición militar contra Cuba, los buques, marineros, cañones y demás medios navales se conseguirían principalmente en [nuestro país]. Lejos de fomentar la adquisición de estos abastecimientos, estamos resueltos a conservar una fiel neutralidad, y compeler la observancia de las leyes; no obstante el mero hecho de una colección en nuestros puertos no sujeta a sospechas ásperas e injuriosas; y veríamos con bastante sentimiento los recursos sacados de nuestro país, empleados en un objeto enteramente opuesto a nuestra política y a nuestros intereses.

El presidente espera que estas reflexiones, apoyadas en las demás que ustedes tengan por conveniente hacer, cuando no sean de bastante peso para impedir totalmente la invasión de Cuba, al menos convencerá al Congreso de la inutilidad de emprenderla con medios dudosos e insuficientes. Las relaciones francas y amistosas que siempre deseamos cultivar con las nuevas Repúblicas, exige que ustedes expongan claramente y sin reserva, que Estados Unidos con la invasión de Cuba tendría demasiado que perder para mirar con indiferencia una guerra de invasión seguida de una manera desoladora, y para ver una raza de habitantes peleando contra la otra, en apoyo de unos principios y con motivos que necesariamente conducirán a los excesos más atroces, cuando no a la exterminación de una de las Partes: la humanidad de Estados Unidos a favor del más débil, que precisamente sería el que sufriese más, y el imperioso deber de defenderse contra el contagio de ejemplos tan cercanos y peligrosos, le obligaría a toda costa (aun a expensas de la amistad de Colombia y de México) a emplear todos los medios necesarios para su seguridad.

Si acaso saliesen fallidos todos sus esfuerzos para persuadir a las Repúblicas que desechen la intención de invadir a Cuba y Puerto Rico, entonces se valdrán ustedes de todos los medios posibles para inducirles a que suspendan sus operaciones hasta que se sepa el resultado de la interposición que creemos han hecho el Emperador de Rusia y sus aliados a instancias de Estados Unidos con el objeto de poner fin a la guerra, como igualmente la que se ha hecho por Colombia.

Rusia es acreedora a esta suspensión, y su Emperador no dejaría de apreciar esta deferencia, y quizás extenderá sus buenos servicios a las nuevas Repúblicas, en caso que España se niegue a los consejos amistosos que han interpuesto algunas de las potencias europeas. Pero hay motivos poderosos para creer que España reflexionará bien antes de desecharlos, y que verá, como lo ve todo el mundo, que sus verdaderos intereses estriban en la paz; los recientes sucesos, y en particular la caída del castillo de San Juan de Ulúa, y de la plaza del Callao no dejarían de influir bastante en el ánimo del rey de España y acelerar la terminación de la guerra.

La apertura de un canal por el istmo que une a las dos Américas para los fines de navegación, y capaz de admitir buques mayores de un océano al otro, es un punto de gran consideración y necesariamente ha de llamar la atención del Congreso. Este vasto e importante objeto, si algún día llega a efectuarse, interesará en más y menos grado, al mundo entero. A este continente probablemente le resultarán las mayores ventajas de la empresa; y Colombia, México, América Central y Estados Unidos en particular, se aprovecharán más que las otras potencias americanas. Todo lo que redunde en beneficio de América entera debe efectuarse por medios comunes y esfuerzos combinados, y no debe dejarse a los recursos separados y aislados de una sola potencia.

Nuestros actuales informes en cuanto a la practicabilidad y probables gastos de este objeto son bien limitados, así pues no sería prudente hacer más que unos cuantos arreglos preliminares. Los mejores puntos tal vez se hallarán en el territorio mexicano, o en el de América Central. Esta última República hizo, el 8 de febrero del año pasado, por nota que dirigió su Ministro el señor Cañas a este Departamento [...], una oferta liberal, manifestando una alta confianza en Estados Unidos de Norteamérica. La respuesta del presidente [...] solo podía ceñirse en aquel tiempo a reconocer la amistosa abertura, y a asegurar a América del Centro que se adoptarían todas las medidas necesarias a fin de poner a Estados Unidos en posesión de los informes necesarios para extender sus conocimientos en particular. Si la obra se ejecutare de modo que pudieran pasar buques mayores de uno a otro océano, las ventajas que de ella resultarían no deben apropiarse exclusivamente a una sola nación, pero deben extenderse a todas las potencias del orbe, con tal que paguen una compensación justa o un impuesto moderado. Lo más apetecible ahora es, adquirir los conocimientos necesarios para formar un juicio sano en cuanto a la practicabilidad y probable costo de la empresa, por los puntos que ofrecen las mayores facilidades. Ya se habrán tomado las medidas para adquirir estos conocimientos. Se impondrán ustedes de lo que España o alguno de los nuevos Estados han hecho o intentado hacer, y obtendrán los informes que están a su alcance, para resolver este interesante problema. Impondrán ustedes a los ministros de las potencias americanas del vivo interés que toma Estados Unidos en la ejecución de la obra, y del sumo placer que tendrá en saber que cabe en los límites de los esfuerzos humanos. Su proximidad e información local les hace más competentes que Estados Unidos para apreciar las dificultades que se oponen a la empresa. Ustedes recibirán y transmitirán a este Gobierno cualquiera propuesta que se haga, o planes que se sugieran para su ejecución combinada, asegurando a los nuevos Estados, que se examinarán con la mayor escrupulosidad y con el deseo más ardiente de reconciliar las miras e intereses de todas las naciones americana.

Las potencias representadas en Panamá, tal vez propondrán como un punto de consideración si se debe o no reconocer a Haití como un Estado independiente, y si acaso la decisión que se tome con el particular debe ser combinada, o se deja a cada potencia a seguir el camino que dicta su política.

El presidente es de opinión, que en la actualidad Haití no debe ser reconocida como una potencia soberana independiente. Reflexionando en la naturaleza del poder gobernante de aquella isla, y en el poco respeto que muestran a todas las razas menos a la africana, la cuestión de reconocimiento por Francia estaba envuelta en mil dificultades antes del reciente arreglo que dicen se ha concluido entre ella y Haití. Según aquel arreglo, si estamos bien impuestos de los términos la Madre Patria reconoce una independencia nominal en aquella colonia, y como parte del precio del reconocimiento, Haití se obliga a recibir para siempre los productos de Francia imponiéndoles en sus puertos la mitad de los derechos que exigen de las demás naciones. Esta es una restricción en que una potencia realmente independiente de ningún modo debe consentir.

Francia no ofrece un equivalente en los términos en que recibe los productos de Haití en sus puertos. Si a la conexión colonial puede darse el nombre del «monopolio del comercio colonial que disfruta la madre patria», no puede negarse que Haití, por aquel arreglo, ha consentido voluntariamente en su restablecimiento. No había necesidad alguna de este arreglo, por mucho que se hubiera creído obligado a indemnizar los antiguos propietarios colonos de la pérdida de sus bienes en Santo Domingo. Antes de concluirse aquel arreglo, Haití disfrutaba de hecho una especie de independencia. Por aquel arreglo, ha mudado voluntariamente de carácter, y en punto muy esencial con relación a las naciones extranjeras, y se ha constituido una nación no independiente.

Bajo las actuales circunstancias de Haití, el presidente no lo cree prudente reconocerla como un nuevo Estado, y esta cuestión de reconocimiento no es una medida de bastante consideración para exigir la concurrencia de todas las potencias americanas.

Se valdrán ustedes de todas las ocasiones que se presentan para convencer a los ministros de las demás potencias americanas de la propiedad del libre ejercicio de religión dentro de sus respectivos territorios. Los autores de nuestra Constitución no solo se han abstenido de incorporar con el Estado cualquiera forma particular de religión, pero han introducido una prohibición expresa, por la cual el Congreso no puede hacer ley alguna para el establecimiento del culto divino. A nadie negamos la ley común a todos, el adorar a Dios de la manera que dicten sus propias conciencias. En nuestros pueblos y ciudades, en la misma hora y muchas veces en la misma calle, las congregaciones de los devotos de toda secta religiosa se juntan en sus respectivas iglesias, y después de cumplir con las obligaciones que les impone la solemne convicción de sus deberes religiosos, vuelven y se unen a desempeñar sus obligaciones domésticas y sociales. Las cabezas de una misma familia, perteneciendo a distintas sectas, acuden con frecuencia a dos distintas iglesias a ofrecer sus oraciones, cada cual trayendo a su casa la instrucción moral que ha deducido de sus respectivos curas. En Estados Unidos no experimentamos incomodidad de la falta de un solo establecimiento religioso, y de la tolerancia que prevalece por todos puntos. Creemos que lo mismo sucedería a las demás naciones que quisiesen adoptar la misma libertad de conciencia.

Sería un absurdo decir que la libertad civil y un culto establecido no podían existir en el mismo país; pero se puede asegurar que la historia no presenta un ejemplo de su unión en donde la religión ha sido exclusiva. Si cualquiera de las potencias americanas tiene a bien introducir en sus sistemas una religión establecida, aunque sentiríamos semejante determinación, no tendríamos derecho alguno de hacer una queja formal, a menos que no fuera exclusiva.

Del mismo modo que los ciudadanos de cualquiera de las naciones americanas tienen el derecho en este país de adorar a Dios de la manera que dicten sus conciencias, nuestros ciudadanos deben tener el mismo privilegio cuando sus negocios o sus inclinaciones les lleven a visitar cualquiera de los nuevos Estados. El presidente autoriza a ustedes a proponer una declaración unida, firmada por los ministros de todas las potencias representadas, o por parte de ellos; e igualmente en cualquiera tratado o tratados que se concluyan procurarán ustedes insertar un artículo que garantice la referida libertad en los territorios de los respectivos Estados.

Cuando este punto interesante descanse sobre la base de una solemne declaración y de tratados, tendrá una seguridad racional y practicable. Esta nueva garantía aumentará las disposiciones favorables que siempre tienen los hombres ilustrados de oponerse al influjo de la superstición y del fanatismo.

El presidente recomienda a ustedes la unión con los demás ministros en cuanto a esta declaración, como igualmente en la dirigida a prohibir la colonización europea dentro de los límites territoriales de cualquiera de las naciones americanas. Esta medida anuncia, en cuanto a esta nación, el estado actual de sus leyes e instituciones. El presidente es el órgano por el cual este Gobierno comunica con las potencias extranjeras, y estando a su cargo el velar sobre el debido cumplimiento de las leyes, está plenamente autorizado a recomendar ambas declaraciones.

Tal vez se suscitarán entre las nuevas naciones americanas las cuestiones de límites y otras materias de controversia, y querrán hacer un arreglo amigable entre sí. La posición imparcial y desinteresada de este Gobierno, en relación a estas disputas, podrá ser motivo para que los ministros pidan sus consejos y opiniones. En todos estos casos que tiendan al arreglo de estas controversias, manifestarán ustedes el deseo de prestar sus consejos, y si se exigiese, también servirán ustedes en calidad de árbitros. Dicen que se ha suscitado una disputa, la que aún no se ha arreglado, entre Estados Unidos de México y América Central, en relación a la provincia de Chiapas. El presidente desea que ustedes se impongan a fondo del asunto, y si se halla que América Central tiene justicia, darán a su favor todo el auxilio que cabe, sin comprometer a este Gobierno. Esta prueba de amistad de nuestra parte se debe a aquella República, tanto por la confianza y respeto que siempre ha mostrado a estos Estados Unidos, cuanto por su comparativa debilidad.

Finalmente; el presidente me manda encargar a ustedes que pongan la mayor atención a las formas de Gobierno y a la causa de instituciones libres por todo el continente. Estados Unidos del Norte jamás se ha animado, ni está llevado ahora, por un espíritu de propagar sus propias instituciones.

Prefiere su confederación a todas las demás formas de Gobierno y está muy satisfecho de ella. Así como no permite ninguna intervención extranjera en la formación o en la conducta de su Gobierno, tiene la mayor escrupulosidad de entremeterse en la construcción original o ulteriores arreglos de los Gobiernos de otras naciones independientes. Pero no está indiferente, porque nunca le puede ser indiferente la felicidad de otra nación. Pero el interés que toma al observar la sabiduría o necedades que distinguen la carrera de otras potencias en la adopción o ejecución de sus sistemas políticos es más bien un sentimiento de simpatía, que en un principio de acción. En la actualidad también evitarán tocar un asunto tan delicado, y obrarán con su acostumbrada precaución, pero hay motivos para creer que una potencia europea (cuando no sean más) ha mostrado mucha actividad en destruir las formas existentes de un Gobierno libre que han adoptado Colombia y México, y en su lugar sustituir monarquías, y colocar príncipes europeos sobre el trono. Nuestras hermanas Repúblicas merecen el mayor elogio por la prontitud con que despreciaron unas propuestas tan insidiosas; pero el espíritu que las dictó nunca adormece y podrá ser renovado. El motivo aparente que proclamaron era que el reconocimiento de la independencia de los nuevos Estados, con obligación de adoptar instituciones monárquicas conciliaría las grandes potencias europeas.

Las nuevas repúblicas, siendo Estados soberanos e independientes y dando a conocer claramente su capacidad de gobernarse a sí, siendo reconocidos por Estados Unidos y Gran Bretaña, y habiendo hecho tratados y otros pactos nacionales con potencias extranjeras, tienen un derecho decidido a ser reconocidas.

Algunas de las naciones europeas han diferido su reconocimiento por motivos de política, pero no tardarán mucho en hacerlo, pues su propio interés lo pedirá, ya que no les mueve la justicia. Pero sería una bajeza comprarlo, y nada habría más deshonroso que las Repúblicas comprasen por viles condescendencias el reconocimiento formal de aquella independencia que han ganado a costa de tanta sangre y de tantos sacrificios. Habiendo resistido todos los temores de un atentado de conquista por parte de las potencias combinadas de Europa, sería bajo y pusilánime, ahora que están en el goce no interrumpido de la mayor de las bendiciones humanas, ceder a las maquinaciones secretas y amenazas abiertas de cualquiera potencia europea.

No creo que encontrarán ustedes dificultad alguna en hacerles abandonar la deliberación de semejantes proposiciones. No omitirán aprovechar todas las ocasiones para fortalecer su fe política, e inculcar la solemne obligación que tiene cada potencia de rechazar toda intervención extranjera en sus negocios domésticos. También manifestarán ustedes la mayor prontitud de satisfacer todas las preguntas con relación a la teoría y operación práctica de nuestra federación y del Gobierno de nuestros Estados particulares, como igualmente ilustrar y explicar las innumerables bendiciones que han disfrutado y siguen disfrutando los habitantes de Estados Unidos a la sombra de su benigno influjo.

La guerra que en la actualidad reina entre la República de la Plata y el Emperador del Brasil nos es sumamente sensible; pero este Gobierno conservará la más estrecha neutralidad. Las Partes interesadas deben saber que su conclusión interesa tanto al reciente establecimiento de su independencia, cuanto a los principios de la humanidad. La primera medida de que se valió el Emperador del Brasil fue la de declarar todas las costas enemigas, incluso una banda entera y parte de la otra del Río de la Plata y extendiendo hasta el Cabo de Hornos, en un estado de bloqueo. Es notorio que no tiene la marina suficiente para mantenerlo de la manera que exigen los principios de ley pública.

Insistir en ello perjudica a los intereses de los neutrales que siguen un comercio lícito y quizás envolverá consecuencias más ruinosas. Recomendarán ustedes a las Partes beligerantes la necesidad de terminar esta guerra y la gran satisfacción que tendría Estados Unidos en ver el restablecimiento de la paz; y no podrán menos que ver, al paso que protestan contra las prácticas beligerantes que no autoriza la ley, que deducirán del bloqueo brasileño un nuevo apoyo a favor de los grandes principios marítimos, cuya sanción espera el presidente obtendrán ustedes de las naciones americanas.

Tengo el honor de ser, señores Su obediente servidor Henry Clay

Documento n.º 24. Nuevas instrucciones del Gobierno de Estados Unidos a sus delegados

Washington, 16 de marzo de 1827[39]
Henry Clay a los señores John Sergeant, y Joel R. Poinsett, nombrados Enviados Extraordinarios y Ministros Plenipotenciarios cerca de Tacubaya.

Señores:

Por el nombramiento del señor Poinsett, hecho por y con el consentimiento del Senado, en calidad de uno de los ministros de Estados Unidos cerca del Congreso de las naciones americanas que debe juntarse en Tacubaya ustedes están unidos en aquella misión. El señor Poinsett, según esperamos, estará dispuesto a cooperar en el cumplimiento de las obligaciones que encargan las instrucciones ya dirigidas a los señores Anderson y Sergeant, o a cualquiera de ellos, en los negocios que aún no estén concluidos. El presidente descansa con la mayor confianza en el celo y habilidad de ambos para promover, en tan importante servicio, los intereses de nuestra patria.

Las instrucciones dadas a los señores Anderson y Sergeant son bastante claras con relación al Congreso. Según nuestras miras esta Asamblea se debe considerar como enteramente diplomática. Ninguna de las naciones representadas estará obligada a un tratado, convención o pacto, a lo cual no ha prestado su libre consentimiento en conformidad a las formas de su Gobierno particular. Con este requisito indispensable, el presidente deja a su discreción el modo de conducir las conferencias y deliberaciones de los ministros,

39 Archivo Histórico Diplomático Mexicano, leg. encuad. 877. Se ha procurado actualizar la puntuación y la ortografía para facilitar la lectura del documento. Para esta operación se ha consultado la trascripción en Las instrucciones de Henry Clay, México, Secretaría de Relaciones Exteriores, 1985, págs. 49-51.

llevando siempre a la vista las observaciones que abrazan sus instrucciones generales. Me veo inclinado a tocar otra vez este asunto en consecuencia de una carta del Ministro de Colombia fechada el 20 de noviembre próximo pasado [...], por cuyo tenor podrá inferirse, según su opinión, que una mayoría de votos en la Asamblea sobre cualquiera propuesta se mirará como decisiva.

Aún no hemos recibido las copias de los tratados concluidos en Panamá a que refiere aquella carta. Tenemos un derecho indubitable de poseerlas y las aguardamos con impaciencia.

Nuestros últimos despachos solo alcanzan al que nos dirigió el señor Sergeant fechado el 19 de enero último con los documentos inclusos, y nada adelantan en cuanto a la época en que debe juntarse la convención de los ministros de las varias potencias. El presidente aprueba el curso que adoptó de anunciarse a los ministros al paso que llegaban a México. Por las respuestas que recibió de sus notas, parece que se había fijado el término de ocho meses, contados desde el 15 de julio pasado, para la ratificación de los tratados concluidos en Panamá, cuando también se esperaba que el Congreso se volviera a juntar. El término expiró en 15 del presente mes. Es probable pues, que por este tiempo los ministros de las varias potencias se hayan juntado en Tacubaya. Pero si acaso no se reunieran antes del 1.º de junio próximo, el señor Sergeant está autorizado, después de aquella fecha, a volverse a Estados Unidos sin más detención. En caso de su regreso, el señor Poinsett tomará sobre sí las obligaciones de la misión combinada; y si se reuniese el Congreso después de la fecha citada, y el señor Sergeant se hubiese valido del permiso concedido de dejar a México, el señor Poinsett concurrirá al Congreso como representante de Estados Unidos.

Las noticias que nos han llegado de varios puntos, en cuanto a los proyectos y miras ambiciosas de Bolívar, han disminuido en extremo las bien fundadas esperanzas que tuvimos de las resultas favorables del Congreso de las naciones americanas. Si están bien fundados nuestros informes (y hay mucha razón para temerlo), es probable que no mira el Congreso en el mismo punto favorable de vista que anteriormente hacía. Sin embargo, los objetos que abrazan sus instrucciones son de tanta importancia que el presidente cree que no deben abandonarse en tanto que quede la más remota esperanza. Su valor no depende enteramente de las formas de los gobiernos que puedan concurrir en su establecimiento, pero existe en todos tiempos y bajo todas las formas de Gobierno.

En todas sus conversaciones y tratos con los demás ministros procurarán ustedes confirmar su fe en instituciones liberales y prevenirles contra las maquinaciones ambiciosas y planes, vengan de donde vinieren, que tiendan a la destrucción de sistemas liberales.

Habiendo sido nombrado el señor Rochester, encargado de Negocios cerca de Guatemala, el señor John Speed Smith, de Kentucky, anteriormente miembro de la Cámara de Representantes, está nombrado Secretario de su misión. En caso de su conformidad (de que todavía no hemos recibido noticia en esta Secretaría) procederá desde Kentucky, por vía de Nueva Orleáns, a unirse con ustedes.

Ustedes pueden detener el portador de esta carta el tiempo suficiente para traer los despachos que quieran enviar al Gobierno. Si ustedes no quisiesen detenerle con ese objeto, después de permanecer dos semanas para recobrarse de las fatigas del viaje, volverá a los Estados Unidos con los despachos que ustedes le confíen.

Soy con mucho respeto.

Su obediente servidor.
Henry Clay

Documento n.º 25. Instrucciones del Gobierno de Gran Bretaña a su enviado al Congreso de Panamá.

Londres, 18 de marzo de 1826[40]
A Edward James Dawkins Esquire.

Señor:

Su Majestad se ha dignado seleccionarlo a usted para que esté presente en Panamá durante el Congreso que ha de celebrarse en esa ciudad entre Plenipotenciarios de los Estados de América antiguamente provincias de España.

Usted seguirá en consecuencia desde el puerto de su embarque con toda la rapidez necesaria a la ciudad de Panamá, y desde allí, en caso de ser necesario, a cualquier otro lugar escogido en lo sucesivo para la reunión de los delegados americanos.

Al llegar a la sede del Congreso, usted entregará al presidente, si él ya ha sido elegido, una carta que por órdenes de Su Majestad he dirigido a su Excelencia, y la cual, junto con su copia, acompaña este despacho.

Si la elección de un presidente todavía no ha tenido lugar cuando usted llegue a la sede del Congreso, usted esperará hasta que ese evento tenga lugar recogiendo de los Plenipotenciarios a los cuales tenga acceso, toda información relacionada con los objetos de sus futuras deliberaciones.

En éstas y todas las comunicaciones siguientes relacionadas a los temas sobre los cuales usted no haya recibido instrucciones de mi parte, usted se abstendrá cuidadosamente de ofrecer cualquier opinión propia, y más aún de compro-

40 George Canning a Edward J. Dawkins, 18 de marzo de 1826, «Congress at Panama», British National Archives, Public Record, Foreign Office, págs. 97-115. Para la traducción se ha tenido en cuenta la versión resumida de C.K. Webster; comp., Gran Bretaña y la independencia de la América Latina 1812-1830, Buenos Aires, Guillermo Kraft, 1944, T. I, págs. 559-567.

meter al Gobierno de Su Majestad en cualquier punto no especificado claramente en las instrucciones giradas por mí a los servidores del rey en América.

Le adjunto los extractos de dichas Instrucciones por aplicarse a la situación y las circunstancias en las cuales usted está a punto de desempeñarse.

Su Majestad no tiene otro objetivo al enviarlo al Congreso, que de obtener informaciones sobre sus actos con la mayor regularidad y precisión, y dar a los Estados americanos, colectivamente, la seguridad de los sentimientos de amistad y el vivo interés que tiene en su bienestar y tranquilidad, lo cual Su Majestad ha expresado repetidamente a los Jefes de Gobierno con los cuales éste ha mantenido comunicación.

Las Repúblicas americanas, por otro lado, no han tenido ningún otro motivo para pedir la designación de un comisionado inglés para que asista a su Congreso, que la justa comprensión de los beneficios que han derivado y continúan derivando de sus relaciones amistosas con Gran Bretaña y un deseo muy natural de incrementar la importancia de esa asamblea en la estimación del Viejo Mundo.

Usted no perderá oportunidad de transmitir a esta oficina toda información que usted pueda recoger respecto de las miras y la política de los Gobiernos americanos, sus sentimientos recíprocos, y el grado de influencia que estén inclinados a conceder a Estados Unidos de Norteamérica.

Usted comprenderá que su Majestad no se opone a una Liga entre los Estados hasta hace poco colonias de España, limitada a los objetos emergentes de sus relaciones con España.

Pero cualquier proyecto para poner a Estados Unidos de Norteamérica al frente de una confederación americana contraria a Europa, causaría un efecto muy desagradable a este Gobierno. Sería interpretado como ingratitud después del servicio que ha sido dado a estos Estados y los peligros que se han evitado gracias al auspicio, la amistad y las declaraciones públicas de Gran Bretaña, y muy probablemente en un tiempo no muy lejano pondría en peligro la paz, tanto en América como en Europa.

[Este Gobierno] no tiene intenciones de que sus declaraciones en este asunto tengan carácter de representaciones oficiales, pero es importante que no oculte los sentimientos de su Gobierno a todo aquel con el cual tenga usted ocasión de hablar al respecto.

También comunicará usted (sin darle carácter de representación oficial) el deseo de su Gobierno de que los principios del derecho de mares por adoptarse por los nuevos Estados sean los que Gran Bretaña ha defendido de siempre como los verdaderos principios del derecho de gentes, principios que resultan de los usos establecidos desde tiempo y consagrados en el Viejo Mundo: de acuerdo con los cuales, Gran Bretaña ha actuado de manera uniforme y el ejercicio de los cuales por otros, y por nadie más que los mismos nuevos Estados de América, ha respetado con igual uniformidad, y cuidará que se comprenda debidamente que nuestra determinación de obrar de acuerdo con estos principios no variará sea cual fuere la resolución o combinación de los Estados del Nuevo Mundo, de la misma forma como no varió por presión de las confederaciones europeas.

Si así lo exigen los intereses de Su Majestad, iniciará usted correspondencia con los agentes diplomáticos y consultares de éste en el continente americano.

Si a su llegada a Panamá usted encuentra que la reunión del Congreso ha sido suspendida, o aun postergada por un plazo indeterminado o prolongado, queda en libertad de regresar inmediatamente a Inglaterra.

George Canning

Instrucciones complementarias (I)

Londres, 18 de marzo de 1826

Señor:

Aunque la norma general establecida para su conducta, en las Instrucciones que ya le he hecho llegar, prohíbe más que prescribe cualquier iniciativa y le veda originar por su parte cualquier comunicación, hay dos o tres puntos acerca de los cuales, si no se presentara una ocasión, conviene que busque oportunidad de expresar las opiniones de su Gobierno.

El primero de estos puntos surge de la enumeración de los objetos del Congreso de Panamá, que se encuentra en el tratado entre Colombia y México del 3 de octubre de 1823. En él se afirma que el Congreso tiene el fin de, 1.° «Confirmar y establecer relaciones estrechas entre todos y cada uno de los Estados americanos»; 2.° «Actuar como un Consejo en grandes ocasiones, un punto de unión en peligros comunes, un fiel intérprete de tratados públicos, en casos de divergencias, y como árbitro y conciliador en disputas y diferencias».

Si por «los Estados americanos» en el primer párrafo se entiende únicamente los Estados que anteriormente eran colonias de España, y si las funciones atribuidas al Congreso en el segundo párrafo han de desempeñarse solamente entre esos Estados, no hay inclinación de parte del Gobierno británico a impugnar la propiedad de esos compromisos mutuos y comunes.

Pero debe usted tratar, en cuanto sea posible, de llegar a un entendimiento preciso sobre este punto, y hacer saber que la adhesión a dichos compromisos mutuos de cualquier Estado que no participe de las características españolas, sería contemplada por este Gobierno con gran recelo por su aproximación a aquella clase de Liga de las Américas en oposición a Europa, que como ya sabe usted Su Majestad no podría reconocer o aprobar.

Apenas es posible concebir, en efecto, que cualquier asamblea puede pretender asumir la función de «interpretar tratados públicos» respecto de otros países, fuera de sus propios miembros. Pero como la redacción de esta cláusula es algo imprecisa y ambigua, es conveniente que no se permita que quede duda alguna en cuanto a la interpretación que le asignamos. Esa interpretación es que los Estados que por su relación común con España tienen un interés común en el mantenimiento de la independencia que respectivamente han alcanzado, en la prosecución de la guerra en que están respectivamente empeñados con la Madre Patria y en los términos de paz por los cuales la guerra puede concluirse en el futuro, consienten entre sí una supervisión colectiva general de sus respectivos y mutuos compromisos. Pero no consideramos que sea su intención, ni lo podríamos admitir, llevar más allá esta supervisión, al extremo de que un tratado concluido por uno de los Estados hispanoamericanos con otra potencia [...] deba ser cometido a la «interpretación» del Congreso de Panamá.

Reservo para otro Despacho los otros puntos respecto de los cuales considero necesario pedir explicaciones precisas.

George Canning

Instrucciones complementarias (II)

Londres, 18 de marzo de 1826

Señor:

He reservado para este Despacho los puntos restantes respecto de los cuales, aunque sería muy deseable que los miembros del Congreso de Panamá suscitaran la discusión de los mismos, es empero imprescindible que busque usted una oportunidad de expresar las opiniones de este Gobierno.

Estos puntos son:

1. La negociación de la paz entre los Estados de la América española y España.

2. La conducción de la guerra por esos Estados, en cuanto atañe a las posesiones insulares de España en las Antillas.

En cuanto al primero, le incluyo:

(I) Extractos de Despachos de Mr. Lamb, Enviado Extraordinario y Ministro Plenipotenciario de S.M. en Madrid.

(II) Copia de una nota oficial, presentada por el Ministro de los Estados Unidos de Norteamérica ante esa corte, al Gobierno español.

(III) Copias de Despachos que he cambiado recientemente con el Embajador de S.M. en París.

Se enterará usted por estos documentos de las tentativas realizadas recientemente para inducir a S.M. Católica a que acepte un arreglo con sus ex colonias en América.

Es difícil apreciar qué impresión han causado en ese soberano o sus Ministros esas coincidentes recomendaciones de un procedimiento cuya propia manifiesta conveniencia, y la completa inutilidad de persistir en un temperamento contrario, podrían por sí solas aconsejar. Pero si algo puede colegirse de los informes de Mr. Lamb, que se pueden aceptar con confianza, parece ser esto, que la única tentación apremiante para reconocer la independencia de los nuevos Estados americanos sería la perspectiva ofrecida a S.M. Católica de algún alivio en sus dificultades pecuniarias.

En un periodo anterior a la Revolución americana, la idea de comprar el reconocimiento de la Madre Patria mediante algún sacrificio pecuniario no fue descartada en absoluto, sino que fue contemplada por algunos de los Estados con considerable favor. Incluso Buenos Aires concluyó un tratado, comprometiéndose, en lo que concernía a ese Estado, al pago de una considerable suma de dinero a España por la compra de su reconocimiento, y con la expectativa de que las otras colonias, que habían sacudido el yugo de la Madre Patria, participarían de una contribución general con ese fin.

Es cierto que en periodos posteriores, algunos de los Estados han parecido demostrar menos disposición a un arreglo semejante, en parte porque la creciente seguridad de su organización y la progresiva impotencia de la Madre Patria habían disminuido en su opinión el valor de cualquier concesión de parte de España, y en parte por el temor de que los recursos provenientes de uno de los nuevos Estados fueren empleados por la Madre Patria en equipar expediciones para subyugar a los demás.

No corresponde a Gran Bretaña apreciar el valor del reconocimiento de España para los nuevos Estados. Indudablemente, su independencia puede ser mantenida en la práctica sin ese reconocimiento, pero aun así no puede negarse que la extinción en cada Estado de todo vestigio de partido español, que la eliminación de todo pretexto para que potencias extranjeras se inmiscuyan en sus asuntos, y el establecimiento de relaciones amistosas y comerciales en lugar del odio y la sospecha que ahora separan unas de otras a las distintas razas españolas, serían beneficios positivos y posiblemente contribuirían en no poca medida, si no a la seguridad y estabilidad de los nuevos gobiernos (los que acaso no necesiten tal ayuda adventicia) por lo menos a la tranquilidad y felicidad de los pueblos por y para quienes fueron establecidos estos Gobiernos.

La otra objeción, el peligro que podría surgir para uno de los nuevos Estados del empleo que pudiese dar España a la contribución de otro, tenía mucha fuerza mientras la cuestión de contribuir separadamente hubiera de decidirse por cada uno de los nuevos Estados independientemente, pero esa objeción se desvanece ante el Congreso de Panamá. Cualquier arreglo por concertarse entre España y los Estados de América reunidos, desde luego los comprendería a todos ellos.

Si existiera cualquier disposición en el Congreso para celebrar un arreglo semejante, ofrecerá usted la intervención de su Gobierno para proponerlo a España. No tenemos motivos para sospechar de la sinceridad de Francia en su actual gestión. Francia está hastiada de la situación en que se encuentra respecto de España, e impaciente por seguir nuestro ejemplo y entrar en relaciones con la América española.

La permanencia o el retiro del Ejército francés que se encuentra ahora en España ofrece el medio de aprovechar los temores de S.M. Católica, a lo que Francia podrá recurrir ventajosamente para imponer cualquier decisión que considere conveniente. Pero quizá el Gobierno francés vacile en emplear un tono autoritario con S.M. Católica, a menos que tenga razones para creer que la disposición para reconciliarse con sus ex colonias, que están tratando de crear en el ánimo del rey de España, ofrezca posibilidades de ser correspondida por los nuevos Estados de América. No dejará usted de hacer lo posible por averiguar hasta qué punto existe esa disposición correspondiente, o puede fomentarse entre los miembros del Congreso de Panamá.

Al considerar la conveniencia de la paz, será prudente que los nuevos Estados de América calculen sus medios para proseguir la guerra. Como uno de los elementos de este cálculo, harán bien en tomar en cuenta la situación peculiar de la isla de Cuba. Al comparar la parte de la nota adjunta del Ministro de los Estados Unidos que se refiere a Cuba con la correspondencia que también se acompaña y que he cambiado con el Ministro de los Estados Unidos en Londres, y con Lord Granville a propósito del mismo asunto, apreciará usted con cuánto empeño desean los Estados Unidos, Francia y este país que Cuba continúe siendo una colonia de España. En efecto, el Gobierno británico, lejos de negar el derecho de los nuevos Estados de América a llevar un ataque hostil contra Cuba, considerada simplemente como una posesión de una potencia con la que están en guerra, o bien como un arsenal en el cual se equipan expediciones contra ellos, se ha rehusado invariablemente a unirse a los Estados Unidos para reclamar en México y Colombia por la supuesta intención, o para intimar que su ejecución nos desagradaría. Lo lamentaríamos, por cierto, pero no nos arrogamos ningún derecho para fiscalizar las operaciones militares de un beligerante contra otro.

Sin embargo, el Gobierno de los Estados Unidos manifiesta abrigar una opinión distinta. Concibe que los intereses de los Estados Unidos serían afectados en forma tan directa, sea por la ocupación de La Habana por una fuerza invasora, o por las consecuencias que un ataque contra Cuba —aunque no se hiciera con éxito— podría tener en el interior de la isla, que el Gabinete de Washington apenas disimula su intención de intervenir directamente, y por la fuerza, para impedir o reprimir una operación semejante.

Ni Inglaterra ni Francia podrían contemplar con indiferencia la ocupación de Cuba por Estados Unidos. Obsérvese, por lo tanto, las complicadas consecuencias a que podría conducir una expedición contra Cuba por México o Colombia y déjese que los Estados reunidos en Panamá consideren si vale la pena continuar una guerra en que la única operación que falta realizar (siendo probable que sea hondamente sentida por su adversario) les está así moralmente vedada por las consecuencias a que conduciría. La esterilidad de semejante guerra, por una parte, comparada con las ventajas que pueden derivarse de una pacificación rápida y honorable, por la otra, debo esperar que inclinarán al Congreso de Panamá a intentar una negociación con España.

P.S. Respecto del asunto de Cuba, también envío a usted confidencialmente la copia de un Despacho por separado que he recibido de Mr. Vaughan, enviado extraordinario y ministro plenipotenciario de S.M. en Washington y de mi respuesta al mismo.

George Canning

Documento n.º 26. Instrucciones del Gobierno de Bolivia a sus delegados

Chuquisaca, 13 de julio de 1826[41]

Instrucciones a los Diputados de Bolivia en el Congreso de Panamá.

1.º Celebrar un pacto solemne de unión y alianza entre los Estados que forman la Asamblea de Panamá ofensiva y defensiva contra la España, para obligarla a poner término a la guerra, y defensiva contra cualquiera otra potencia que invada a los confederados.

2.º Estipular que ninguno de los Estados federados trate separadamente con la España ni admita el reconocimiento de su aislada independencia, ni acceda a las demandas de indemnizaciones pecuniarias que la España y otra potencia a su nombre pueda entablar por la pérdida de su antigua supremacía.

3.º Solicitar que la Asamblea sea permanente con los importantes fines:

1.º de velar sobre la exacta ejecución de los tratados, y sobre la seguridad de la federación; 2.º de mediar amigablemente entre cualquiera de los Estados aliados y las potencias extranjeras en caso que ocurra alguna desavenencia; 3.º de servir de conciliador y aun de árbitro, si se pudiere, entre los aliados que por desgracia tuvieren algún motivo de alteración que tienda a disolver sus relaciones; 4.º de expeler de la Confederación al Estado que falta a las obligaciones contraídas; 5.º de dirigir y reunir los esfuerzos comunes contra aquel Estado, que por ideas de ambición y de engrandecimiento, quiera violar la independencia de cualquier otro.

41 Daniel Florencio O'Leary, Memorias del general O'Leary, Caracas, Ministerio de la Defensa de Venezuela, 1981, v. XXIV, págs. 336-338.

4.º Proponer un tratado general de comercio y navegación entre los confederados, análogo a los sentimientos de fraternidad que deben reinar entre ellos, sancionando el principio de la abolición de prohibiciones en la recíproca introducción de los frutos del suelo y de la industria de los Estados aliados.

En él podrían establecerse también los derechos de los neutrales en tiempo de guerra, conviniendo: primero en que el pabellón cubra la mercancía, exceptuándose solo el contrabando de guerra; segundo, la visita de buques neutrales debe hacerse fuera del alcance del cañón, sin amenaza ni maltratamiento; confiscarles el contrabando de guerra que se encontrare y dejar libre la demás carga; tercero, los buques convoyados no sufren visita y basta la declaración del comandante del convoy; cuarto, el derecho de bloqueo no debe aplicarse sino a plaza realmente bloqueada; quinto, las propiedades enemigas están cubiertas por el pabellón neutral: las de neutrales halladas a bordo de buques enemigos siguen su suerte; sexto, los buques neutrales deben tener por lo menos el capitán y la mitad de la tripulación del país cuya bandera llevan.

5.º Sondear la disposición del Gobierno de los Estados Unidos del Norte de América sobre el reconocimiento de la independencia de Bolivia y si podría celebrarse un tratado de comercio y navegación entre ésta y aquellos Estados, bajo los mismos principios que el convenido entre ellos y Colombia el 3 de octubre de 1824.

6.º Entablar la abolición del tráfico de esclavos de África declarando, de común acuerdo, a los traficantes incursos en el crimen de piratería convencional americana, facultando a los comandantes de buques de guerra para que apresen a los que bajo pabellón de los confederados conduzcan a estos infelices, y sujetando las presas a los Tribunales del Almirantazgo del captor.

7.° Solicitar la formación de un ejército y de una escuadra federal: el primero de 25.000 hombres y la segunda de 30 buques de guerra. El ejército constará de los contingentes de tropa que debe suministrar cada Estado según su población; la escuadra será también tripulada bajo la misma base. Cada Gobierno mantendrá de un todo su contingente de mar y tierra, adoptando los medios que tenga por conveniente. Los aliados deben contribuir también, bajo la base de población con la parte que les quepa para la compra de la escuadra.

Mas siendo dilatorio emprender la construcción de buques, puede adoptarse el proyecto presentado por Colombia de que los buques de guerra que actualmente tiene y los que poseen otros de los aliados, se consideren como de la Confederación, precediendo el justiprecio de ellos para de este modo calcular lo que corresponde a cada Estado.

8.° Cuando se reúnan fuerzas de mar o tierra de los aliados, tomará el mando en Jefe el oficial más antiguo. La dirección del ejército y la escuadra, la tendrá la autoridad que designe la Confederación.

9.° El objeto primordial de la liga de las fuerzas de mar y tierra que debe solicitarse ardientemente es: primero, defender cualquiera punto de los aliados que sea invadido; segundo, expedicionar contra las islas de Cuba y Puerto Rico; tercero, expedicionar contra España, si tomadas estas islas no hiciere la paz con los confederados.

10.° Si los Representantes del Brasil, que han sido invitados por Colombia, concurrieren a la asamblea, USS. entablarán con ellos las mismas relaciones que entablaren los demás confederados.

11.° USS. procurarán sondear al Ministro Británico en Panamá para descubrir, hasta donde se pueda, la verdadera política de la Gran Bretaña con respecto a los nuevos Estados de América; cuál sea la naturaleza de las relaciones que forme y hasta dónde podrá llevar su intimidad con ellos, pues conocidas sus disposiciones podría solicitarse oportunamente su alianza. La unión de USS. con los Ministros colombianos les proporcionará algunos medios para imponerse de las miras británicas.

12.º Si se propusiese formar una convención consular que fije las atribuciones de estos empleados, USS. podrán convenir con la mayoría de la Asamblea.

13.º Si se agitaren las cuestiones tan debatidas de la libertad en alta mar, de la distancia a que alcanza la jurisdicción del territorio, de la propiedad exclusiva de estrechos y mares adyacentes, derecho de pesca, derecho de naufragio, y salvamento, y otros principios controvertibles del derecho de gentes, sería ocioso indicar a sujetos como USS. las fuentes donde deben ocurrir para discutirlos. El Gobierno espera que las decisiones que se tomen sean marcadas con el sello de la cultura moral y de la libertad de los principios de este siglo.

Antonio José de Sucre Facundo Infante

Documento n.º 27. Poderes de los ministros plenipotenciarios de la República de Colombia.

Bogotá, 31 de agosto de 1825[42]

Francisco de Paula Santander, de los Libertadores de Venezuela y Cundinamarca, condecorado con la Cruz de Boyacá, General de División de los Ejércitos de Colombia, Vicepresidente encargado del Poder Ejecutivo de la República, etc., etc., etc.

A todos los que la presente vieren; salud.

Por cuanto entre la República de Colombia, y la República del Perú, el Estado de Chile, los Estados Unidos Mexicanos, y las Provincias Unidas del Centro de América se concluyeron y firmaron varios tratados de unión, liga y confederación perpetua, en los cuales se estipuló y convino que para estrechar más los vínculos que deben unir en lo venidero a las Partes Contratantes y allanar cualquiera dificultad, capaz de interrumpir de algún modo su mutua buena correspondencia y armonía, se formase una asamblea compuesta de dos Ministros Plenipotenciarios por cada una de ellas, con cargo de cimentar de una manera mas solemne y establecer las relaciones íntimas que deben existir entre todas y cada una de las dichas potencias amigas y aliadas, y que les sirva de consejo en los grandes conflictos, de punto de contacto en los peligros comunes, de fiel intérprete de sus tratados públicos, cuando ocurran dificultades, y de juez árbitro o conciliador de sus disputas y diferencias; y por cuanto las dichas potencias amigas y aliadas se han convenido últimamente, de común acuerdo, en llevar a efecto la reunión de la asamblea de sus Plenipotenciarios en el istmo

42 Colección de ensayos y documentos relativos a la unión y confederación de los pueblos hispanoamericanos, ed. facsimilar, México, Unión de Universidades de América Latina, 1979, págs. 12-14.

de Panamá, así con los objetos arriba expresados como con el de arreglar definitivamente todos aquellos puntos de un interés general o particular de Estado a Estado, o entre uno y varios Estados, o que contribuyan a poner sus relaciones políticas y comerciales, en un pie mutuamente agradable y satisfactorio. Por tanto, teniendo especial confianza en la integridad, celo e ilustración de Pedro Gual, secretario de Estado del Despacho de Relaciones Exteriores y Pedro Briceño Méndez, general de Brigada en los Ejércitos de la República, y de los Libertadores de Venezuela y Cundinamarca, he venido en darles y conferirles, como por las presentes les doy y confiero, pleno poder y toda suerte de autoridad, para que negocien, ajusten, concluyan y firmen con las personas debidamente nombradas y autorizadas al intento por nuestros caros e íntimos aliados de la República del Perú, el Estado de Chile, los Estados Unidos Mexicanos, y las Provincias Unidas del Centro de América, como con cualquiera otra potencia, o potencias que esté o estén dispuestas a hacer causa común con los Estados confederados de América, todos aquellos tratados o tratado, convención o convenciones, declaración o declaraciones, accesión o accesiones, y finalmente todos aquellos actos que hagan relación a los puntos y materias expresadas anteriormente, obligándome a pasar por ellos o darles su ratificación final, con previo acuerdo y aprobación del Congreso de la República de Colombia.

En fe de lo cual doy las presentes firmadas de mi mano, selladas con el gran sello de la República de Colombia, y refrendadas por el Secretario de Estado y el Despacho de Interior en la ciudad de Bogotá, a treinta y un días del mes de agosto del año del Señor mil ochocientos veinticinco-décimo quinto de la independencia.

Francisco de Paula Santander Por su Excelencia el Vicepresidente encargado del Poder Ejecutivo de la República J.

Manuel Restrepo el Secretario de Estado del Despacho del Interior

Documento n.º 28. Poderes de los ministros plenipotenciarios de la República de Centroamérica

Guatemala, 12 de febrero de 1826[43]

El presidente de la República federal de Centroamérica, a todos los que las presentes vieren; salud.

Sabed: que conviniendo al bien y prosperidad de esta República, y de toda la América la formación de una Asamblea General de los Estados americanos compuesta de dos Plenipotenciarios por cada uno, con el objeto de establecer las bases sólidas y permanentes de las relaciones íntimas que deben existir entre todos y cada uno de ellos y de que le sirva de consejo en los grandes conflictos, de punto de contacto en los peligros comunes, de fiel intérprete de sus tratados públicos, cuando ocurran dificultades, y de juez árbitro y conciliador en sus disputas y diferencias: habiendo sido nombrados ministros plenipotenciarios para concurrir a la formación de dicha asamblea en representación de esta República los ciudadanos doctor Antonio Larrazábal, y doctor Pedro Molina; y teniendo plena confianza en su ilustración, probidad, acrisolado patriotismo y celo por la mayor prosperidad de la nación, he venido en conferirles y en efecto les confiero poder y plena facultad para que en calidad de tales plenipotenciarios y revestidos de la más amplia autorización, puedan, con arreglo a las instrucciones que se les han dado y en adelante se les dieren, proponer, iniciar, acordar, y ajustar y concluir con los ministros plenipotenciarios de las demás Repúblicas de América, las medidas, estipulaciones y convenios que exija el interés general del continente y el particular de cada una de las Partes Contratantes, obligándome

43 Colección de ensayos y documentos relativos a la unión y confederación de los pueblos hispanoamericanos, ed. facsimilar, México, Unión de Universidades de América Latina, 1979, págs. 14-15.

y prometiendo que tendré por firme y valedero lo que así acordaren, trataren y concluyeren, y ofreciendo en nombre de la República de Centroamérica que lo observaré y cumpliré y haré observar y cumplir.

En fe de lo cual doy las presentes en el Palacio Nacional de Guatemala, a doce días del mes de febrero del año de gracia de mil ochocientos veintiséis, sexto de la independencia, y cuarto de la libertad de la República, firmadas de mi mano bajo el gran sello de la nación y refrendadas por el Secretario de Estado y del Despacho de Relaciones Interiores y Exteriores.

Manuel José Arce Juan Francisco Pozo Secretario de Estado y del Despacho de Relaciones Interiores y Exteriores

Documento n.º 29. Poderes de los ministros plenipotenciarios de los Estados Unidos Mexicanos

México, 20 de abril de 1826[44]

Guadalupe Victoria, presidente de los Estados Unidos Mexicanos etc.

Estando convenido por el artículo doce del Tratado de amistad, liga y confederación celebrado el 3 de octubre del año pasado de 1823 entre esta República y nuestra hermana de Colombia, que para estrechar más los vínculos que deben unir a ambos Estados y allanar cualquiera dificultad que pudiera presentarse e interrumpir de algún modo la buena correspondencia y armonía, se formaría una asamblea compuesta de dos plenipotenciarios por cada parte, en los mismos términos y con las mismas formalidades y usos establecidos para el nombramiento de igual clase, cerca de los gobiernos extranjeros, dirigiéndose a este mismo objeto las estipulaciones del artículo 13 y siguientes hasta el 16 del mismo tratado, con la modificación puesta en el 14 por el soberano Congreso Constituyente; y mereciendo nuestra confianza el patriotismo conocido, talento, luces y celo de don José Domínguez, hemos venido en nombrarlo, como, en efecto, por la presente lo nombramos, previa la aprobación del Senado, para que en calidad de Ministro Plenipotenciario del Gobierno de la República de México, en unión de don José Mariano Michelena, concurra a la referida Asamblea que deberá reunirse en el istmo de Panamá, cometiéndole y diputándolo como a tal, y dándole pleno y absoluto poder para que en esta calidad pueda obrar, conferir, tratar,

44 Colección de ensayos y documentos relativos a la unión y confederación de los pueblos hispanoamericanos, ed. facsimilar, México, Unión de Universidades de América Latina, 1979, págs. 15-17. Los mismos poderes, cambiando el nombre, se entregan a Mariano Michelena.

negociar y convenir con los Ministros Plenipotenciarios de las Repúblicas de América, nuestras muy amadas y queridas hermanas, reunidas en la expresada Asamblea, que se hallen autorizados con plenos poderes en buena forma, acordar y firmar las convenciones, declaraciones, accesiones y todo lo que juzgue conveniente para asegurar y consolidar la grande obra de la independencia de la América antes española, y demás objetos que se indican en dicho artículo 14 del referido tratado, con arreglo a las instrucciones que se le han dado, con la misma libertad y autoridad que nosotros lo haríamos si estuviéramos presentes, sin exceptuar aquellas cosas que demandan un mandamiento especial, prometiendo, en fe de nuestra palabra, de cumplir y ejecutar fiel y puntualmente, con arreglo a la facultad 14 que nos concede el artículo 110 de nuestra Constitución federal, todo lo que el susodicho don José Domínguez nuestro Ministro Plenipotenciario, estipulase, prometiese y firmase, en virtud del presente pleno poder, sin contradecirlo jamás ni permitir sea contravenido bajo ningún pretexto, causa o motivo, sea cual fuere, como también expedir nuestras letras de ratificación en buena forma, y mandarlas librar para su debido canje en el lugar en que se haya convenido; y en testimonio de ello le damos la presente, sellada con el gran sello de la nación, y refrendada por nuestro Secretario de Estado y del Despacho de Relaciones Interiores y Exteriores, en México a 20 de abril de 1826, sexto de nuestra independencia.

Guadalupe Victoria Sebastián Camacho Secretario de Estado

Documento n.º 30. Poderes del enviado de su majestad británica

Londres, 18 de marzo de 1826[45]

Departamento de Relaciones Exteriores, marzo 18 de 1826

A S.E. el presidente de las conferencias de Panamá.

Señor:

Tengo el honor de informar a V.E. que S.M. se ha dignado, en virtud de la invitación de los Estados de América, nombrar a un comisionado que siga a Panamá y resida allí durante las conferencias que se han de tener en aquella ciudad.

El rey ha elegido para este servicio a Eduardo James Dawkins Esquire y yo he sido mandado suplicar a V.E. se comunique con Mr. Dawkins sin reserva alguna (proporcionándole entera comunicación con los otros Plenipotenciarios de los demás Estados de América), en las materias que procedan de estas conferencias.

Al dirigirme así a V.E. me ha ordenado también S.M. que suplique a V.E. dé entera creencia a todo lo que Mr. Eduardo Dawkins comunique a V.E. en nombre de S.M. y a los otros Plenipotenciarios de la Asamblea de Panamá, particularmente cuando él asegurase a V.E. del vivo interés que S.M. toma en todo lo que concierne a la dicha y felicidad de los diferentes Estados, cuyos Plenipotenciarios V.E. preside.

Yo me aprovecho con placer de la oportunidad para ofrecer a V.E. la segura y distinguida consideración en que tengo el honor de ser, Señor, de V.E. muy obediente y humilde servidor.

45 Colección de ensayos y documentos relativos a la unión y confederación de los pueblos hispanoamericanos, ed. facsimilar, México, Unión de Universidades de América Latina, 1979, págs. 17-18.

Jorge Canning
Es copia.

José Agustín Araujo Panamá, 22 de junio de 1826
Al señor don Pedro Gual, presidente del Congreso de Panamá.

Señor:

Tengo el honor de incluir una carta que se me confió, para entregarla a V.E., por Mr. Canning, secretario de Estado y ministro de Relaciones Exteriores de S.M.B.

Esta carta explicará suficientemente a V.E. el objeto de mi Gobierno al mandarme al lugar de este Congreso. Es bastante, por tanto, para manifestar que estoy pronto a proporcionar a V.E. cualquiera información que se quiera de mi parte, y me congratularé al ponerme en comunicación oficial con los diputados de los Estados españoles americanos unidos en esta su grande Asamblea, y muy particularmente con el distinguido individuo que preside en sus deliberaciones.

Me valgo de esta oportunidad para ofrecer a V.E. la seguridad de mi muy alta consideración.

E. Dawkins Es copia. José Agustín Araujo

Documento n.º 31. Mensaje de la municipalidad de la capital del Istmo a la instalación del Congreso.

Panamá, 22 de junio de 1826[46]

Municipalidad de la capital del istmo Sala Capitular de Panamá A la muy honorable Asamblea General de América.

Exmo. Señor:

A nadie interesa más, ni puede ser más plausible la augusta instalación de vuestra soberanía que al feliz suelo que ha logrado esta dicha, porque la naturaleza le ha llamado a este distinguido servicio y elevado destino. En él es, sin duda, en donde más se reconcentran las comunicaciones abreviadas de uno y otro hemisferio, y de él es consiguiente, de donde deben partir las medidas oportunas como del principio de beneficencia común, del mismo modo, que de un foco luminoso se esparce la luz al Universo.

Si la política de la Europa, ilustrada con la historia y amaestrada en el arte de la guerra, dictó leyes de alianza y unión como en la de Leybac, Viena y la cuádrupla de Chaumont en el Congreso de Chatillon de 1814, entre el Austria, la Gran Bretaña, la Prusia y Suecia, obteniendo los mas prósperos resultados contra la Francia, ¿por qué no podrá conseguir la América aliada y reunida toda, identificando sus intereses, uniformando su opinión, reuniendo sus esfuerzos y potencias, prevalecer contra sus opresores, afianzar su libertad, asegurar su independencia y garantizar su estabilidad sucesiva; cuando además de su poderosa Liga y de sus grandiosos recursos, cuenta con el antemural de tres mil y más leguas de por medio, con las influencias devastadoras

46 Archivo Histórico de la Secretaría de Relaciones Exteriores de México, Grupo Congreso de Panamá y Tacubaya 1825-1826, leg. encuad. 869, I, fols. 83-84.

de muchas partes de su necesario arribo, y con la protección de sus amigos aliados?

Señor: nos sois desde este momento afortunado el general intérprete de las Repúblicas del Nuevo Mundo: de otra sola vez ha de resonar por primera vez el eco dulce del reconocimiento de su independencia por todas las potencias del antiguo que es lo que le falta para su completa felicidad: vos sois el principal agente de la gran nación que dignamente representáis, y otro carácter colosal y respetable habrá de decidir de la suerte de otros comitentes.

La municipalidad de esta capital se congratula de haber gozado tan plausible satisfacción, y de haber disfrutado en el memorable día 22 de junio de 1826 que fijará su inmortal época, el más glorioso transporte de júbilo que no fue concedido a otro pueblo del mundo, abrigando en su miserable seno a la más excelsa corporación que pudo crearse para llevar el timón de la nave que ha de conducir al venturoso puerto a las Repúblicas reunidas del Nuevo Mundo, a las Repúblicas Federadas de América, a las Repúblicas de Oriente, Occidente, Septentrión y Mediodía, a las Repúblicas poseedoras de los tesoros y preciosidades de la tierra que transmitirán a sus futuros fastos la indeleble memoria de su aniversario, y de los ilustres héroes que dignamente merecieron su confianza para tan interesante y delicada comisión.

El cielo colme de bendiciones otras tareas conforme a las sanas intenciones que os rebosan y la América toda que reúne sus poderes en otra suprema autoridad, reconozca y considere otros servicios, logrando deciros algún día, que os debe la paz, la patria, la felicidad y la seguridad; pero que no espero menos de vuestro patriotismo y de vuestras luces.

M.H. Señor Dios guarde a V.E.E.

Don José Maria Belis (Belu) — J.B. Berand — Remigio [Larios] —

Antonio Ximenez — don Manuel Berguid — José de los Santos Betancourt —

Domingo de Obaldia — Juan de Jesús Dutary — don Carlos de Ycaza —

Pedro Obarrio — José de los Santos Corredy

Documento n.º 32. Respuesta al Mensaje de la municipalidad de la capital del Istmo.

Panamá, 26 de junio de 1826[47]

A la Municipalidad del Istmo

La expresión que la ilustre municipalidad del Istmo ha hecho por medio de una comisión de su seno a la Asamblea de los Plenipotenciarios de los nuevos Estados de América ha sido oída con singular agrado: los Plenipotenciarios se han convencido que los nobles sentimientos redactados sinceramente en ella son inspirados por amor a la gloria, por patriotismo y un vivo interés por los sucesos públicos que tienden a la felicidad de la nueva República.

Los Ministros Plenipotenciarios han recibido de esa Corporación antes de ahora una prueba marcada de los deseos que la animan en favor del grandioso objeto que va a ocupar a la Asamblea con haberse desprendido del local destinado para sus Cabildos, dedicándoselo para lugar de sus conferencias: tal generosidad exige de su gratitud su más puro reconocimiento y se lo tributa gustosa la Asamblea juntamente con la consideración a que son acreedores los capitulares del istmo.

Ésto me encargan los EE.SS.PP. diga a usted en contestación a su [felicitación] de 22 del corriente suplicándoles por mi presente reciban mis respetos.

Dios guarde a usted muchos años José Basilio Guerra

47 Archivo Histórico de la Secretaría de Relaciones Exteriores de México, Grupo Congreso de Panamá y Tacubaya 1825-1826, leg. encuad. 869, I, fol. 85.

Documento n.º 33. Mensaje del Cabildo eclesiástico de la Catedral del Istmo a la instalación del Congreso.

Panamá, 22 de junio de 1826[48]

Honorable Asamblea de los Estados Soberanos de América:

El Cabildo Eclesiástico de la Catedral de este Istmo ha visto con placer la instalación del Congreso de los Estados del Nuevo Mundo, y considera que esta reunión es el vínculo más fuerte para consolidar la obra de nuestra regeneración y destruir para siempre el conato de la España por recuperar un mundo con que, a título de conquista, extendió los estrechos límites de su península. El Cabildo eclesiástico felicita a la Asamblea Istmeña por esta idea que concibe, y al presentarla, por medio de una Diputación de su Cuerpo, tiene el honor de asegurarle, que en el santuario, en donde es un mediador entre Dios y los hombres, pedirá por el buen éxito del Congreso y por la felicidad de los nuevos Estados independientes.

Juan José Martínez — don Juan José Cabarcas — Manuel José Castro (Calvo)

48 Archivo Histórico de la Secretaría de Relaciones Exteriores de México, Grupo Congreso de Panamá y Tacubaya 1825-1826, leg. encuad. 869, I, fol. 79.

Documento n.º 34. Respuesta al Mensaje del Cabildo eclesiástico de la Catedral del Istmo

Panamá, 26 de junio de 1826[49]

Al Dean y Cabildo de la Santísima Catedral de Panamá:

Apenas puede dirigirse a la Asamblea de los PPs. de los N.E. de América ofrecimiento más apreciable que el que le ha presentado por medio de una Diputación de su Cuerpo el Cabildo Eclesiástico de la Catedral del Istmo. Como los M.M. conocen el valor y la importancia de los votos del Cabildo dictados por su sabiduría, virtud y patriotismo se han pronosticado desde luego los más felices resultados de sus interesantes tareas: los M.M. aceptan gustosos las religiosas protestas explicadas en el mensaje de que esperan el gran bien de su reunión y la gloria de América; y no dudará que esa digna corporación se recibirá las del justo reconocimiento y distinguida consideración de los PPs.

Esto me encargan Sus Excelencias diga a ese I. Cabildo en contestación a su [felicitación] de 22 del corriente, rogándole para mi presente reciban mis más sumisos respetos.

Dios guarde a usted muchos años.

José Basilio Guerra

49 Archivo Histórico de la Secretaría de Relaciones Exteriores de México, Grupo Congreso de Panamá y Tacubaya 1825-1826, leg. encuad. 869, I, fol. 81.

Documento n.º 35. Mensaje de la intendencia del Departamento del Istmo a la instalación del Congreso

Panamá, 22 de junio de 1826[50]

Intendencia del Departamento del istmo de Panamá Exmos. señores:

El Intendente del Istmo lleno de satisfacción por haber llegado con la reunión de Vuestras Excelencias el momento deseado por todas las naciones de nuestro vasto y hermoso continente se apresura a felicitar a Vuestras Excelencias en nombre de este departamento. Los pueblos que lo componen se creerán eternamente dichosos por haber rayado en sus tierras la aurora del gran día de la América: dígnense pues Vuestras Excelencias aceptar sus votos cordiales por el buen éxito de las arduas e importantes tareas de esta augusta asamblea, junto con el más profundo respeto y alta consideración con que tengo la honra de quedar de Vuestras Excelencias.

Muy humilde y obediente servidor Juan José Argote

50 Archivo Histórico de la Secretaría de Relaciones Exteriores de México, Grupo Congreso de Panamá y Tacubaya 1825-1826, leg. encuad. 869, I, fol. 76.

Documento n.º 36. Respuesta al Mensaje de la intendencia del Departamento del Istmo.

Panamá, 26 de junio de 1826[51]

Al señor Intendente del Departamento del Istmo.

Ha sido sumamente grata a los señores Ministros Plenipotenciarios de los nuevos Estados de América la felicitación de usted dirigida con motivo de su reunión verificada el 22 del corriente: los Plenipotenciarios han recibido esa apreciable exposición como dirigida por un jefe tan digno y porque al mismo tiempo [la emiten los Ministros] del Departamento de su mando: siempre habría excitado la atención de los Ministros la expresión a este distrito bastante distinguido por muchos títulos entre los pueblos de Colombia; pero por el nuevo que ahora se le ha granjeado con haber sido el suelo de hospitalidad de los representantes de las naciones de América les ha merecido una muy particular consideración.

Usted y el Distrito a cuyo nombre se congratula con esta Asamblea se servirán aceptarla e igualmente la que por mi parte le tributan mis respetos.

Dios guarde a usted muchos años.

José Basilio Guerra

51 Archivo Histórico de la Secretaría de Relaciones Exteriores de México, Grupo Congreso de Panamá y Tacubaya 1825-1826, leg. encuad. 869, I, fol. 81.

Documento n.º 37. Proyecto de Tratado Presentado por la delegación de Perú en la inauguración del Congreso.

Panamá, 22 de junio de 1826[52]

Artículos a que se refiere el protocolo de 23 de junio del corriente año para proyecto de tratado presentados al Congreso de Panamá por los Plenipotenciarios del Perú.

Legación peruana al Congreso federal.

Los Ministros plenipotenciarios de la República del Perú que suscriben tienen el honor de proponer a nombre de su Gobierno a la consideración de SS.EE. los Ministros plenipotenciarios de las Repúblicas de Colombia, de Centroamérica y México, reunidos en la grande Asamblea del istmo de Panamá, con el objeto de consultar la felicidad general de la América antes española y la particular de cada uno de los Estados, el proyecto del gran pacto, o Confederación americana, en los artículos siguientes:

Artículo 1. Las potencias de Colombia, el Centro, Perú y México forman una Confederación perpetua, unión y liga en paz y en guerra contra la España o cualquiera otra nación que intente dominar una parte de la América o toda ella.

Artículo 2. Se garantizarán mutuamente sus territorios, libertad e independencia, y prometen auxiliarse contra toda clase de opresión.

Artículo 3. No entrar en liga, confederación o alianza con ninguna potencia extranjera a no ser de común acuerdo, y convenio de los Estados.ahora contratantes.

Artículo 4. Se obligan a no aceptar aislada o particularmente el reconocimiento de la España, y a no solicitarlo ni admitirlo por dinero.

52 Daniel Florencio O'Leary, Memorias del general O'Leary, Caracas, Ministerio de la Defensa de Venezuela, 1981, v. XXIV, págs. 349-351.

Artículo 5. No poder declarar la guerra unos Estados a los otros sino usar de la mediación de esta gran Dieta.

Artículo 6. Para el efecto la Dieta será perpetua durante la guerra con España, y se compondrá de los Plenipotenciarios de cada Estado: acabada la guerra podrá reunirse de dos en dos años.

Artículo 7. Esta Dieta será un Congreso general nacional; interpretará los tratados en caso de duda, arreglará los subsidios, número de tropas y cantidades de dinero con que cada Estado ha de contribuir en caso de guerra. En sus deliberaciones sobre materias que puedan perjudicar a una de las Partes Contratantes usará siempre el medio de un acomodamiento amigable.

Artículo 8. Se procurará que los gobiernos respectivos habiliten a sus plenipotenciarios para formar un tratado general de comercio y navegación.

Artículo 9. En caso de ser acometido algún Estado confederado, sea por la España, o por cualquier otra nación, las Repúblicas aliadas concurrirán con su respectivo contingente, quedando el arbitrio de sustituir el subsidio a los soldados, si las distancias no permiten la reunión.

Artículo 10. Las naciones contratantes tendrán expeditas sus fuerzas terrestres y marítimas a donde lo exigiere la necesidad, sin perjuicio de atender a su propia seguridad.

Artículo 11. No consentirán ninguna dominación extranjera en el continente americano español. Será un caso de guerra con la nación que lo intente, sino alcanzasen las mediaciones; pero se respetarán las posesiones que actualmente tengan las naciones europeas. Este artículo quedará reservado en tratado secreto.

Artículo 12. Todos los efectos, mercancías, frutos y cualesquiera producciones naturales o provenientes del arte de los españoles quedarán enteramente prohibidas, cualesquiera que sea la bandera con que se conduzcan. El buque en donde se hallen será decomisado con todo su cargamento. No se consentirá que ningún español emigrado o expulsado vuelva a la América hasta que se celebre la paz general con la España.

Artículo 13. Procurarán que se aumenten los corsarios que obstruyan la comunicación y comercio español.

Artículo 14. Exigir a la España como conditio sine qua non para la paz, o tratado de comercio el reconocimiento solemne de la independencia de todos los Estados americanos.

Artículo 15. Se nombrará un individuo que forme el manifiesto de las razones que tuvo la América para separarse de la España.

Artículo 16. Dos individuos se encargarán de presentar para el año próximo venidero el proyecto de un Código de gentes americano que no choque con las costumbres europeas.

Artículo 17. Se obligan a franquear todos los auxilios a los buques de los Estados confederados, que por alguna desgracia arriben a sus puertos.

Artículo 18. Se prohíbe de nuevo el comercio de negros, y el código de gentes señalará las penas proporcionadas contra los contraventores.

Artículo 19. La Dieta tratará con el Gobierno inglés para que continúe su mediación con la España hasta conseguirse el reconocimiento.

Artículo 20. Se declara que el sistema político de las potencias contratantes, es el de amistad y de una estricta neutralidad, con todos los poderes del mundo, y en especial con los que tienen posesiones en América.

Artículo 21. Podrán agregarse a estos tratados las Repúblicas de Chile, Buenos Aires y demás de América si lo tienen por conveniente; y desde el acto de la ratificación de este tratado se les tendrá como parte en la Confederación.

Artículo 22. Los cónsules serán únicamente unos protectores del comercio de su país, sin jurisdicción ninguna, ni representación para tratar con los Estados donde residan, sus casas no serán asilos, ni estarán exentos de ser juzgados en las causas civiles o criminales para los jueces del territorio.

Artículo 23. No se admiten ministros de naciones extranjeras sino con arreglo a las formas admitidas en la Europa por las naciones civilizadas.

Artículo 24. Las potencias de la confederación no podrán separarse de la alianza sin satisfacer a cada Estado los gastos que hayan causado en auxiliarla.

Artículo 25. Estos artículos pasarán a los respectivos gobiernos para su ratificación.

Manuel Pérez de Tudela Manuel Lorenzo de Vidaurre Es copia. José Agustín Araujo

Documento n.º 38. Bases de la delegación colombiana para redactar los Tratados del Istmo.

Panamá, junio de 1826[53]

Habiéndose reunido en conferencias informales los Plenipotenciarios de Colombia, Centroamérica y México desde el 24 de junio hasta el 9 de julio de 1826, con el objeto de formar el contraproyecto de que se hace mención en el protocolo del [día] 23, creímos el general Briceño [Méndez] y yo consignar nuestros deseos en los proyectos siguientes de tratado de liga y convención sobre contingentes. No redactamos esta última después de concluirse la discusión sobre el primero, hasta no descubrir sobre qué bases poco más o menos, estaban los demás dispuestos a concurrir al arreglo de aquella parte tan esencial de la negociación pendiente.

Al leer estas piezas no debe sin embargo perderse de vista: 1.º que nuestra posición era difícil por los celos que el crédito y estabilidad de Colombia inspiraba entonces a las demás repúblicas americanas; 2.º que deseando evitar los entorpecimientos que podía producir aquella rivalidad en el curso de la negociación, nos abstuvimos de presentar el contraproyecto nosotros mismos y procuramos que él dimanase de las demás legaciones juntas, tomando como proyecto los artículos de los ministros peruanos que en la realidad no tenían este carácter, ni en las formas, ni en la substancia; y 3.º que sabiendo ya por nuestras conversaciones privadas que no podríamos lograr hacer por separado tratado de comercio, sobre principios marítimos entre beligerantes y neutros, sobre abolición y extirpación de negros de África, ni sobre ninguna otra materia fuera de las de liga y contingentes, procuramos suplir este vacío insertando en nuestro manuscrito

53 Archivo del Ministerio de Relaciones Exteriores de Panamá, año de 1826, documento manuscrito, págs. 4-11.

todos aquellos artículos que no dejase la negociación tan incompleta, como quedó al fin; 4.° que al presentar amistosa y confidencialmente nuestros proyectos a los demás Ministros en el estado en que hallan nos propusimos adicionarlos, corregirlos y metodizarlos más en el curso de la discusión; y 5.° en fin que en el curso de esta misma discusión, lejos de encontrar las facilidades que esperábamos para darles mas extensión y hacer más eficaz la Confederación, se nos opusieron obstáculos que no dimanaban de la naturaleza de nuestras proposiciones sino de la falta de instrucciones de la mayor parte de los Plenipotenciarios, particularmente de los de México.

Pedro Gual En el nombre de Dios todopoderoso Autor y Legislador del universo.

Las Repúblicas de etc., etc., etc., etc., deseando consolidar las relaciones íntimas que actualmente existen y cimentar de una manera la más solemne y estable las que deben existir en adelante entre todas y cada una de ellas, cual conviene a naciones de un origen común que han combatido simultáneamente por asegurarse los bienes de libertad e independencia, en cuya posesión se hallan hoy felizmente y están firmemente determinadas a continuar contando para ello con los auxilios de la divina providencia que tan visiblemente ha protegido la justicia de su causa, han convenido en nombrar y constituir debidamente nuestros Plenipotenciarios, que unidos y congregados en la presente Asamblea acuerden los medios de hacer perfecto y duradera tan saludable obra.

Con este motivo las dichas potencias han conferido los plenos poderes siguientes, a saber:

presidente de etc., etc.

etc., etc.

etc., etc.

etc., etc.

Los cuales, después de haber canjeando sus plenos poderes respectivos y hallándose en buena y bastante forma, han convenido en los artículos siguientes:

Artículo [ ][54] Las Repúblicas de Colombia, Centro de América, Perú y los Estados Unidos Mexicanos se ligan y confederan mutuamente en paz y guerra y contraen para ello un pacto solemne y perpetuo de amistad firme e inviolable y de unión íntima y estrecha entre todas y cada una de las dichas Partes.

Artículo [ ] El objeto de este pacto perpetuo será sostener en común ofensiva y defensivamente la soberanía e independencia de todas y cada una de las dichas potencias confederadas de América contra toda dominación extranjera y asegurándose desde ahora para siempre los goces de una paz inalterable promoviendo al efecto la mejor armonía y buen inteligencia, así entre sus pueblos, ciudadanos y súbditos respectivamente, como con las demás potencias con quienes deben mantener o entrar en relaciones amistosas.

Artículo [ ] Las Partes Contratantes se obligan y comprometen a defenderse mutuamente de todo ataque que ponga en peligro su existencia política, y a emplear contra los enemigos de la independencia de todas o algunas de las potencias aliadas todo su influjo, recursos y fuerzas marítimas y terrestres, según los contingentes con que cada una está obligada, por la convención separada de esta misma fecha, a concurrir al sostenimiento de la causa común.

Artículo [ ] Los contingentes de tropas, con todos sus trenes y transportes, víveres y el dinero con que alguna de las potencias confederadas haya de concurrir a la defensa de una u otras, podrán pasar y repasar libremente por el territorio de cualquiera de ellas que se halle interpuesta entre la

54 En el original de archivo, no aparecen los números del articulado. (N. de B.A.).

potencia amenazada o invadida y la que viene en su auxilio; pero el Gobierno a quien correspondan las tropas y auxilios en marcha, lo avisará oportunamente al de la potencia que se halle en el tránsito, para que ésta señale el itinerario de la ruta que hayan de seguir dentro de su territorio, debiendo precisamente ser por las vías más breves, cómodas y pobladas, y siendo de cuenta del gobierno a quien pertenecen las tropas, todos los gastos que ellas causen, en víveres, bagajes y forrajes.

Artículo [ ] Los buques armados en guerra y las escuadras de cualquier número y calidad, pertenecientes a una o más de las Partes Contratantes, tendrán libre entrada y salida en los puertos de todas y cada una de ellas, y serán eficazmente protegidos contra los ataques de los enemigos comunes, pudiendo permanecer en dichos puertos todo el tiempo que crean necesario sus comandantes o capitanes, los cuales, con sus oficiales y tripulaciones, serán responsables ante el Gobierno de quien dependen, con sus personas, bienes y propiedades, por cualquiera falta de respeto a las autoridades, o infracción a las leyes del país en que se hallaren.

Artículo [ ] Las Partes Contratantes se obligan, además, a prestar cuantos auxilios estén en su poder a sus bajeles de guerra y mercantes que llegaren a los puertos de sus pertenencias por causa de avería o por cualquiera otro motivo desgraciado; y en su consecuencia, podrán carenarse, repararse, hacer víveres, y en el caso de guerra común armarse, aumentar sus armamentos y tripulaciones hasta ponerse en estado de poder continuar sus viajes o cruceros, todo a expensas del Estado o particulares a quienes correspondan dichos bajeles.

Artículo [ ] A fin de evitar las depredaciones que puedan causar los corsarios armados por cuenta de particulares en perjuicio del comercio nacional o extranjero, se conviene en todos los casos de una guerra común, en hacer extensiva la jurisdicción de los tribunales de presas de todas y cada una de las Repúblicas confederadas, a los corsarios que naveguen bajo pabellón de cualquiera de ellas, conforme a las leyes y estatutos del país a que corresponda el corsario o corsarios, siempre que haya indicios vehementes de haber cometido excesos contra el comercio de las naciones amigas o neutras; bien entendido que esta estipulación durará solo hasta que las Partes Contratantes convengan, de común acuerdo, en la abolición absoluta o condicional del corso.

Artículo [ ] En caso de invasión repentina de los territorios de las Partes Contratantes, cualquiera de ellas podrá obrar hostilmente contra los invasores en los territorios de la dependencia de las demás siempre que las circunstancias no den lugar a ponerse de acuerdo con el Gobierno a quien corresponda la soberanía de dichos territorios invadidos; pero la Parte que así obrare, deberá cumplir y hacer cumplir los estatutos, ordenanzas y leyes de la potencia invadida y hacer respetar y obedecer su Gobierno en cuanto lo permitan las circunstancias de la guerra.

Artículo [ ] Se ha convenido y conviene asimismo, en que los tránsfugas de un territorio a otro y de un buque de guerra o mercante al territorio o buque de otro, siendo soldados o marineros desertores de cualquier clase, serán devueltos inmediatamente y en cualquier tiempo, por los tribunales o autoridades bajo cuya jurisdicción esté el desertor o los desertores; pero a la entrega debe preceder la reclamación de un oficial de guerra respecto a los desertores militares, y la del capitán, maestre, sobrecargo o persona interesada en el buque respecto a los mercantes, dando las señales del individuo o individuos y el nombre del cuerpo o buque de que haya o hayan desertado, pudiendo, entretanto, ser depositados en las prisiones públicas hasta que se verifique la entrega en forma.

Artículo [ ] Las Partes Contratantes, para identificar cada vez más sus intereses, estipulan aquí expresamente que ninguna de ellas podrá hacer la paz

con los enemigos comunes de su independencia sin incluir en ella a todos los demás aliados específicamente; en inteligencia que en ningún caso, ni bajo pretexto alguno podrá ninguna de las Partes Contratantes acceder en nombre de las demás, a proposiciones que no tengan por base el reconocimiento pleno y absoluto de su independencia, ni a demandas de contribuciones, subsidios o exacciones de cualquiera especie por vía de indemnización u otra causa, reservándose cada una de las dichas Partes aceptar o no la paz con sus formalidades acostumbradas.

Artículo [ ] Ninguna de las Partes Contratantes podrá celebrar tratados de alianza, o ligas perpetuas o temporales con ninguna potencia extraña a la presente Confederación, sin consultar previamente a los demás aliados que la componen o compusieren en adelante y obtener para ello su consentimiento explícito para la admisión de su nuevo aliado.

Artículo [ ] Las Repúblicas de la América antes española, cuyos Plenipotenciarios no hubiesen concurrido a la celebración y firma del presente tratado, podrán, no obstante lo estipulado en el anterior artículo, agregarse desde ahora y en cualquier tiempo a la actual Confederación americana, prestando al efecto su accesión formal con tal que otra accesión no contenga condiciones ni modificaciones contrarias a los principios substanciales y constitutivos de dicha confederación y que su accesión sea debidamente aceptada por todas y cada una de las Repúblicas aliadas.

Artículo [ ] Las Partes Contratantes se obligan y comprometen solemnemente a respectar sus límites respectivos como están al presente reservándose, sin embargo, hacer amistosamente por medio de convenciones especiales aquellos arreglos particulares que dos o mas Repúblicas tengan por conveniente acordar entre sí, para aclarar, rectificar o mejorar su línea divisoria y evitar competencias en el ejercicio de su jurisdicción respectiva.

Artículo [ ] Cualesquiera que sean los límites en que definitivamente se convengan las potencias aliadas, ninguna de ellas podrá poner trabas al tráfico y comercio interior libre de los ciudadanos de una y otra parte en sus fronteras, ni establecer en ellas plazas o puestos fortificados que la impidan y molesten, ni cobrar peajes, derechos u otras exacciones en los ríos, puentes, calzadas, caminos o parajes de las líneas divisorias, sino aquellos que las potencias vecinas crean de común acuerdo absolutamente necesarios para facilitar la navegación, tránsito de los ciudadanos y súbditos de uno y otro con sus efectos y propiedades del producto natural, o manufacturas del país, exceptuando solamente aquellos artículos de los productos territoriales, cuyo cultivo y venta no sea permitida, sino a los nacionales.

Artículo [ ] Esta misma libertad de tráfico y comercio se hará extensiva para los ciudadanos y súbditos de cada una de las Partes Contratantes a sus costas y puertos de mar y demás territorios indistintamente, en los cuales tendrán libre entrada y salida y gozarán en ellos de todos los derechos y privilegios de tráfico y comercio, sujetándose únicamente a los impuestos, contribuciones y obligaciones a que estuvieren sujetos los ciudadanos y súbditos del territorio en que se hallen, así con respecto a derechos y emolumentos, importaciones y exportaciones, toneladas, anclaje [ilegible], prácticos, y otros de cualquiera clase y denominación que causaren sus propios buques y cargamentos bajo su pabellón respectivo, como de los demás impuestos, [ilegible], visas y toda especie de contribuciones directas o indirectas, de manera que una perfecta igualdad entre los ciudadanos de una República y los de otra en sus respectivos territorios, sea constantemente la base de todos sus tratados de comercio y navegación.

Artículo [ ] Los ciudadanos de cada una de las Partes Contratantes gozarán además de los derechos y prerrogativas de ciudadanos de la República en que residan, desde que manifestando su deseo de adquirir esta calidad ante las autoridades competentes conforme a la ley de cada una de las potencias confederadas, presten juramento de fidelidad a la constitución del país que adoptan, y como tales ciudadanos podrán obtener todos los empleos y distinciones a que tienen derecho los demás ciudadanos, exceptuando siempre aquellos que las leyes fundamentales reservaren a los naturales, y sujetándose para la opción a los demás a la residencia y requisitos que exijan las leyes particulares de cada potencia.

Artículo [ ] Si un ciudadano o ciudadanos de una República confederada prefiriesen permanecer en el territorio de otra conservando siempre su carácter de ciudadano del país de su nacimiento o de su adopción, dicho ciudadano o ciudadanos gozarán igualmente en cualquier territorio de las Partes Contratantes en que residan de todos los derechos y prerrogativas de naturales del país en cuanto se refiera a la administración de justicia y a la protección correspondiente de sus personas, bienes y propiedades, y por consiguiente no le será prohibido bajo pretexto alguno adquirir bienes raíces y de cualquiera otra denominación, ni el ejercicio de su profesión u ocupación, ni el disponer entre vivos o por última voluntad de sus dichos bienes muebles o inmuebles como mejor le parezca, sujetándose en todos casos a las cargas y leyes a que lo estuvieren los naturales del territorio en que se hallaren.

Artículo [ ] Deseando las Partes Contratantes hacer cada vez más fuertes e indisolubles sus vínculos y relaciones fraternales por medio de conferencias frecuentes y amistosas, han convenido y convienen en formar comenzando a contar desde el día [ilegible] a una asamblea general de las potencias aliadas compuesta de dos Ministros Plenipotenciarios por cada Parte, los cuales serán debidamente autorizados con los plenos poderes necesarios.

Artículo [ ] Los objetos principales de la Asamblea General de Ministros Plenipotenciarios de las Repúblicas confederadas serán: 1.º negociar y concluir entre las potencias que representa todos aquellos tratados, convenciones y demás actos que pongan sus relaciones recíprocas en un pie mutuamente agradable y satisfactorio; 2.º contribuir al mantenimiento de una paz y amistad inalterables entre las Repúblicas confederadas, sirviéndoles de consejo en los grandes conflictos, de fiel intérprete de los tratados públicos que hayan concluido entre sí, cuando ocurran dificultades, y de juez árbitro y conciliador en sus disputas y diferencias; 3.º adoptar y aplicar los justos medios de conciliación y mediación entre una o más de las Repúblicas aliadas y entre éstas y una o más potencias extrañas a la confederación que desgraciadamente estén amenazadas de un rompimiento o empeñadas en guerra por quejas de injurias, daños graves u otras causas; 4.º ajustar y concluir, durante las guerras comunes de las Partes Contratantes con una o muchas potencias extrañas a la confederación, todos aquellos tratados de alianza, concierto, subsidios y contingentes que aceleren su terminación.

Artículo [ ] Sean cuales fueren las causas de injurias, daños graves u otros motivos que alguna de las Partes Contratantes pueda producir contra otro u otras, ninguna de ellas podrá declararles la guerra, ni ordenar actos de represalias contra la República que se crea la ofensora sin someter su causa apoyada en los documentos y comprobantes necesarios con una relación circunstanciada del caso, a la decisión conciliatoria de la asamblea general.

Artículo [ ] Las Partes Contratantes se obligan y comprometen solemne y formalmente a estar y pasar por las decisiones conciliatorias de la Asamblea General en cuanto les concierna, con preferencia a toda vía hostil de hecho, luego que tales decisiones hayan sido confirmadas debidamente por los gobiernos respectivos; y en consecuencia se obligan a conformarse con dichas decisiones conciliatorias, desistiendo de toda demanda contraria a la justifica y prestándose buena y amistosamente a hacer a la Parte ofendida todas aquellas reparaciones e indemnizaciones conducentes a la feliz restauración de la concordia y conservación de la paz.

Artículo [ ] Cualquiera de las Partes Contratantes que en contravención de las decisiones conciliatorias de la Asamblea General, ya confirmadas por los gobiernos respectivos, rompiere las hostilidades contra otra de las aliadas, será excluida de la confederación y no podrá pertenecer de nuevo a ella sin haber cumplido con lo que se le exigió y sin que haya unanimidad de votos de parte de los confederados en favor de la readmisión.

Artículo [ ] Siendo el istmo de Panamá una parte integrante de la República de Colombia y el más adecuado para la reunión de la Asamblea General, dicha República se compromete especialmente a prestar a los Plenipotenciarios que compongan dicha Asamblea General así en el istmo de Panamá, como en cualquiera otra parte de su territorio, todos los auxilios que demanda la hospitalidad entre pueblos hermanos y el carácter sagrado e inviolable de sus personas; las demás Repúblicas contratantes contraen desde ahora igual obligación siempre que por los acontecimientos de la guerra o por el consentimiento de la mayoría de las Repúblicas confederadas, se reúna la expresada Asamblea en algún punto de su dependencia.

Artículo [ ] Las Repúblicas de etc., etc., etc., etc., al identificar tan fuerte y poderosamente sus intereses en paz y guerra declaran de la manera más solemne lo siguiente: 1.° que el presente Tratado de unión, liga y confederación perpetua no interrumpirá de modo alguno el ejercicio de la soberanía de cada una de las Partes Contratantes con respecto a sus relaciones exteriores con las demás potencias extrañas a dicha confederación en cuando no se opongan a su tenor y forma; 2.° que los tratados de unión, liga y confederación concluidos entre las Repúblicas de Colombia, etc., etc., etc., quedan refundidos en el presente a excepción de los artículos, los cuales se tendrán por firmes y subsistentes hasta otro arreglo definitivo.

El presente Tratado de unión, liga y confederación perpetua será ratificado y las ratificaciones serán canjeadas en [ ] dentro de [ ] contados desde esta fecha.

En fe de lo cual los Ministros Plenipotenciarios lo han firmado y sellado con su sello respectivo en esta ciudad de Panamá el día [ ] del mes de [ ] del año del Señor 1826.

Documento n.º 39. Protocolo de la Primera conferencia verbal del Congreso Anfictiónico

Panamá, 22 de junio de 1826[55] [56]

Protocolo de la primera conferencia verbal tenida entre los Ministros Plenipotenciarios de las Repúblicas del Perú, Colombia, Centroamérica y Estados Unidos Mexicanos en la ciudad de Panamá el 22 de junio de 1826.

Presentes y reunidos a las once de la mañana de este día, en la Sala Capitular, los Excelentísimos Señores Ministros Plenipotenciarios don Manuel Lorenzo Vidaurre y don Manuel Pérez Tudela, por la República del Perú; Pedro Gual y General de Brigada Pedro Briceño Méndez, por la de Colombia; doctor Antonio Larrazábal y Pedro Molina, por la del Centro de América, y General de Brigada don José Mariano Michelena por los Estados Unidos Mexicanos, no habiendo concurrido por causa de enfermedad, el Excelentísimo señor don José Domínguez por los mismos Estados Unidos, se dio principio a la conferencia para fijar el de la precedencia, y se acordó fuese por medio de la suerte en todo el tiempo de la presente reunión y nada más, y verificada dicha suerte resultó por el orden siguiente: primero Colombia, segundo Centroamérica, tercero el Perú, y cuarto los Estados Unidos Mexicanos.

55 «Protocolo de la primera conferencia», Archivo Histórico de Itamaraty, Río de Janeiro, fol. 273. 3.

56 Los Protocolos del Congreso de Panamá 1826, Panamá, Ernesto J. Castillero R. Editor, 1970, pág. 1; Colección de ensayos y documentos relativos a la unión y Confederación de los pueblos hispanoamericanos, ed. facsimilar, Unión de Universidades de América Latina, 1979, págs. 20-21; Daniel Florencio O'Leary, Memorias del general O'Leary, Caracas, Ministerio de la Defensa de Venezuela, 1981, v. XXIV, pág. 339. En 1976, los originales de los Protocolos fueron donados a la República de Panamá y actualmente se exhiben en el Salón Bolívar del antiguo convento de San Francisco.

Se tomó en consideración la Presidencia y se determinó que se tomase diariamente por el mismo orden designado con respecto a la precedencia.

Procedieron los Plenipotenciarios al canje y examen de sus respectivos plenos poderes, y habiéndolos comparado con las copias preparadas al efecto los encontraron conformes y extendidos en bastante y debida forma.

Se reservó tratar del arreglo de las votaciones en la siguiente reunión, que se designó para mañana a las siete de la noche.

Manuel Lorenzo de Vidaurre — Manuel Pérez de Tudela — Antonio Larrazábal — Pedro Molina — Pedro Gual — Pedro Briceño Méndez — José Mariano Michelena — José Domínguez

Documento n.º 40. Protocolo de la Segunda conferencia verbal del Congreso Anfictiónico

Panamá, 23 de junio de 1826[57]

Protocolo de la segunda conferencia verbal, tenida entre los Plenipotenciarios de las Repúblicas de Colombia, Centroamérica, Perú y Estados Unidos Mexicanos, en Panamá el 23 de junio de 1826.

Presentes los Plenipotenciarios.

Se abrió la conferencia a las siete de la noche, presentando el señor general Michelena al Excelentísimo señor don José Domínguez, cuyos poderes fueron canjeados, examinados y hallados en bastante y debida forma.

El señor Gual presentó un pliego cerrado que le había dirigido como presidente de la Asamblea el señor Eduardo Santiago Dawkins, cuyo contenido es una carta credencial del Gobierno británico, manifestando entre otras cosas al presidente y demás miembros de la asamblea que el señor Dawkins había merecido la confianza de S.M. y lo comisionaba para residir en el lugar en que estuviese formado el Congreso de Plenipotenciarios de las Repúblicas de América, y se pusiese en comunicación franca y sin reserva con ellos. La Asamblea, en consideración a la política generosa y liberal que el Gobierno de S.M.B. ha usado con los Estados americanos, determinó se conteste a S.E. el señor secretario Canning, una carta de atención e igualmente al señor Dawkins, la que escribió acompañando la expresada credencial.

Se acordó sobre votaciones que en todos los tratados y resoluciones de las asambleas cada legación tenga un voto

57 «Protocolo de la segunda conferencia», Los Protocolos del Congreso de Panamá 1826, Panamá, Ernesto J. Castillero R. Editor, 1970, págs. 2-3; Colección de ensayos y documentos relativos a la unión y confederación de los pueblos hispanoamericanos, ed. facsimilar, Unión de Universidades de América Latina, 1979, págs. 21-23.

in solidum, y éste se reduzca únicamente a admitir, o rechazar, o dejar pendientes los artículos de los proyectos que se presenten, debiendo en este último caso ser redactados por separado, y tenerse como adicionales, «si la mayoría de las Legaciones los aceptan», para ver si el Gobierno respectivo presta o no su ratificación.

Los señores Plenipotenciarios del Perú presentaron unos artículos para proyecto de tratado.

Los Plenipotenciarios de Colombia presentaron una protesta formal contra cierta comunicación que apareció en la Gaceta Extraordinaria de esta ciudad, el día de hoy, y el señor Ministro interesado manifestó que no había sido su ánimo injuriar a persona alguna y se hallaba dispuesto a satisfacer del modo que se quisiera: los señores Plenipotenciarios de Colombia dijeron que no exigían satisfacción y solamente aspiraban a que se diese una resolución general. Se acordó que en lo sucesivo se observe el método diplomático acostumbrado de comunicaciones entre los Plenipotenciarios que componen esta asamblea.

Enseguida se leyeron los artículos presentados por los Plenipotenciarios del Perú en el estado en que se hallaban, y se acordó tomarlos en consideración en conferencias informales para presentar un contra-proyecto si fuese necesario.

Manuel Lorenzo de Vidaurre — Manuel Pérez de Tudela — Antonio Larrazábal — Pedro Molina — Pedro Gual — Pedro Briceño Méndez — José Mariano Michelena — José Domínguez

Documento n.º 41. Informe colombiano sobre la suspensión de las conferencias formales

Panamá, 30 de junio de 1826[58]

Delegación de Colombia Al señor Secretario de Estado en el Despacho de Relaciones Exteriores de Colombia.

Señor:

Tenemos el placer de informar a usted que el día 22 del corriente a las 11 de la mañana reunidos y congregados en la Sala Capitular de esta ciudad, los Ministros Plenipotenciarios de Colombia, Centroamérica, Perú y Estados Unidos Mexicanos, se instaló formalmente la Asamblea General de las Repúblicas americanas.

Comenzó este acto poniendo en una urna los nombres de las Repúblicas cuyos Plenipotenciarios estaban allí presentes y resultó la suerte por el orden que hemos expresado arriba. En consecuencia, la Presidencia recayó en uno de nosotros por aquel día.

Entregamos luego las letras semi-credenciales y recomendatorias de S.E. el Vicepresidente Encargado del Ejecutivo en nuestro favor y fueron leídas públicamente y recibidas con el aprecio y distinción correspondientes.

Procedimos entonces a verificar el canje de nuestros plenos poderes respectivos, comparando y cotejando las copias que estaban preparadas con los originales; y habiéndolas encontrado conformes y en buena y bastante forma, se declaró instalada la Asamblea General americana.

Al segundo día apareció en la Gaceta publicado este acto como usted verá. No dejará usted de extrañar la especie de alocución que nos dirige en ella el señor Vidaurre, Plenipo-

58 Daniel Florencio O'Leary, *Memorias del general O'Leary*, Caracas, Ministerio de la Defensa de Venezuela, v. XXIV, 1981, págs. 327-328.

tenciario del Perú. Como semejante es en nuestra opinión indecoroso en el modo, pernicioso e inexacto en mucha parte de la sustancia y desusado en cuanto al estilo, creímos de nuestro deber protestar contra él por escrito, en la sesión del 23, rogando a la Asamblea adoptar para lo sucesivo el correspondiente método de comunicación franca y amistosa entre sus miembros.

Podemos asegurar a usted que habiendo sido recibida favorablemente nuestra protesta particularmente por los Plenipotenciarios de México, no tendremos otra vez que sentir la mortificación y el desagrado que nos causa la lectura de aquella Gaceta, ni mantendremos tampoco el temor de que se presuma en Europa que pretendemos aplicar principios populares a la ciencia de las negociaciones diplomáticas. Esto último sería motivo de tanto escándalo que arruinaría irremisiblemente nuestra reciente reputación.

Hasta hoy solamente hemos tenido dos conferencias formales: el 22 y el 23 del corriente.

Para abreviar los trabajos y coordinar las ideas de las diferentes legaciones, hemos preferido continuar nuestras sesiones nocturnas informalmente.

De esta suerte vamos adelantando tan rápidamente que creemos podernos lisonjear con la esperanza de remitir a usted en todo el mes de julio próximo, dos tratados importantes, a saber: el de Confederación y liga general y el de contingentes.

El día de la instalación por la tarde puso el señor Dawkins en manos del presidente interino de la Asamblea sus letras credenciales, firmadas por S.E. el señor secretario Canning.

Hablaremos a usted de ellas por el próximo correo, contentándonos por ahora con decir aquí que el carácter del comisionado de S.M.B. no excede sustancialmente de los límites que dejamos entrever en nuestra comunicación número 19.

Quedamos de usted muy respetuosamente etc. etc. etc.

Pedro Gual Pedro Briceño Méndez

Documento n.º 42. Discurso del plenipotenciario peruano Manuel Vidaurre publicado en la Gaceta del Istmo

Panamá, 22 de junio de 1826[59]

Discurso del Plenipotenciario don Manuel Lorenzo Vidaurre en el Congreso americano de Panamá, al instalarse la Gran Asamblea en 22 de junio de 1826.

Los habitantes de las Américas que fueron españolas se cubrirán de infamia para con todas las naciones conocidas, si no promulgan leyes tan sabias, tan equitativas y tan justas, que aseguren su felicidad presente y la de sus descendientes, por muchas generaciones. Restituidos al estado de la naturaleza, libres e independientes, en posesión perfecta de todos su derechos, gozando del albedrío que les concedió el Autor sublime de los seres, son más perfectos que en los días próximos a la creación. Entonces el hombre no podía ser prudente, porque no tenía experiencia; no podía precaver el mal, porque no lo conocía; no podía gozar, porque no había sentido lo vivo del dolor y los placeres. Hoy, en el uso de sus facultades las más completas, distingue lo justo de lo injusto; lo útil y lo agradable, de lo pernicioso y molesto; lo seguro de lo peligroso; la fruición de las delicias moderadas continuas, de los goces momentáneos aunque intensos. El trastorno de mil imperios, el flujo y reflujo de las riquezas en las partes del mundo conocido, la destrucción de unas ciudades, la elevación de otras, la grandeza y decadencia de los Estados; todas son lecciones de que puede aprovecharse, todas son reglas que se le ofrecen para su presente conducta.

Entre las muchas revoluciones físicas, morales y políticas que refieren las historias y examinaron los filósofos, la nues-

59 Daniel Florencio O'Leary, *Memorias del general O'Leary*, Caracas, Ministerio de la Defensa de Venezuela, 1981, v. XXIV, págs. 329-334.

tra no tiene ejemplo. Las dinastías sucedieron en la China desde Fo-Hi hasta que el tártaro se apoderó del trono; los egipcios cuentan 341 generaciones hasta Sethon; los persas sucedieron a los medios, como estos a los asirios; los romanos los sucedieron a todos; una nube de langostas sale del Norte y se apodera del Mediodía de la Europa; el infante don Enrique y Colón descubren un nuevo mundo; Cortés, Pizarro y otros criminales aventureros destronan soberanos y se apoderan de la cuarta parte del globo; la humanidad nada alcanza; cada día es más esclava de las pasiones vergonzosas de unos pocos, y cómplice de los crímenes de éstos, por una obediencia irracional pasiva, que le hace desconocer su degradación y cuasi olvidarse de su noble origen. Se mudan las dinastías, no los vicios del Gobierno.

Aun cuando el griego, el romano y el cartaginés en lo antiguo parece que amaron la libertad; instables, inconstantes, desconfiados, envidiosos, descontentos de sus territorios, grandes guerreros, pero malos ciudadanos, no veo en ellos sino los vicios en aspectos diferentes y un encadenamiento de males y desgracias. Canten enhorabuena en Maratón y Salamina; pero el ateniense se asombra al oír que los muros del Pireo se han de destruir y quedar al nivel de la tierra: los hijos de Tebas lloran destruida su patria; derrama lágrimas el Emiliano al ver a Cártago en cenizas, porque pronostica que los bárbaros saquearán a Roma; sus monumentos preciosos serán entregados a las llamas, y sus hijos hambrientos correrán las calles buscando el pan o la muerte. No era aún el tiempo que los hombres fuesen felices. Aún no se había descubierto la sublime teoría de derechos y obligaciones. Se defendían los países no los individuos.

Juzgo que el inglés es el primero que trabaja por los derechos del hombre.

Su antigua carta arrancada por la fuerza a Juan Sin Tierra y sus progresos por muchos siglos hasta Guillermo III, manifiestan que los debemos tener como los descubridores del gran sistema político. Confiese el anglo-americano, que las luces que recibió de sus padres le dirigieron en la lucha, y le condujeron al puerto donde reposa bajo la sombra del árbol de una libertad justa y moderada.

Empero, nuestra situación aún es más ventajosa. Tenemos en cuadros perfectamente trabajados los errores y las ciencias, las virtudes y los vicios de sesenta y dos siglos. La unión de los suizos, la constancia de los holandeses, la prudencia de los americanos del norte, las atrocidades de la revolución de Francia, los partidos de las provincias belgas y aun los nuestros, son modelos que hemos de tener presentes para seguir unos ejemplos y detestar otros.

Hoy el gran Congreso americano que debe ser un consejo en los grandes conflictos, un fiel intérprete de los tratados, un mediador de las disputas domésticas, un encargado de la formación de nuestro derecho nuevo entre naciones; se halla investido de todos aquellos poderes que son necesarios para cumplir con el noble, grande y singular objeto a que es convocado. Todos los materiales preciosos están acopiados de antemano. Un mundo entero va a ver nuestros trabajos, y a examinarlos con detención. Desde el primer soberano hasta el último habitante de las tierras australes, no hay persona indiferente a nuestras tareas. Este tal vez sea el último ensayo que se haga para indagar si el hombre puede ser feliz.

Compañeros míos, el campo de la gloria allanado por Bolívar, San Martín, O'Higgins, Guadalupe, y otros muchos héroes, superiores a Hércules y Teseo, se nos franquea. Nuestros nombres han de ser escritos, o con loor inmortal, o con oprobio eterno. Elevémonos sobre mil millones de habitantes, y un noble orgullo nos espiritualice asemejándonos a Dios mismo en aquel día en que daba las primeras leyes al universo.

Encendido de un fuego divino, y sin separar mis ojos del Autor de todos los mundos, las dificultades más enormes me parecen pequeñas. Pocas pero sólidas son las bases en que ha de fundarse nuestra Confederación: paz con el universo, respeto a los Gobiernos establecidos en los países europeos, aun cuando sean diametralmente contrarios al general que es adoptado en nuestra América; comercio franco con todas las naciones, y mucha disminución de derechos para aquellas que nos han reconocido; tolerancia religiosa para los que observen diversos ritos que los que hemos recibido por nuestras particulares Constituciones. ¡Ah! ¡Cerca de treinta y tres millones de víctimas sacrificadas por el fanatismo, desde el tiempo del hebreo hasta principios del siglo presente! Ellas nos enseñan a ser humanos, pacíficos y compasivos aun para aquellos que caminan por sendas muy diversas. Venga el extranjero cualesquiera que sea su culto; él será admitido, respetado, protegido, si su moral, que es la verdadera religión, no desmiente de la que enseñó nuestro Cristo. Sean nuestros maestros en la agricultura y en las artes. Desaparezca de nuestros campos el semblante triste y desesperado del africano oprimido con las cadenas de la fuerza y el poder. Vea a su lado un hombre de aquella color que creía un signo de superioridad. Empiece a ser racional percibiendo que en nada se distingue de los demás hombres. ¡Inmortal Pitt, elocuente Fox, turbad por un momento vuestro reposo, sacad la cabeza de las tumbas y admiraos al contemplar que los países que fueron de la esclavitud son aquellos en que más se veneran vuestras máximas filantrópicas!

Con respecto a nosotros mismos, dos son los terribles escollos. Es el uno: el deseo de engrandecimiento de unos Estados a costa y en detrimento de los otros. Es el segundo:

el peligro de que un ambicioso quiera aspirar a la tiranía y esclavizar a sus hermanos. Temo ambos casos, tanto como desprecio las amenazas de los débiles españoles. No puedo extinguir las pasiones, ni convendría extinguirlas: ¡Este hombre siempre anhelando! ¡Este hombre nunca contento con lo que posee! Siempre fue injusto; ¿y le haremos que ame de pronto la justicia? Yo confío: él ha experimentado los estragos causados por el desorden de los deseos.

Sully y Enrique IV proyectaron un tribunal que impidiese en Europa lo primero. En nuestros días Gondon escribió un tratado sobre la misma materia. Esta dieta realiza los designios loables del rey y de los filósofos.

Evitemos guerras reduciéndolo todo a mediaciones. El efecto de la guerra es conquista. Un Estado crece reduciendo al vencido. Montesquieu dijo lo que era. Debonaire lo que debía ser. Con cada victoria Napoleón adquirió nuevos territorios a la Francia. Una flecha tirada en nuestros campos o montañas será un horrendo trueno que se haga sentir en todo el continente y en las islas.

¿Y sobre qué disputaremos? Nuestros frutos por todas partes se producen, nuestros terrenos son inmensos, nuestros puertos hermosos y seguros. Nada tiene que envidiar una República a otra. ¿Irá el pastor de mil ovejas a robar el corto rebaño del vecino? ¡Qué injusticia! La Dieta no lo consentirá.

Como muchas veces por las alianzas vienen las guerras, la América parece que solo entrará en ellas de común acuerdo de todas las Partes Contratantes.

Suspendo mi raciocinio, porque es prevenir las decisiones.

El segundo peligro se cautela con reglas muy sencillas: 1.ª Que los Gobiernos confederados se garanticen su libertad e independencia. 2.ª Que nunca se confíe a un individuo más poder que el necesario al fin para que su autoridad fue instituida. 3.ª Que cuanto mayor sea el poder, menor debe ser el tiempo que se ejerza, si esto es compatible con su objeto. 4.ª Que al que se le confía la fuerza, se le haga siempre depender de la parte de la nación que se halla desarmada. 5.ª Que no se tenga ejércitos permanentes, sino en tiempo de guerra. 6.ª Que se evite este espantoso mal, inconciliable con el orden interior de las sociedades, por cuantos medios estén a nuestro alcance, y dicten el honor y la prudencia.

No olvido que desde un rincón del Escorial o de Aranjuez se formen cálculos para nuevas expediciones. El caso lo hallo imposible. La historia de España me da las pruebas. ¿Pudo Felipe II, su hijo, ni su nieto sujetar la Holanda? ¿Pudo Felipe IV recuperar a Portugal? ¿Se hubiera conseguido otra vez la Cataluña, a no ser por generosidad de la Francia? ¿Ha vuelto Gibraltar a los españoles? ¿Restauraron la Jamaica? La historia de los tratados puede llamarse de las renuncias de la España. Cuanto ganó en Pavía y San Quintín se perdió en el de Vervins, Wesphalia, los Pirineos, Nimega, Aix-la-Chapelle, y cuantos se han celebrado hasta el día. Las Floridas si se consiguieron por el de París, los americanos del Norte hicieron que se les cediesen por la fuerza.

Recordemos algunas circunstancias. Felipe II consiente que sus tropas vivan del saqueo, y desespera más y más a los holandeses. Carlos II tiene que tomar empréstitos al 15 % y que vender los Virreinatos del Perú y México para sostener la guerra. Esto era cuando los reyes de España tenían el Sol siempre alumbrando en sus Estados, cuando eran obedecidos sin réplica.

¿Qué valdrán hoy, sin colonias, sin unión interior y guarnecida la Península de cien mil franceses? Sé muy bien como se formó la expedición destinada contra nosotros que fracasó en Cádiz el año de 1820; en ella se emplearon las indemnizaciones que pagaron los franceses, el bolsillo secreto del rey, y los últimos podridos cascos se han remitido a La Habana: no hay armas, ni disposición en los españoles para venir a morir en estos países al golpe de la lanza o al rigor del clima.

No es mi ánimo influir en que nos desarmemos. Todo lo contrario: auméntense nuestras fuerzas terrestres y navales; pero no sea para dejarlas en la inacción y los cuarteles. Demos a esa nación obstinada un golpe que la estremezca. Esperar que nos acometa, es esperar al Mesías: es estar eternamente armados. Obliguemos a nuestra enemiga a que ceda de su temeridad y capricho. Toda la Europa desaprueba su conducta. No la lisonjean ni los mismos príncipes de la casa de Borbón. Ninguna nación tiene interés en que la España continúe la guerra: el voto general es por la paz. Sin ésta, el comercio no tiene un curso uniforme: se interrumpe a menudo en perjuicio de los Estados industriosos y traficantes. ¡Qué distinta era la posición de la Inglaterra cuando reconoció la independencia de los Estados Unidos! Sabios ingleses conducid a esos ciegos españoles.

Mientras se resiste a la mediación de las potencias que nos protegen, sus frutos, sus efectos y toda especie de su suelo o de sus talleres o fábricas sean enteramente prohibidos. Decomísense donde quiera que se descubran, y pierdan el cargamento lo que fuesen convencidos de haber quebrantado una ley de que no podemos prescindir. Concluyan del todo las manufacturas de Valencia y Barcelona. No trabaje España no teniendo para donde extraer.

Fernando VII, se persuada que si la falta de su reconocimiento nos obliga a gastos espantosos, teniendo que mantenernos armados, también destruye las reliquias de un reino miserable destrozado por la discordia y abatido bajo el yugo de una nación extranjera.

Si alguna vez fuese accesible a unas razones fundadas en la más rigorosa justicia; si se persuade que mal puede recuperar el que no supo mantener; si se convence de que no tienen las Américas ni facciones ni puntos de asilo, entonces se expresará de otro modo el sensible americano. No compraremos nuestra independencia. Nos horroriza el nombre de libertos. Somos constituidos en Estados con derechos iguales a los que tienen los europeos.

Somos hombres espontáneamente unidos en sociedad, y solo sujetos a los pactos que en ejercicio de nuestro albedrío hemos formado. Si Fernando VII

los reconoce, entra en una reconciliación generosa que se le ofrece; olvidaremos los inmensos males que nos ha causado, y el día de la paz será el de la unión más sincera. Con violencia y contra nuestro carácter continuamos la guerra. La concluiremos con el placer más vivo, no finalizando de un modo deshonroso.

Pero, señores, este reconocimiento no es el punto que más nos interesa.

Holanda era muy rica y conquistadora antes de ser reconocida. Los suizos tenían alianzas con los soberanos de Europa antes que los reconociese la casa de Austria. La existencia de un Estado no depende de su reconocimiento: este solo sirve para abrir relaciones. El ser de una nación consiste en su organización interior política. Tengamos ésta, que al mundo entero le conviene comunicarnos.

Guardemos decoro: no admitamos extranjeros que no vengan autorizados con las formas diplomáticas. No consintamos que en nuestros puertos se enarbolen pabellones, sino de aquellos reinos y repúblicas donde los nuestros sean admitidos.

Sobre todo, formemos una familia: concluyan los nombres que distingan los países y sea general el de hermanos:

trafiquemos sin obstáculos; giremos sin trabas ni prohibiciones; en ninguna aduana se registren efectos que sean americanos; démonos de continuo pruebas de confianza, desinterés y verdadera amistad; formen un cuerpo de derecho que admire a los pueblos cultos; en él, la injuria a un Estado se entienda causada a todos, como en una sociedad bien arreglada la que se comete contra un ciudadano, interesa al resto de la república. Resolvamos el problema del mejor de los gobiernos.

En el nuestro, gozando de la mayor cantidad de bien el individuo, y la más completa la nación, es sin duda el que toca al ápice de aquella dicha de que es capaz la naturaleza humana.

Y cuando concluidos nuestros trabajos nos retiremos a nuestras casas, rodeados de nuestros hijos y nietos; tomemos al más tierno de ellas en las manos, y elevado en oblación al Ser Supremo, bañadas nuestras mejillas con ríos de lágrimas, hagamos que con inocentes frases pronuncie la acción de gracias por los inmensos beneficios que hemos recibido de su soberana justicia. Repita el griego sus hazañas, dejando a Troya en cenizas; el representante de las Repúblicas de América gloríese de haber promulgado leyes que proporcionen la paz general con todas las naciones, y la felicidad interior de los Estados que hoy se confederan y ponen por plazo la finalización de los siglos.

Documento n.º 43. Protocolo de la Tercera conferencia verbal del Congreso Anfictiónico

Panamá, 10 de julio de 1826[60]

Protocolo de la tercera conferencia verbal tenida entre los Ministros Plenipotenciarios de las Repúblicas del Perú, Colombia, Centroamérica y Estados Unidos Mexicanos en Panamá el 10 de julio de 1826.

Presentes los Plenipotenciarios.

Se abrió la conferencia a los tres cuartos para las once de la mañana, con lectura del Protocolo del día 23 del mes próximo pasado, y se aprobó en todas sus partes y se firmó.

Se tomó en consideración si además de los Protocolos que debe tener cada legación se formaría uno general para el archivo de la Asamblea, y se resolvió afirmativamente, debiendo quedar dicho Protocolo general con todos los documentos correspondientes a su secretaría, en poder de los Ministros Plenipotenciarios que representasen aquella potencia en cuyo territorio esté reunida la Asamblea.

Presentaron los Plenipotenciarios de Colombia, Centroamérica y Estados Unidos Mexicanos, un contraproyecto de tratado después de haber tomado en consideración en conferencias informales los artículos propuestos por los Plenipotenciarios del Perú.

Se comenzó la lectura del mencionado contraproyecto por el preámbulo y se aprobó.

Se leyeron los artículos desde el 1 hasta el 10 inclusive, y fueron aprobados.

60 «Protocolo de la tercera conferencia», Los Protocolos del Congreso de Panamá 1826, Panamá, Ernesto J. Castillero R. Editor, 1970, págs. 3-4; Colección de ensayos y documentos relativos a la unión y confederación de los pueblos hispanoamericanos, ed. facsimilar, México, Unión de Universidades de América Latina, 1979, págs. 23-24.

Se tomó entonces en consideración el 11 y quedó pendiente su resolución hasta concluir el convenio a que hace referencia.

Manuel Lorenzo de Vidaurre — Manuel Pérez de Tudela — Antonio Larrazábal — Pedro Molina — Pedro Gual — Pedro Briceño Méndez — José Mariano Michelena — José Domínguez

Documento n.º 44. Protocolo de la Cuarta conferencia verbal del Congreso Anfictiónico.

Panamá, 11 de julio de 1826[61]

Protocolo de la cuarta conferencia verbal tenida entre los Ministros Plenipotenciarios de las Repúblicas del Perú, Colombia, Centroamérica y Estados Unidos Mexicanos en Panamá el 11 de julio de 1826.

Presentes los Plenipotenciarios.

Se abrió la conferencia a las diez y media de la mañana con la lectura del día anterior y se aprobó.

Comenzó la discusión del convenio a que se refiere el artículo 11 del tratado, y leídos los diez [de] que se compone fueron aprobados, sin embargo de las observaciones que sobre el 1.º hicieron los Plenipotenciarios de Colombia y Centroamérica, sobre las ventajas del istmo de Panamá y de Guatemala para que la Asamblea fijase en ellos su residencia como un centro común para los Estados del Norte y Sur de este continente. Los Plenipotenciarios del Perú consintieron en pasar el artículo 3, reservándose consultar a su Gobierno en la parte relativa a tratamientos. Quedó, por consiguiente, aprobado el artículo 11 del tratado.

Se tomaron en consideración los artículos siguientes, y fueron aprobados hasta el 20 inclusive.

Se leyó el 21 y habiendo hecho presente los Plenipotenciarios de Centroamérica que sería conveniente se pusiese otro artículo para garantirse mutuamente los límites de los territorios respectivos, según quedasen después de las transac-

61 «Protocolo de la cuarta conferencia», Los Protocolos del Congreso de Panamá 1826, Panamá, Ernesto J. Castillero R. Editor, 1970, págs. 4-5; Colección de ensayos y documentos relativos a la unión y confederación de los pueblos hispanoamericanos, ed. facsímilar, México, Unión de Universidades de América Latina, 1979, págs. 24-25.

ciones amigables a que pudiesen dar lugar las circunstancias particulares, se redactó el artículo siguiente:

Proyecto del Artículo 22

«Las Partes Contratantes se garantizan mutuamente la integridad de sus territorios luego que en virtud de las convenciones particulares que celebrasen entre sí, se hayan demarcado y fijado sus limites respectivos, cuya conservación se pondrá entonces bajo la protección de la Confederación».

Y fue admitido el expresado proyecto para insertarse en el tratado después del artículo 21 y ambos fueron aprobados.

Enseguida, se leyeron los artículos 22, 23, 24 y 25 y fueron aprobados, haciendo presente en cuanto a este último los Plenipotenciarios de Centroamérica que aunque tenían que objetar alguna parte de su contenido, los suscriben en atención a que debiendo mediar un tiempo dilatado para su ejecución, pueden consultar a su Gobierno sobre la conveniencia que ofrece su tenor.

Manuel Lorenzo de Vidaurre — Manuel Pérez de Tudela — Antonio Larrazábal — Pedro Molina — Pedro Gual — Pedro Briceño Méndez — José Mariano Michelena — José Domínguez

Documento n.º 45. Protocolo de la Quinta conferencia verbal del Congreso Anfictiónico

Panamá, 11 de julio de 1826[62]

Protocolo de la quinta conferencia verbal tenida entre los Ministros Plenipotenciarios de las Repúblicas del Perú, Colombia, Centroamérica y Estados Unidos Mexicanos en Panamá el 11 de julio de 1826.

Presentes los Plenipotenciarios.

Se abrió la conferencia a las siete y media de la noche, con la lectura del Protocolo de la anterior, y se aprobó.

Se procedió a tomar en consideración los artículos del tratado de liga desde el 26 hasta el 30 inclusive, y fueron aprobados.

Se leyó el artículo adicional e igualmente se aprobó.

Enseguida, se procedió a la lectura de Convención de Contingentes preparada de común acuerdo en conferencias informales y se aprobó el preámbulo.

Se leyó el artículo 1 y se aprobó después de haberse manifestado que la base del contingente en tropas estaba en la población de cada uno de los Estados en la proporción siguiente: Colombia, tres millones de almas; Centroamérica, un millón trescientos mil; Perú, un millón; y los Estados Unidos Mexicanos, seis millones y medio, añadiéndose que aunque Colombia y México no tienen el número completo señalado, por datos y razones particulares convinieron en ello para llenar el expresado número de sesenta mil hombres.

62 «Protocolo de la quinta conferencia», Los Protocolos del Congreso de Panamá 1826, Panamá, Ernesto J. Castillero R. Editor, 1970, pp 5-6; Colección de ensayos y documentos relativos a la unión y confederación de los pueblos hispanoamericanos, ed. facsimilar, México, Unión de Universidades de América Latina, 1979, págs. 25-26.

Se leyó el artículo 2 y quedó pendiente su resolución hasta concluir el concierto a que hace referencia Manuel Lorenzo de Vidaurre — Manuel Pérez de Tudela — Antonio Larrazábal — Pedro Molina — Pedro Gual — Pedro Briceño Méndez — José Mariano Michelena — José Domínguez

Documento n.º 46. Protocolo de la Sexta conferencia verbal del Congreso Anfictiónico

Panamá, 12 de julio de 1826[63]

Protocolo de la sexta conferencia verbal tenida entre los Ministros Plenipotenciarios de las Repúblicas del Perú, Colombia, Centroamérica y Estados Unidos Mexicanos en Panamá el 12 de julio de 1826.

Presentes los Plenipotenciarios.

Se abrió la conferencia a las diez y cuarto de la mañana con la lectura del Protocolo del día anterior, y se aprobó.

Se procedió a la lectura del concierto provisional, a que se refiere el artículo 2 del proyecto de convención sobre arreglo de contingentes suspenso en la conferencia anterior, y durante la discusión, los Plenipotenciarios de Centroamérica expusieron las dificultades que debía pulsar su Gobierno para dar lleno a las obligaciones del concierto de que se trata, así por la escasez de su erario, como porque no podría embarcar sus tropas por el Atlántico, por falta de transportes ni llevarlos por tierra hasta los puntos necesitados de la potencia invadida a virtud, entre otros inconvenientes, de la enorme distancia que los separa. Los Plenipotenciarios de los Estados Unidos Mexicanos convinieron en que cuando su gobierno necesitase auxilios de Centroamérica los pediría en tropas, y ésta las llevaría por tierra por la vía más corta hasta el punto más oportuno para el servicio. Los demás Plenipotenciarios hicieron presente que este asunto, como el que versa sobre la prudencia y mayor comodidad y facilidad de pedir y prestarse mutuamente los auxilios estipulados,

63 «Protocolo de la sexta conferencia», Los Protocolos del Congreso de Panamá 1826, Panamá, Ernesto J. Castillero R. Editor, 1970, págs. 6-8; Colección de ensayos y documentos relativos a la unión y confederación de los pueblos hispanoamericanos, ed. facsimilar, México, Unión de Universidades de América Latina, 1979, págs. 26-28.

sería arreglado por los gobiernos en convenios particulares. Con todo, se acordó que se redactase, como en efecto se redactó, un artículo, el cual y los demás hasta el 14 quedaron aprobados.

Continuó la lectura del proyecto de convención sobre contingentes hasta el artículo 10.º que fueron aprobados, expresándose que debe agregarse al concierto todo lo que se convenga por separado con relación a la marina confederada.

Se tomaron en consideración los artículos siguientes de la referida convención y fueron aprobados, desde el 11.º hasta el 17.º inclusive, en la inteligencia que la aplicación íntegra de presas de que habla el artículo 16 se entendiese sin perjuicio de satisfacer los derechos de importación y municipales establecidos en los Estados en que se vendan las presas.

Sobre la última parte del mismo artículo 16 explicaron los Plenipotenciarios de los Estados Unidos Mexicanos y Centroamérica, que por ahora no se proceda a formar el convenio a que hace referencia, porque éste demanda la clasificación de ciertos principios de derecho público, que no podrán consignarse, sino cuando los Ministros tengan al efecto instrucciones particulares de sus Gobiernos.

Se leyeron luego los artículos 17, 18, 19, 20, 21, 22, 23, y 24 de la referida convención y fueron aprobados.

Manuel Lorenzo de Vidaurre — Manuel Pérez de Tudela — Pedro Gual — Antonio Larrazábal — Pedro Briceño Méndez — Pedro Molina — José Domínguez — José Mariano Michelena

Documento n.º 47. Protocolo de la Séptima conferencia verbal del Congreso Anfictiónico.

Panamá, 13 de julio de 1826[64]

Protocolo de la séptima conferencia verbal tenida entre los Ministros Plenipotenciarios de las Repúblicas del Perú, Colombia, Centroamérica y Estados Unidos Mexicanos en Panamá el 13 de julio de 1826.

Presentes los Plenipotenciarios.

Se abrió la conferencia a las once de la mañana con la lectura del Protocolo de la anterior y se aprobó.

Se presentaron entonces los artículos restantes para el concierto separado a que se refiere el artículo 10 del proyecto de convención sobre la marina de la Confederación y procediéndose a su lectura quedaron aprobados desde el 15.º hasta el 22.º, que es el último.

El señor Gual hizo presente que el coronel Vervier le había suplicado manifestase a la Asamblea que Su Majestad, el rey de los Países Bajos, le había prevenido privadamente se dirigiese a Panamá y explicase á su nombre a los Plenipotenciarios que componen el Congreso, sus vivos y ardientes deseos por la felicidad de las Repúblicas aliadas; que traía encargo de Su Majestad de fijar su residencia en el lugar que lo fuere de la Asamblea; que Su Majestad no había procedido a un formal reconocimiento de la independencia de los nuevos Estados de la América antes española, porque no siendo este acto de gran importancia para ellos, quería guardar por ahora cierta armonía con las potencias del continente de Eu-

64 «Protocolo de la séptima conferencia», Los Protocolos del Congreso de Panamá 1826, Panamá, Ernesto J. Castillero R. Editor, 1970, págs. 8-10; Colección de ensayos y documentos relativos a la unión y confederación de los pueblos hispanoamericanos, ed. facsimilar, México, Unión de Universidades de América Latina, 1979, págs. 28-31.

ropa; pero que ya había despachado dos cónsules generales, uno a Colombia, y otro a México, y que entretanto era probable se diese también un carácter público al señor Vervier.

El señor Michelena dijo que tenía el mismo encargo del señor Vervier, y que aun había recibido letras recomendaticias del Ministro de Holanda cerca del Gobierno británico; que, en efecto, aquel Gobierno le había expresado sus sentimientos de consideración y aprecio a las Repúblicas aliadas y sus deseos de mantener relaciones con ellas; y lo hizo tan terminantemente cuando el señor Michelena se hallaba en Londres como Ministro de México, que nombró un cónsul provisional, y el Gobierno de Holanda puso el exequátur.

La Asamblea acordó que los mismos señores a quienes el señor Vervier suplicó hiciera esta comunicación verbal y confidencial, le contesten de la misma manera el sumo aprecio con que la Asamblea de los aliados recibe los sentimientos de Su Majestad el rey de los Países Bajos; que, como el señor Vervier no ha presentado ninguna especie de credenciales, la Asamblea no podía entenderse con él de una manera formal, pero que los Ministros que la componen no tendrían dificultad en tratarle individualmente con franqueza en todo lo que pudiese tener indirectamente relación con los Países Bajos en atención a las bellas cualidades del señor Vervier y a la política generosa de Su Majestad el rey de Holanda.

Enseguida el señor Michelena hizo presente que podría ofrecerse por otra vez ocasión de que la Inglaterra interpusiese su mediación con la España para el reconocimiento de la independencia de las Américas que antes fueron sus colonias. Con este motivo refirió Su Excelencia el curso de varios sucesos relativos a este grande asunto que pasaron entre México y la Inglaterra, porque ésta propuso al Gobierno de México que obraría con su influjo para conseguir la paz con España y, en efecto, correspondiendo el Gobierno de México a estas insinuaciones adoptó su mediación; y estando el señor Michelena en Londres de Enviado Extraordinario y Ministro Plenipotenciario, la Inglaterra continuó el mismo negociado; mas, entonces ya se trató de que la Francia coadyuvase con ella al objeto, y el señor ministro Villèle, que había ofrecido la mediación, después se retrajo en las contestaciones diciendo que no podría resolverse hasta no recibir los informes de Mr. Samuel, que estaba en América; con todo la Inglaterra explicó que cualquiera que fuese la conducta de Francia, ella continuaría su marcha política como lo verificó, y habiendo pedido al señor Michelena las bases sobre que se podía tratar, dio éste como primera y principal el reconocimiento pleno y absoluto de la independencia de las Américas y que éstas no exigirían indemnización alguna, y que aun México no pediría la de la suma de más de sesenta millones de pesos fuertes, deuda que tiene sobre sí la República causada por España, y se adelantaba a proponer que ésta disfrutaría de algunas ventajas en los frutos naturales de agricultura y minería y tal vez hasta en alguno de industria. El Gobierno español al fin se negó a todo y sus ministros creían, según significaron, que aun tocar el asunto era peligroso y antipopular en España.

El señor Tudela manifestó que el Gobierno español había enviado a Londres agentes secretos para que se tratase del reconocimiento de la independencia de los Estados de América, exigiendo indemnizaciones pecuniarias por vía de base; pero el Gobierno del Perú había prevenido a sus enviados en Londres que no accedería a la paz bajo dicha base, y sí, concediendo algunas ventajas a la España en el comercio del Perú interviniendo un armisticio, y que sería conveniente que todo lo que tuviese conexión con este asunto se trajese a la Asamblea de Plenipotenciarios donde se podría concluir más brevemente.

El señor Michelena, después de haber amplificado las especies asentadas y hecho mérito de la importancia y gravedad del negocio, propuso, que supuesto que pudiera ofrecerse ocasión de una nueva mediación por parte de la Inglaterra, la asamblea tomase en consideración el negocio por si juzgaba conveniente el que se volviese a abrir la negociación interrumpida de acuerdo con los Aliados y sin comprometerse por ahora en base determinada ventajosa a España, y añadiendo solo a las puestas antes, un armisticio durante las negociaciones.

La Asamblea acordó que se trataría este asunto al día siguiente.

Manuel Pérez de Tudela — Pedro Briceño Méndez — Manuel Lorenzo de Vidaurre — Pedro Gual — Antonio Larrazábal — José Mariano Michelena — Pedro Molina — José Domínguez

Documento n.º 48. Protocolo de la Octava conferencia verbal del Congreso Anfictiónico

Panamá, 14 de julio de 1826[65]

Protocolo de la octava conferencia verbal tenida entre los Ministros Plenipotenciarios de las Repúblicas del Perú, Colombia, Centroamérica y Estados Unidos Mexicanos en Panamá el 14 de julio de 1826.

Presentes los Plenipotenciarios.

Se abrió la conferencia a las once y media de la mañana con la lectura del Protocolo del día anterior y se aprobó.

Se continuó tratando del asunto pendiente sobre la mediación de la Inglaterra para la paz con España, propuesta por el señor Michelena, y después de haberse discutido largamente se defirió para la conferencia inmediata, acordándose que los Plenipotenciarios trajesen sus ideas concretadas según sus conceptos.

Manuel Lorenzo de Vidaurre — Manuel Pérez de Tudela — Pedro Gual — Pedro Briceño Méndez — Pedro Molina — José Mariano Michelena — Antonio Larrazábal — José Domínguez

65 «Protocolo de la octava conferencia», Los Protocolos del Congreso de Panamá 1826, Panamá, Ernesto J. Castillero R. Editor, 1970, pág. 11; Colección de ensayos y documentos relativos a la unión y confederación de los pueblos hispanoamericanos, ed. facsimilar, México, Unión de Universidades de América Latina, 1979, págs. 31-32.

Documento n.º 49. Protocolo de la Novena conferencia verbal del Congreso Anfictiónico.

Panamá, 14 de julio de 1826[66]

Protocolo de la novena conferencia verbal tenida entre los Ministros Plenipotenciarios de las Repúblicas del Perú, Colombia, Centroamérica y Estados Unidos Mexicanos en Panamá el 14 de julio de 1826.

Presentes los Plenipotenciarios.

Se abrió la conferencia a las nueve de la noche, con la lectura del Protocolo de la anterior y se aprobó.

Enseguida, se tomó en consideración el negocio pendiente sobre la mediación de la Gran Bretaña para la paz con la España, y después de haberse presentado varias opiniones, no pudiendo convenirse sobre las bases de la negociación, por no tener instrucciones particulares de sus Gobiernos, se acordó se pidiesen, y que entre tanto cada una de las potencias aliadas pudiesen hacer por sí sus esfuerzos a favor de la paz en los términos estipulados en el artículo 10 del Tratado de liga, como si estuviese ya ratificado y fuese por consiguiente obligatorio a todas.

Manuel Lorenzo de Vidaurre — Pedro Gual — Manuel Pérez de Tudela — Pedro Briceño Méndez — Pedro Molina — Antonio Larrazábal — José Mariano Michelena — José Domínguez

66 «Protocolo de la novena conferencia», Los Protocolos del Congreso de Panamá 1826, Panamá, Ernesto J. Castillero R. Editor, 1970, págs. 11-12; Colección de ensayos y documentos relativos a la unión y confederación de los pueblos hispanoamericanos, ed. facsimilar, México, Unión de Universidades de América Latina, 1979, pág. 32.

Documento n.º 50. Protocolo de la Décima conferencia verbal del Congreso Anfictiónico.

Panamá, 15 de julio de 1826[67]

Protocolo de la décima conferencia verbal tenida entre los Ministros Plenipotenciarios de las Repúblicas del Perú, Colombia, Centroamérica y Estados Unidos Mexicanos en Panamá el 15 de julio de 1826.

Presentes los Plenipotenciarios.

Se abrió la conferencia a las diez de la mañana con la lectura del Protocolo de la del día anterior y se aprobó.

Se procedió a la lectura y cotejo del Tratado de liga, de la convención sobre contingentes, del convenio sobre el lugar y tiempo de la Asamblea, forma y órdenes de sus sesiones, y del concierto provincial sobre ejército y marina formado a consecuencia de la misma convención, y habiéndose corregido, quedaron firmados y sellados, acordándose que este último sea reservado y que bajo esta nota se entregue a los gobiernos.

Enseguida, se resolvió que como en las continuadas y largas conferencias privadas que ha habido para la formación de los tratados no ha podido hacerse los correspondientes extractos y apuntamientos, y siendo necesario que los respectivos gobiernos tengan la instrucción debida para acelerar su ratificación, pasen los señores Vidaurre, Briceño y Molina a conducirlos personalmente y dar de palabra o por escrito las noticias e instrucciones que se les pidan.

67 «Protocolo de la décima conferencia», Los Protocolos del Congreso de Panamá 1826, Panamá, Ernesto J. Castillero R. Editor, 1970, págs. 12-13; Colección de ensayos y documentos relativos a la unión y confederación de los pueblos hispanoamericanos, ed. facsimilar, México, Unión de Universidades de América Latina, 1979, págs. 32-34; Daniel Florencio O'Leary, Memorias del general O'Leary, Ministerio de la Defensa de Venezuela, 1981, págs. 348-349.

Se acordó que por el presidente se avise al señor Dawkins la traslación de la Asamblea a la villa de Tacubaya, una legua distante de la ciudad de México, lo mismo que al Gobierno de Colombia, dándosele las gracias por la hospitalidad y consideración que le ha merecido la Asamblea, y que igual comunicación se haga a las autoridades de esta ciudad por uno de los secretarios de las legaciones.

Se concluyó la conferencia a las once de la noche, a cuya hora se declaró suspenderse las sesiones para continuarlas en tiempo oportuno en la villa de Tacubaya, conforme a lo acordado anteriormente; y entonces los Plenipotenciarios se manifestaron mutuamente la complacencia con que habían concurrido a unas conferencias en que había reinado la fraternidad, la franqueza y el amor más puro a la causa pública, y sus deseos de que en las reuniones futuras de la Asamblea haya constantemente la misma uniformidad de sentimientos y la misma cordialidad en beneficio de los intereses comunes.

Manuel Lorenzo de Vidaurre — Pedro Gual — Manuel Pérez de Tudela — Pedro Briceño Méndez — Antonio Larrazábal — Pedro Molina — José Mariano Michelena — José Domínguez

Documento n.º 51. Intento de Simón Bolívar por salvar las negociaciones de la Asamblea.

Lima, 11 de agosto de 1826[68]

Lima, 11 de agosto de 1826

Simón Bolívar, presidente de Colombia Estimados amigos:

Después de escrita la anterior del 8 he estado meditando con mucha atención sobre la liga federal y la liga militar que proponen algunos de los Estados de América. Pienso que la primera no será más que nominal, pues un pacto con un mundo entero viene a ser nulo en la realidad; por lo mismo, ya que los mexicanos quieren una liga militar, yo soy de opinión de que la formemos entre Colombia, Guatemala y México, que son los únicos Estados que temen ataques por parte del Norte.

El Perú y Bolivia no dejarán de auxiliar a Colombia, a causa de los servicios que le deben; y así, aun cuando no sean Partes constituyentes de esta liga, poco importa. El tratado que hemos de concluir con Guatemala y México debe contener las siguientes estipulaciones:

1.º Que se le dé a España un plazo de tres o cuatro meses para que decida si prefiere la continuación de la guerra a la paz.

2.º En estos cuatro meses ha de verificarse el armamento y reunión de la escuadra y ejército federal o de la liga, como lo quieran llamar.

3.º El ejército no bajará de 25.000 hombres; y la escuadra de treinta buques de guerra. Estos serán cuatro navíos de línea, ocho grandes fragatas, ocho fragatas menores y el resto entre corbetas, bergantines y goletas.

68 Daniel Florencio O'Leary, Memorias del general O'Leary, Caracas, Ministerio de la Defensa de Venezuela, 1981, v. XXIV, pág. 375.

4.° Cada Estado pagará lo que se estipulare para la mantención de su contingente, tomando para ello los árbitros que juzgue conveniente.

5.° Cada Gobierno debe mandar su contingente, pero de acuerdo con los demás, y con la mira de un plan dado.

6.° Este plan se fundará: 1.° defender cualquiera parte de nuestras costas que sea atacada por los españoles o nuestros enemigos; 2.° expedicionar contra La Habana y Puerto Rico; 3.° marchar a España con mayores fuerzas, después de la toma de Puerto Rico y Cuba, si para entonces no quisieren la paz los españoles.

7.° En los casos de reunirse fuerzas marítimas o terrestres, puede estipularse la condición de que el oficial más antiguo mande en jefe; pero si los confederados de México y Guatemala no quisieren aceptar esta condición, Colombia puede ofrecerles, por generosidad, el mando, sea en tierra o sea en el mar.

Si los mexicanos y los de Guatemala quieren entrar en esta liga, creo que Vds. deben concluirla inmediatamente aun cuando no tengan instrucciones del Ejecutivo; pues yo estoy resuelto a aprobarla luego que llegue a Colombia e influir en que el Congreso la ratifique. Digo más, si los de México y Guatemala prefieren otras condiciones a las que yo he indicado, deben también admitirse con tal que haya una liga marítima y terrestre con las miras de defender el territorio de los aliados. También creo que el ejército no debe bajar de 20.000 hombres y la escuadra debe ser igual, por lo menos, a la de los españoles de América, siempre con la idea ostensible de tomar La Habana y Puerto Rico.

Me extenderé aún: si en el tratado salimos perjudicados por la desproporción del contingente, debemos sufrirla para no encontrarnos solos en esta lucha; pues al cabo Colombia sola tendrá que combatir.

Guatemala y Colombia pueden contribuir con la mitad del ejército, de la marina, y de los gastos; y la otra mitad México, que tiene doble riqueza y doble población que Colombia. Guatemala de ningún modo equivale a Colombia; por consiguiente, la ventaja es para México que tiene un millón de habitantes más que las otras dos repúblicas contratantes.

Simón Bolívar

Documento n.º 52. Oficio remisorio de los protocolos originales del Congreso Anfictiónico

Panamá, 24 de julio de 1826[69]

Panamá, 24 de julio de 1826

Señor:

Al concluir la Asamblea sus tareas eligió a los Excelentísimos señores don Pedro Briceño Méndez, don Manuel Lorenzo Vidaurre, y don Pedro Molina, para que presentasen personalmente sus tareas a sus respectivos gobiernos, para su ratificación. En cumplimiento de esta resolución, se dirige a esa capital don Manuel Vidaurre, conduciendo el Tratado de unión, liga, y confederación, la Convención de Contingentes, el convenio secreto relativo a dichos contingentes por mar y tierra, el convenio sobre la traslación de la asamblea y el Protocolo con sus documentos respectivos, original por falta de tiempo para su copia.

Doctor Manuel Pérez de Tudela

Al señor Ministro de Estado en el departamento de Relaciones Exteriores de la República peruana, etc., etc., etc.

69 Colección de ensayos y documentos relativos a la unión y confederación de los pueblos hispanoamericanos, Santiago, Sociedad de la Unión Americana de Santiago de Chile, Imprenta Chilena, 1862; ed. facsimilar, México, Unión de Universidades de América Latina, 1979, págs. 11-12.

Documento n.º 53. Tratado de unión, liga y confederación perpetua de las repúblicas de Colombia, Centroamérica, Perú y Estados Unidos Mexicanos.

Panamá, 15 de julio de 1826[70]

En el nombre de Dios todopoderoso, Autor y Legislador del universo.

Las Repúblicas de Colombia, Centroamérica, Perú y Estados Unidos Mexicanos, deseando consolidar las relaciones íntimas que actualmente existen, y cimentar de una manera la más solemne y estable, las que deben existir en adelante entre todas y cada una de ellas, cual conviene a naciones de un origen común que han combatido simultáneamente por asegurarse los bienes de la libertad e independencia, en cuya posesión se hallan hoy felizmente, y están firmemente determinadas a continuar, contando para ello con los auxilios de la Divina Providencia, que tan visiblemente ha protegido la justicia de su causa, han convenido en nombrar y constituir debidamente Ministros Plenipotenciarios que, reunidos y congregados en la presente Asamblea, acuerden los medios de hacer perfecta y duradera tan saludable obra.

Con este motivo las dichas potencias han conferido los plenos poderes siguientes, a saber:

S.E. el Vicepresidente encargado del Poder Ejecutivo de la República de Colombia a los Excelentísimos señores Pedro Gual y Pedro Briceño Méndez, General de Brigada de los Ejércitos de dicha República; S.E. el presidente de la República de Centroamérica, a los Excelentísimos señores Antonio Larrazábal y Pedro Molina; S.E. el Consejo de Gobierno

70 Raúl Porras Barrenechea; comp., El Congreso de Panamá de 1826, Lima, Archivo Diplomático Peruano, 1930, págs. 405-416; Daniel Florencio O'Leary, Memorias del general O'Leary, Caracas, Ministerio de la Defensa de Venezuela, 1981, v. XXIV, págs. 352-360.

de la República del Perú, a los Excelentísimos señores don Manuel Lorenzo de Vidaurre, presidente de la Corte Suprema de Justicia de la misma República, y don Manuel Pérez de Tudela, Fiscal del mismo Tribunal; Su Excelencia el presidente de los Estados Unidos Mexicanos, a los Excelentísimos señores don Mariano Michelena, General de Brigada, y don José Domínguez, Regente del Supremo Tribunal de Justicia del Estado de Guanajuato. Los cuales, después de haber canjeado sus plenos poderes respectivos, y hallados en buena y bastante forma, han convenido en los artículos siguientes:

Artículo 1. Las Repúblicas de Colombia, Centroamérica, Perú y Estados Unidos Mexicanos se ligan y confederan mutuamente en paz y en guerra, y contraen, para ello, un pacto perpetuo de amistad firme e inviolable, y de unión íntima y estrecha con todas y cada una de las dichas Partes.

Artículo 2. El objeto de este pacto perpetuo será sostener en común, defensiva y ofensivamente, si fuere necesario, la soberanía e independencia de todas y cada una de las potencias confederadas de América contra toda dominación extranjera, y asegurarse desde ahora para siempre, los goces de una paz inalterable, y promover, al efecto la mejor armonía y buena inteligencia, así entre sus pueblos, ciudadanos y súbditos respectivamente, como con las demás potencias con quienes deben mantener o entrar en relaciones amistosas.

Artículo 3. Las Partes Contratantes se obligan y comprometen a defenderse mutuamente de todo ataque que ponga en peligro su existencia política, y a emplear contra los enemigos de la independencia de todas o algunas de ellas, todo su influjo, recursos y fuerzas marítimas y terrestres, según los contingentes con que cada una está obligada, por la convención separada de esta misma fecha, a concurrir al sostenimiento de la causa común.

Artículo 4. Los contingentes de tropas, con todos sus trenes y transportes, víveres y el dinero con que alguna de las potencias confederadas haya de concurrir a la defensa de una u otras, podrán pasar y repasar libremente por el territorio de cualquiera de ellas que se halle interpuesta entre la potencia amenazada o invadida y la que viene en su auxilio; pero el Gobierno a quien correspondan las tropas y auxilios en marcha, lo avisará oportunamente al de la potencia que se halla en el tránsito, para que ésta señale el itinerario de la ruta que hayan de seguir dentro de su territorio, debiendo ser precisamente por las vías más breves, cómodas y pobladas, y siendo de cuenta del Gobierno a quien pertenecen las tropas, todos los gastos que ellas causen, en víveres, bagajes y forrajes.

Artículo 5. Los buques armados en guerra y escuadras, de cualquier número y calidad, pertenecientes a una o más de las Partes Contratantes, tendrán libre entrada y salida en los puertos de todas y cada una de ellas, y serán eficazmente protegidos contra los ataques de los enemigos comunes, permaneciendo en dichos puertos todo el tiempo que crean necesario sus comandantes o capitanes, los cuales, con sus oficiales y tripulaciones, serán responsables ante el Gobierno de quien dependen, con sus personas, bienes y propiedades, por cualquiera falta a las leyes y reglamentos del puerto en que se hallaren, pudiendo las autoridades locales ordenarles que se mantengan a bordo de sus buques, siempre que haya que hacer alguna reclamación.

Artículo 6. Las Partes Contratantes se obligan, además, a prestar cuantos auxilios estén en su poder a sus bajeles de guerra y mercantes que llegaren a los puertos de sus pertenencias por causa de avería o por cualquiera otro motivo desgraciado; y en su consecuencia, podrán carenarse, repararse, hacer víveres, y en los casos de guerras comunes armarse, aumentar sus armamentos y tripulación hasta ponerse en estado de poder continuar sus viajes o cruceros, todo a expensas de la potencia o particulares a quienes correspondan dichos bajeles.

Artículo 7. A fin de evitar las depredaciones que puedan causar los corsarios armados por cuenta de particulares en perjuicio del comercio nacional o extranjero, se estipula que en todos los casos de una guerra común, sea extensiva la jurisdicción de los tribunales de presas de todas y cada una de las potencias aliadas, a los corsarios que naveguen bajo pabellón de cualquiera de ellas, conforme a las leyes y estatutos del país a que corresponda el corsario o corsarios, siempre que haya indicios vehementes de haber cometido excesos contra el comercio de las naciones amigas o neutras; bien entendido que esta estipulación durará solo hasta que las Partes Contratantes convengan, de común acuerdo, en la abolición absoluta o condicional del corso.

Artículo 8. En caso de invasión repentina de los territorios de las Partes Contratantes, cualquiera de ellas podrá obrar hostilmente contra los invasores siempre que las circunstancias no den lugar a ponerse de acuerdo con el Gobierno a quien corresponda la soberanía de dichos territorios; pero la Parte que así obrare, deberá cumplir y hacer cumplir los estatutos, ordenanzas y leyes de la potencia invadida y hacer respetar y obedecer su Gobierno en cuanto lo permitan las circunstancias de la guerra.

Artículo 9. Se ha convenido y conviene asimismo, en que los tránsfugas de un territorio a otro y de un buque de guerra o mercante al territorio o buque de otro, siendo soldados o marineros desertores de cualquier clase, sean devueltos inmediatamente y en cualquier tiempo, por los tribunales y autoridades bajo cuya jurisdicción esté el desertor o los desertores; pero a la entrega debe preceder la reclamación de un oficial de guerra respecto de los desertores militares, y la del capitán, maestre, sobrecargo o persona interesada en el buque respecto de los mercantes, dando las señales del individuo o individuos, su nombre y el del cuerpo o buque de que haya desertado, pudiendo, entretanto, ser depositados en las prisiones públicas hasta que se verifique la entrega en forma.

Artículo 10. Las Partes Contratantes, para identificar cada vez más sus intereses, estipulan aquí expresamente que ninguna de ellas podrá hacer la paz con los enemigos comunes de su independencia sin incluir en ella a todos los demás aliados específicamente; en la inteligencia que en ningún caso ni bajo pretexto alguno podrá ninguna de las Partes Contratantes acceder en nombre de las demás, a proposiciones que no tengan por base el reconocimiento pleno y absoluto de su independencia, ni a demandas de contribuciones, subsidios o exacciones de cualquiera especie por vía de indemnización u otra causa, reservándose cada una de las dichas Partes a aceptar o no la paz con sus formalidades acostumbradas.

Artículo 11. Deseando las Partes Contratantes hacer cada vez más fuertes e indisolubles sus vínculos y relaciones fraternales por medio de conferencias frecuentes y amistosas, han convenido y convienen en formar cada dos años, en tiempo de paz, y cada uno durante la presente y demás guerras comunes, una asamblea general compuesta de dos Ministros Plenipotenciarios por cada Parte, los cuales serán debidamente autorizados con los plenos poderes necesarios. El lugar y tiempo de la reunión, la forma y orden de las sesiones se expresan y arreglan en convenio separado de esta misma fecha.

Artículo 12. Las Partes Contratantes se obligan y comprometen especialmente en el caso de que en alguno de los lugares de su territorio se reúna la asamblea general, a prestar a los Plenipotenciarios que la compongan, todos los auxilios que demandan la hospitalidad y el carácter sagrado e inviolable de sus personas.

Artículo 13. Los objetos principales de la Asamblea General de Ministros Plenipotenciarios de las potencias confederadas son:

1. Negociar y concluir entre las potencias que representa, todos aquellos tratados, convenciones y demás actos que pongan sus relaciones recíprocas en un pie mutuamente agradable y satisfactorio.

2. Contribuir al mantenimiento de una paz y amistad inalterables entre las potencias confederadas, sirviéndoles de consejo en los grandes conflictos, de punto de contacto en los peligros comunes, de fiel intérprete de los tratados y convenciones públicas que hayan concluido en la misma Asamblea, cuando sobre su inteligencia ocurra alguna duda, y de conciliador en sus disputas y diferencias.

3. Procurar la conciliación y mediación entre una o más de las potencias aliadas, o entre éstas con una o más potencias extrañas a la Confederación, que estén amenazadas de un rompimiento o empeñadas en guerra por quejas de injurias, daños graves u otras causas.

4. Ajustar y concluir durante las guerras comunes de las Partes Contratantes con una o muchas potencias extrañas a la Confederación, todos aquellos tratados de alianza, concierto, subsidios y contingentes que aceleren su terminación.

Artículo 14. Ninguna de las Partes Contratantes podrá celebrar tratados de alianza, o ligas perpetuas o temporales con ninguna potencia extraña a la presente Confederación, sin consultar previamente a los demás aliados que la componen o la compusieren en adelante y obtener para ello su consentimiento explícito, o la negativa para el caso de que habla el artículo siguiente.

Artículo 15. Cuando alguna de las Partes Contratantes juzgare conveniente formar alianzas perpetuas o temporales para especiales objetos y por causas especiales, la República necesitada de hacer estas alianzas las procurará primero con sus hermanas y aliadas; mas si éstas, por cualquier causa, negaren sus auxilios, o no pudieren prestarle los que necesita, quedará aquella en libertad de buscarlos donde le sea posible encontrarlos.

Artículo 16. Las Partes Contratantes se obligan y comprometen solemnemente a transigir amigablemente entre sí todas las diferencias que en el día existen o pueden existir entre algunas de ellas; y en caso de no terminarse entre las potencias discordes, se llevará, con preferencia a toda vía de hecho, para procurar su conciliación, a juicio de la asamblea, cuya decisión no será obligatoria si dichas potencias no se hubiesen convenido explícitamente en que lo sea.

Artículo 17. Sean cuales fueren las causas de injurias, daños graves u otros motivos que alguna de las Partes Contratantes pueda producir contra otra u otras, ninguna de ellas podrá declararles la guerra, ni ordenar actos de represalia contra la República que se crea la ofensora, sin llevar antes su causa, apoyada en los documentos y comprobantes necesarios, con una exposición circunstanciada del caso, a la decisión conciliatoria de la Asamblea General.

Artículo 18. En el caso de que una de las potencias confederadas juzgue conveniente declarar la guerra o romper las hostilidades contra una potencia extraña a la presente Confederación, deberá antes solicitar los buenos oficios, interposición y mediación de sus aliados, y éstos estarán obligados a emplearlos del modo más eficaz posible. Si esta interposición no bastare para evitar el rompimiento, la Confederación deberá declarar si abraza o no la causa del confederado, y aunque no la abrace, no podrá, bajo ningún pretexto o razón, ligarse con el enemigo del confederado.

Artículo 19. Cualquiera de las Partes Contratantes que, en contravención a lo estipulados en los tres artículos anteriores, rompiese las hostilidades con otra, o que no cumpliese con las decisiones de la Asamblea, en el caso de haberse sometido previamente a ellas, será excluida de la Confederación y no volverá a pertenecer a la liga sin el voto unánime de las Partes que la componen a favor de su readmisión.

Artículo 20. En el caso de que alguna de las Partes Contratantes pida a la asamblea su dictamen o consejo sobre cualquier asunto o caso grave, deberá ésta darlo con toda la franqueza, interés y buena fe que exige la fraternidad.

Artículo 21. Las Partes Contratantes se obligan y comprometen a sostener y defender la integridad de sus territorios respectivos, oponiéndose eficazmente a los establecimientos que se intenten hacer en ellos sin la correspondiente autorización y dependencia de los Gobiernos a quienes corresponde en dominio y propiedad, y a emplear al efecto en común, sus fuerzas y recursos si fuere necesario.

Artículo 22. Las Partes Contratantes se garantizan la integridad de sus territorios, luego que, en virtud de las convenciones particulares que celebraren entre sí, se hayan demarcado y fijado sus límites respectivos, cuya conservación se pondrá entonces bajo la protección de la Confederación.

Artículo 23. Los ciudadanos de cada una de las Partes Contratantes gozarán de los derechos y prerrogativas de ciudadanos de la República en que residan, desde que, manifestando su deseo de adquirir esta calidad ante las autoridades competentes, conforme a la ley de cada una de las potencias aliadas, presten juramento de fidelidad a la Constitución del país que adopten, y como tales ciudadanos, podrán obtener todos los empleos y distinciones a que tienen derecho los demás ciudadanos, exceptuando siempre aquellos que las leyes fundamentales reservaran a los naturales, y sujetándose para la opción de los demás, al tiempo de residencia y requisitos que exijan las leyes particulares de cada potencia.

Artículo 24. Si un ciudadano o ciudadanos de una República aliada prefiriesen permanecer en el territorio de otra, conservando siempre el carácter de ciudadano del país de su nacimiento o de su adopción, dicho ciudadano o ciudadanos gozarán igualmente en cualquier territorio de las Partes Contratantes en que residan de todos los derechos y prerrogativas de naturales del país en cuanto se refiere a la administración de justicia y a la protección correspondiente a sus personas, bienes y propiedades; y, por consiguiente, no les será prohibido, bajo pretexto alguno, el ejercicio de su profesión u ocupación, ni el disponer entre vivos o por última voluntad, de sus bienes, muebles o inmuebles, como mejor les parezca, sujetándose en todo caso a las cargas y leyes a que lo estuvieren los naturales del territorio en que se hallaren.

Artículo 25. Para que las Partes Contratantes reciban la posible compensación por los servicios que se prestan mutuamente en esta alianza, han convenido en que sus relaciones comerciales se arreglen en la próxima asamblea, quedando vigentes entretanto las que actualmente existen entre algunas de ellas en virtud de estipulaciones anteriores.

Artículo 26. Las potencias de la América cuyos Plenipotenciarios no hubiesen concurrido a la celebración y firma del presente tratado, podrán, no obstante lo estipulado en el artículo 14, incorporarse en la actual Confederación, dentro de un año después de ratificado el presente Tratado y la Convención de Contingentes concluidos en esta fecha sin exigir modificaciones ni variación alguna, pues en caso de desear y pretender alguna alteración, se sujetará ésta al voto y resolución de la asamblea, que no accederá sino en el caso de que las modificaciones que se pretendan no alteren lo sustancial de las bases y objeto de este Tratado.

Artículo 27. Las Partes Contratantes se obligan y comprometen a cooperar a la completa abolición y extirpación del tráfico de esclavos de África, manteniendo sus actuales prohibiciones de semejante tráfico en toda su fuerza y vigor, y para lograr desde ahora tan saludable obra, convienen, además, en declarar, como declaran entre sí, de la manera más solemne y positiva, a los traficantes de esclavos con sus buques cargados de esclavos y procedentes de las costas de África, bajo el pabellón de las dichas Partes Contratantes, incursos en el crimen de piratería, bajo las condiciones que se especificarán después de una convención especial.

Artículo 28. Las Repúblicas de Colombia, Centroamérica, Perú y Estados Unidos Mexicanos, al identificar tan fuerte y poderosamente sus principios e intereses en paz y guerra, declaran formalmente que el presente Tratado de unión, liga y confederación perpetua, no interrumpe ni interrumpirá de modo alguno el ejercicio de la soberanía de cada uno de ellos, con respecto de sus relaciones exteriores con las demás potencias extrañas a esta Confederación, en cuanto no se opongan al tenor y letra de dicho Tratado.

Artículo 29. Si alguna de las Partes variase esencialmente sus formas de Gobierno, quedará por el mismo hecho excluida de la Confederación, y su Gobierno no será reconocido ni ella readmitida en dicha Confederación, sino por el voto unánime de todas las Partes que la constituyen o constituyesen entonces.

Artículo 30. El presente Tratado será firme en todas sus partes y efectos, mientras las potencias aliadas permanezcan empeñadas en la guerra actual u otra común, sin poder variar ninguno de sus artículos y cláusulas, sino de acuerdo con todas las dichas partes en la asamblea general, quedando sujetas a ser obligadas por cualquier medio que las demás juzguen a propósito a su cumplimiento; pero verificada que sea la paz, deberán las potencias aliadas rever en la misma asamblea este Tratado y hacer en él las reformas y modificaciones que por las circunstancias se pidan y estimen como necesarias.

Artículo 31. El presente Tratado de unión, liga y confederación perpetua, será ratificado y las ratificaciones serán canjeadas en la villa de Tacubaya, una legua distante de la ciudad de México, dentro del termino de ocho meses contados desde esta fecha o antes si fuere posible.

En fe de lo cual los Ministros Plenipotenciarios de las Repúblicas de Colombia, Centroamérica, Perú y Estados Unidos Mexicanos, han firmado y sellado las presentes con sus sellos respectivos, en la ciudad de Panamá, a quince días del mes de julio del año del Señor 1826.

Pedro Briceño Méndez — Pedro Gual — Antonio Larrazábal — Pedro Molina —

Manuel Lorenzo de Vidaurre — Manuel Pérez de Tudela — José Mariano Michelena — José Domínguez

Artículo adicional. Por cuanto las Partes Contratantes desean ardientemente vivir en paz con todas las naciones del Universo, evitando todo motivo de disgusto que pueda dimanar del ejercicio de sus derechos legítimos, en paz

y guerra, han convenido y convienen igualmente en que luego se obtenga la ratificación del presente Tratado, procederán a fijar de común acuerdo, todos aquellos puntos, reglas y principios que han de dirigir su conducta en uno y otro caso, a cuyo efecto invitarán de nuevo a las potencias neutras y amigas para que si lo creyeren conveniente, tomen una parte activa en semejante negociación, y concurran, por medio de sus Plenipotenciarios, a ejecutar, concluir y firmar el tratado o tratados que se hagan con tan importante objeto.

El presente artículo adicional tendrá la misma fuerza como si se hubiese insertado, palabra por palabra, en el Tratado firmado hoy; será ratificado y las ratificaciones serán canjeadas dentro del mismo término.

En fe de lo cual los respectivos Ministros Plenipotenciarios lo han firmado y puesto sus sellos respectivos, en esta ciudad de Panamá, a los quince días del mes de julio del año del Señor 1826.

Pedro Briceño Méndez — Pedro Gual — Antonio Larrazábal — Pedro Molina —

Manuel Lorenzo de Vidaurre — Manuel Pérez de Tudela — José Mariano Michelena — José Domínguez

Documento n.º 54. Concierto a que se refiere el Artículo 11 del Tratado de unión, firmado este día por los ministros plenipotenciarios de las repúblicas de Colombia, Centroamérica, Perú y Estados Unidos Mexicanos

Panamá, 15 de julio de 1826[71]

Los infrascritos, Ministros Plenipotenciarios de las Repúblicas de América, concurrentes a la Asamblea General de Panamá, conforme a lo estipulado en el artículo 11 del Tratado de liga, firmado en esta fecha, han ajustado y concluido el convenio siguiente:

1. Esta Asamblea se traslada a continuar sus negociaciones a la villa de Tacubaya, una legua distante de la ciudad de México, y seguirá reuniéndose allí periódicamente, o en cualquier otro punto del territorio mexicano, mientras la razón y las circunstancias no exijan que se varíe a otro lugar, que tenga las ventajas de salubridad, seguridad y buena posición para las comunicaciones con las naciones de Europa y América.

2. Los Gobiernos mantendrán íntegras sus legaciones en el lugar de la reunión de la asamblea, por tres meses, prorrogables a dos más; pero durante la guerra común deberán mantenerlas siempre en el territorio de la República en que se halla reunida la asamblea.

3. La Asamblea no recibirá para Ministros signatarios, sino personas con el carácter, por lo menos, de Ministros Plenipotenciarios y como tales serán vistos y considerados conforme a las prácticas establecidas, dispensándoles el tra-

71 Raúl Porras Barrenechea; comp., El Congreso de Panamá de 1826, Lima, Archivo Diplomático Peruano, 1930, págs. 416-418; Daniel Florencio O'Leary, Memorias del general O'Leary, Caracas, Ministerio de la Defensa de Venezuela, 1981, v. XXIV, págs. 361-362.

tamiento que sus respectivos Gobiernos les den en sus comunicaciones oficiales.

4. Reunidos los Ministros y canjeados los poderes de los que nuevamente concurran, se observará en punto a preferencia y presidencia lo acordado por la presente asamblea, renovándose, al abrirse las conferencias, la operación del sorteo que consta en los protocolos.

5. Los Ministros de la República donde se verifiquen las reuniones darán aviso a su Gobierno, por conducto del respectivo Ministerio, de la llegada sucesiva de los Plenipotenciarios, incluyendo una lista de su comitiva, a fin de que con este conocimiento se guarden y manden guardar así a ellos como a sus respectivas familias, los fueros, prerrogativas e inmunidades que son de costumbre y corresponden a su representación y alto carácter.

6. Para remover todo lo que pueda retardar las negociaciones y signatura de los tratados no se observará ceremonial alguno durante el curso de aquellas, y los Plenipotenciarios se reunirán donde y cuando les parezca, sin distinción de rango.

7. El Gobierno de la República donde se reúna la Asamblea proporcionará, sin embargo, un local cómodo y decente para que en él puedan tener las conferencias, si los Ministros así lo acordasen, y presentará a dichos Ministros todos los auxilios que necesitan para procurarse su alojamiento.

8. En el lugar en que resida la Asamblea, durante las sesiones (si no es a petición suya), no podrán alojarse tropas ni entrar tampoco autoridad alguna, por eminente que sea, excepto la civil y municipal del territorio.

9. La correspondencia de los Ministros solos, y no la de su comitiva, será franca de porte en las administraciones de la República donde esté la Asamblea.

10. Luego que las demás potencias de América se incorporen en la asamblea general, por medio de sus Plenipotenciarios, se volverá a tomar en consideración este convenio para hacer en él las variaciones que se juzguen convenientes.

En fe de lo cual los infrascritos han firmado y sellado el presente convenio, en la ciudad de Panamá, a quince días del mes de julio del año del Señor 1826.

Pedro Gual — Pedro Briceño Méndez — Antonio Larrazábal — Pedro Molina —

Miguel Lorenzo de Vidaurre — Manuel Pérez de Tudela — José Mariano Michelena — José Domínguez

Documento n.º 55. Convención de contingentes entre las repúblicas de Colombia, Centroamérica, Perú y Estados Unidos Mexicanos

Panamá, 15 de julio de 1826[72]

En el nombre de Dios, Autor y Legislador del Universo.

Las Repúblicas de Colombia, Centroamérica, Perú y Estados Unidos Mexicanos, deseando, en virtud del artículo 3 del Tratado de unión, liga y confederación perpetua firmado en este día, hacer efectiva la cooperación que deben prestarse mutuamente contra su enemigo común el rey de España, hasta que el curso de los acontecimientos incline su ánimo a la justicia y a la paz, de cuyos bienes se hallan dolorosamente privados por consecuencia de la obstinación con que dicho Príncipe intenta reagravar los males de la guerra; y estando resueltas las dichas potencias confederadas a hacer toda suerte de sacrificios por poner término a tan lamentable estado de cosas, empleando al efecto recursos adecuados a las circunstancias presentes o que puedan sobrevenir, han determinado arreglar sus contingentes respectivos, por medio de sus Ministros Plenipotenciarios reunidos y congregados en esta asamblea, a saber: S.E. el Vicepresidente encargado del Poder Ejecutivo de la República de Colombia, a los Excelentísimos señores Pedro Gual y Pedro Briceño Méndez, general de Brigada de los Ejércitos de dicha República.

S.E. el presidente de la República de Centroamérica, a los Excelentísimos señores Antonio Larrazábal y Pedro Molina.

S.E. el Consejo de Gobierno de la República del Perú, a los Excelentísimos señores don Manuel Lorenzo Vidaurre,

72 Raúl Porras Barrenechea; comp., El Congreso de Panamá de 1826, Lima, Archivo Diplomático Peruano, 1930, págs. 419-426; Daniel Florencio O'Leary, Memorias del general O'Leary, Caracas, Ministerio de la Defensa de Venezuela, 1981, v. XXIV, págs. 362-367.

presidente de la Corte Suprema de Justicia de la misma República, y don Manuel Pérez de Tudela, Fiscal del mismo Tribunal.

S.E. el presidente de los Estados Unidos Mexicanos, a los Excelentísimos señores don José Mariano Michelena, general de Brigada, y don José Domínguez, regente del Supremo Tribunal de Justicia del Estado de Guanajuato.

Y habiéndose manifestado mutuamente sus plenos poderes y encontrándolos bastantes y en debida forma, han convenido en los artículos siguientes:

Artículo 1. Las Partes Contratantes se obligan y comprometen a levantar y mantener, en pie efectivo y completo de guerra un ejército de 60.000 hombres de infantería y caballería, en esta proporción: la República de Colombia, 15.250; la de Centroamérica, 6.750; la del Perú, 5.250; y los Estados Unidos Mexicanos, 32.750. La décima parte de estos contingentes será de caballería.

Artículo 2. Dichos 60.000 hombres estarán organizados en brigadas y divisiones, armadas, equipadas y prontas en un todo, a entrar en campaña y a obrar defensiva u ofensivamente, según el concierto establecido por separado entre las Partes Contratantes, con el fin de que estas tropas tengan toda la movilidad de que son susceptibles, el cual será tan obligatorio como si se hubiese insertado, palabra por palabra, en la presente convención.

Artículo 3. Como el objeto de las Partes Contratantes al unirse en una confederación, es disminuir los sacrificios que cada una tendría que hacer por sí sola en beneficio de la causa común, y prestarse toda protección y ayuda, se ha convenido y conviene, además, que en caso de ser invadida una de las Partes, deban las demás socorrerla, no solamente con las tropas de que se ha hablado arriba, sino también con un subsidio de 200.000 pesos cada una, los cuales serán pagados puntualmente, a la disposición del Gobierno del país invadido, en la Tesorería del aliado que deba darlo, bien sea en moneda sonante o en letras de cambio, fuera de los otros auxilios pecuniarios que las Partes Contratantes están prontas a prestarse recíprocamente y que estipularán después, si fuere necesario, en virtud de las circunstancias.

Artículo 4. Los contingentes de tropas se pondrán, llegado el caso de obrar en defensa de alguna de las Partes Contratantes, bajo la dirección y órdenes del Gobierno que vayan a auxiliar; bien entendido que los cuerpos auxiliares han de conservar bajo sus jefes naturales, la organización, ordenanza y disciplina del país a que pertenecen.

Artículo 5. Cualquiera de las Partes Contratantes que vaya en auxilio de otra, estará obligada, durante la campaña, a alimentar, pagar, vestir, reemplazar las bajas de sus contingentes respectivos y hacer los gastos que cause su transporte; pero el auxiliado los tratará en punto a cuarteles o alojamientos y hospitales, como a sus propias tropas, y les proveerá de las municiones de guerra que consuman y de las armas que necesiten, en reemplazo de las que se inutilicen mientras duren las operaciones.

Artículo 6. Los víveres que consuman las tropas auxiliares serán suministrados por sus Gobierno respectivos. Si estos pudieren proporcionárselos o creyeren más conveniente tomarlos del país que defienden, el Gobierno de dicho país estará obligado a facilitárselos al mismo precio y de la misma calidad que los dé a sus tropas, formando al intento los arreglos y convenios necesarios para cada campaña.

Artículo 7. Todos los gastos causados en las operaciones que se emprendan conforme a los artículos anteriores, en defensa de alguna de las Partes Contratantes, y subsidios de cualquiera especie que se les den, serán abonados por la potencia que recibió el auxilio, dos años después de la conclusión de la presente guerra por medio de un tratado definitivo de paz con España, previa la liquidación.

Artículo 8. Para reemplazar las bajas de los contingentes con que cada una de las Partes debe concurrir, se ha convenido en que pueda hacerse recluta voluntaria en el país donde se esté obrando; pero tales reclutas, siendo súbditos por nacimiento del Gobierno de dicho país, serán enteramente libres de seguir o no las banderas en que se han enganchado al tiempo de retirarse las tropas auxiliares, debiendo en todo caso pagarse el alcance que hubiere en favor o en contra del cuerpo.

Artículo 9. En el caso de que las Partes Contratantes crean conveniente tomar la ofensiva contra el enemigo común, fuera del territorio de los aliados, con los contingentes de tropas estipulados en el artículo 1, se concertarán entre sí sobre los medios que hayan de emplear, el objeto de la empresa, jefe que lo dirija y la organización temporal o permanente que dé al país que se ocupe, a fin de que haya unidad de acción en el servicio y se asegure el éxito.

Artículo 10. Las Partes Contratantes se obligan y comprometen, además, a tener y mantener una fuerza naval competente, sobre cuyo número, calidad, proporción y destino se han convenido por separado, y para cuyo completo consignan desde luego la suma de 7.720.000 pesos fuertes, distribuidos de la manera siguiente: a la República de Colombia, 2.205.714 pesos fuertes; a la de Centro América, 955.811 pesos fuertes, y a los Estados Unidos Mexicanos, 4.558.475 pesos fuertes.

Artículo 11. Las Partes Contratantes se obligan y comprometen igualmente a mantener sus respectivos buques en pie de guerra, completamente armados, tripulados y provistos de las municiones de boca correspondientes, las cuales deberán renovarse en seis meses, sin que para ello sea necesario distraer los buques del servicio en que se hallen empleados.

Artículo 12. Los buques de la marina aliada llevarán el pabellón de la nación a que pertenecen y sus oficiales y tripulación serán juzgados y se gobernarán por las leyes y ordenanzas respectivas, entre tanto que los aliados adopten de acuerdo una ordenanza o reglas generales para uniformar el servicio.

Artículo 13. Una comisión, compuesta de tres miembros nombrados uno por el Gobierno de la República de Colombia, otro por el de la República de Centroamérica y otro por el de los Estados Unidos Mexicanos, se encargará de la dirección y mando de la fuerza naval que debe establecerse en el mar Atlántico, con facultades de un Jefe militar superior, o mayores, si dichos Gobiernos lo estimaren conveniente para realizar los objetos que se han convenido.

Artículo 14. Los miembros de la Comisión Directiva de las fuerzas navales de la Confederación serán nombrados por sus respectivos Gobiernos dentro de los veinte días después de la ratificación de la presente Convención, y se reunirán a la mayor brevedad posible por la primera vez en la plaza de Cartagena, donde fijarán su residencia, o la variación a cualquier otro lugar que esté bajo la jurisdicción de alguna de las tres potencias que los han constituido, según lo crean conveniente para el mayor éxito de las operaciones que emprendan, y facilidad de comunicaciones con los Gobiernos de quienes dependan.

Artículo 15. A fin de que dicha Comisión Directiva tenga toda la independencia y libertad necesaria para el mejor desempeño de sus funciones, se ha convenido y se conviene aquí expresamente que cada uno de sus miembros goce todas las inmunidades y exenciones de un agente diplomático, sea cual fuere el lugar en que resida.

Artículo 16. Las presas que haga la fuerza naval de la Confederación se distribuirán íntegramente entre los oficiales, tropa y tripulación aprehensores; la clasificación de presas, el Tribunal en que han de ser juzgadas y el modo con que ha de hacerse su distribución, se arreglará por un convenio particular.

Artículo 17. Los reparos que necesite la marina federal, por avería de guerra o mar, serán hechos indistintamente, por cuenta de la misma Confederación, con un fondo que al efecto se distribuirá entre las Partes Contratantes, con proporción a sus respectivos contingentes, y se pondrá a disposición de la Comisión respectiva. Y para que dicha Comisión tenga desde luego algún fondo disponible con qué ocurrir a los primeros y más prontos reparos que se ofrezcan, se le entregará, desde que se reúna, la suma de 300.000 pesos completándose como sigue: la República de Colombia, 85.714 pesos fuertes; la República de Centroamérica, 37.146 pesos fuertes, y los Estados Unidos Mexicanos, 177.140 pesos fuertes.

Artículo 18. Si alguna de las Potencias Contratantes tuviese, además, a su servicio otros buques armados, o los armare en adelante, que no pertenezcan a la marina confederada, y uno o más de ellos concurriere con uno o más de la dicha marina al apresamiento de enemigos, participarán de todas las ventajas como si perteneciesen a ella.

Artículo 19. Si al concluir la paz con España, cuya consecuencia es el objeto de esta Convención, convinieren las Potencias Contratantes en disolver la marina aliada, se devolverán a cada una los mismos buques con que haya contribuido para su formación, según el Convenio a que se ha referido el artículo 10, o los que los hayan reemplazado, conforme a lo estipulado en el artículo 17.

Artículo 20. Para cubrir las costas de las Partes Contratantes en el mar Pacífico, se ha convenido y conviene en que la República peruana mantenga constantemente en ellas, en el mismo pie de guerra que se ha dicho arriba, una escuadra compuesta y dividida en dos cruceros del modo que se ha establecido por separado, y dicha escuadra será dirigida y sostenida por su Gobierno con entera independencia de la Comisión Directiva.

Artículo 21. En virtud de lo dispuesto en el artículo precedente, se conviene, además, en que la República del Perú no sea comprendida ni en las prestaciones, ni en las ventajas que resulten a las potencias que concurren a la formación de las fuerzas navales del mar Atlántico por los artículos 10, 11, 12, 13, 14, 15, 16, 17 y 19 de esta Convención, bien entendido que si sucesos prósperos proporcionasen a las potencias que forman la marina del Atlántico el resarcimiento de los gastos hechos en ellos, entonces la República del Perú será reintegrada también, después de aquéllas, de los gastos que haya hecho en la del Pacífico, a la manera que si la República del Perú se repusiere de los gastos erogados en la escuadra del Pacífico, el sobrante quedará para distribuirse entre las potencias aliadas en el Atlántico.

Artículo 22. Las potencias de América que accedieren al Tratado de unión, liga y confederación perpetua de esta fecha, en los términos prescritos en el artículo 25 del mismo, prestarán igualmente sus contingentes de tierra y mar con la misma proporción que las demás Partes aliadas, y se acumularán a las ya designadas.

Artículo 23. Las prestaciones y obligaciones a que se han comprometido las Partes Contratantes por la presente Convención de Contingentes, relativa a la guerra actual en que se hallan empeñadas contra el rey de España, se entenderán aplicables a cualquiera otra guerra que acuerden sostener en común, si al determinarla las Partes se convinieren en ellas.

Artículo 24. La presente Convención será ratificada y las ratificaciones serán canjeadas en la villa de Tacubaya, dentro del término de ocho meses o antes, si fuere posible.

En fe de lo cual los Ministros Plenipotenciarios de las Repúblicas de Colombia, Centroamérica, Perú y Estados Unidos Mexicanos han firmado y sellado las presentes con sus sellos respectivos, en esta ciudad de Panamá, a quince días del mes de julio del año del Señor 1826.

Pedro Gual — Pedro Briceño Méndez — Antonio Larrazábal — Pedro Molina —

Manuel Lorenzo de Vidaurre — Manuel Pérez de Tudela — José Mariano de Michelena — José Domínguez

Documento n.º 56. Concierto a que se refiere el Artículo 2 de la Convención de contingentes de esta fecha, celebrado entre las repúblicas de Colombia, Centroamérica, Perú y Estados Unidos Mexicanos (reservado)

Panamá, 15 de julio de 1826[73]

Los infrascritos, Ministros Plenipotenciarios de las Repúblicas de América concurrentes a la Asamblea General de Panamá, conforme a lo estipulado en la Convención de Contingentes firmada en esta fecha, han ajustado y concluido el concierto siguiente:

Parte primera, relativa al ejército

Artículo 1. El contingente asignado a cada potencia de las Contratantes se dividirá en tres cuerpos iguales de los cuales, el primero estará siempre sobre la costa, pronto para embarcarse en auxilio de la que sea invadida; el segundo se hallará a una distancia de la costa que no exceda de cuarenta leguas, en disposición de reemplazar al primero en el momento en que éste salga, y el tercero estará situado en reserva para reemplazar al segundo, en su caso.

Artículo 2. Como los tres cuerpos de que se ha hablado tienen no solo por objeto ocurrir en auxilio del aliado que sea invadido, sino también defender el territorio de la potencia que debe darlos, cada Gobierno podrá tener el segundo o tercer cuerpo del modo que juzgue más conveniente, con tal que, en su concepto, ellos estén en disposición de reempla-

73 Raúl Porras Barrenechea; comp., El Congreso de Panamá de 1826, Lima, Archivo Diplomático Peruano, 1930, págs. 426-431; Daniel Florencio O'Leary, Memorias del general O'Leary, Caracas, Ministerio de la Defensa de Venezuela, 1981, v. XXIV, págs. 367-371.

zarse sucesivamente en sus casos, o de reunirse al primero en una necesidad urgente.

Artículo 3. Los contingentes no se deberán sino cuando la invasión sea seria; es decir, que excedan de cinco mil hombres de desembarco, y emprender o apoderarse de alguna plaza fuerte o fortificarse en la costa, o se internaren en el país hasta la distancia de treinta leguas.

Artículo 4. Si la invasión fuere de más de cinco mil hasta diez mil hombres, cada aliado ocurrirá en auxilio del invadido con la sexta parte de su contingente, o la mitad del primer cuerpo. Si pasare la invasión de diez mil hasta quince mil hombres, se dará el primer cuerpo íntegro; y si fuere mayor de este último número, hasta veinticinco mil o más, el auxilio será de los dos primeros cuerpos. El total de cada contingente no se dará sino cuando los sucesos que haya alcanzado el enemigo, hagan probable la subyugación de la potencia invadida.

Artículo 5. En el caso de que dos o más aliados sean invadidos a la vez, los auxilios de los demás se dirigirán a defender aquel donde el enemigo haya llevado mayores fuerzas, si no se acordare otra cosa en la Asamblea.

Artículo 6. Si una de las potencias aliadas tuviere a la vista fuerzas enemigas que amenazasen desembarco, y sean en número que indique invasión seria, al mismo tiempo que reciba el aviso requiriendo el contingente a favor de otra de las aliadas, podrá aquella suspender el envío de sus tropas y no estará obligada tampoco a dar su equivalente en numerario, pero deberá contestarlo así, y si cesare el peligro que la amenazaba, se renovará la obligación.

Artículo 7. La caballería correspondiente a cada contingente marchará con sus monturas, bridas y demás equipo, siendo de cargo del aliado a quien se auxilia darle los caballos mientras esté a su servicio.

Artículo 8. La fuerza de artillería de cada contingente se dejará a la prudencia de los respectivos Gobiernos, y no se dará sino en el caso de que el aliado invadido la pida expresamente. En este caso el invadido dará también los caballos necesarios para el tren y transporte mientras esté a su servicio.

Artículo 9. La potencia invadida pedirá a cada aliado el auxilio con que deba concurrir según la proporción fijada arriba, en marcha dentro de sesenta días contados desde aquel en que reciba el aviso, u ofrecer en respuesta el equivalente de que habla el artículo siguiente.

Artículo 10. Siempre que alguna de las Partes Contratantes no concurra oportunamente con el contingente que le corresponde, en el término fijado por el artículo anterior, deberá pagar mensualmente a la potencia invadida la cantidad de treinta pesos fuertes por cada hombre que faltare, cuyo pago se hará efectivo al paso que vaya venciéndose cada mes.

Artículo 11. Si el aliado requerido no puede concurrir con las tropas sino con la cantidad que las reemplaza, según el artículo precedente, deberá contestarlo así inmediatamente, para que el invadido pueda librar contra él las sumas vencidas mensualmente, bien entendido que la obligación de pagar el equivalente en numerario debe empezar a los sesenta días de recibido el aviso de requerimiento.

Artículo 12. Siempre que un Gobierno haya de pagar alguna suma a otro de los aliados por los que deben darse conforme a este concierto, y conforme al artículo 3 de la Convención de Contingentes, lo hará en dinero sonante o en letras de cambio contra los Bancos de los Estados Unidos del Norte o de Londres.

Artículo 13. Como es imposible comprender en un concierto todos los detalles de un plan de operaciones que dependa del que cada potencia forme para su defensa particular, cambiando sus localidades y recursos, los aliados convendrán entre sí por separado en todos estos detalles.

Artículo 14. Como puede muy bien acontecer que requerido uno de los aliados por otro para dar su contingente en tropas, no pueda por falta de transportes ponerlo en el territorio invadido, sin embargo de tenerlo pronto para ello, se conviene en que calificadas las dificultades de insuperables o extremadamente gravosas al Estado auxiliar después de haber hecho éste todos sus esfuerzos y oído los medios que le indique el agente diplomático de la potencia que pide el auxilio, no estará obligado el requerido a pagar en dinero el equivalente; y suscitándose diferencia entre la potencia que pidió el auxilio y la que debió darlo, sobre este punto se observará lo que se ha convenido para la terminación de todas las diferencias.

Parte segunda, relativa a la marina confederada

Artículo 15. Siendo el objeto de esta parte del concierto ganar la superioridad marítima sobre el enemigo común actual, se ha convenido en que la marina confederada se componga de tres navíos del porte de 70 hasta 80 cañones; diez fragatas de 44 hasta 64 cañones; ocho corbetas de 24 hasta 34; seis bergantines de 20 hasta 24; y una goleta de diez a 12 cañones; apreciados estos buques por su término medio por sus portes dados a razón de 700.000 pesos un navío; 420.000 una fragata; 220.000 una corbeta, y 90.000 un bergantín.

Artículo 16. En consecuencia, cada una de las potencias que forman la marina del Atlántico llenará los contingentes que se les han señalado en la Convención, con los buques siguientes: Colombia: un navío de 74 a 80, dos fragatas de 64, y dos de a 44; Centroamérica, una fragata de 44 a 64, una corbeta de 24 a 34 y dos bergantines de 20 a 24; los Estados

Unidos Mexicanos, dos navíos de 60 a 80, dos fragatas de 64, y otras dos de a 44, seis corbetas de 24 a 34, y tres bergantines de 20 a 24.

Artículo 17. Como sumados los valores de los buques que se han designado a cada potencia, resulta que los de Colombia valen 164.286 más que el contingente que le cupo en numerario, han convenido en que este exceso le sea satisfecho con los 155.811 que le faltan a Centroamérica, y los 8.465 que le faltan a México para llenar los suyos, y como reunidas estas dos sumas hay todavía un déficit de 10.000, se ha convenido en que Colombia deduzca esta cantidad de la que debe dar por la primera vez para el fondo de reparos, conforme al artículo 17 de la Convención.

Artículo 18. Los objetos a que debe dirigir sus operaciones la marina confederada, serán: primero, defender y asegurar las costas y mares de dichas Repúblicas contra toda invasión exterior, y segundo, buscar y perseguir hasta aniquilar y destruir la marina española donde quiera que se halle.

Artículo 19. Debe ser uno de los principales cuidados de la Comisión Directiva que los buques estén siempre en el mejor estado de servicio, a cuyo fin dirigirá mensualmente a los respectivos Gobiernos el estado de existencia de la Caja de Reparos, para que sean reemplazados los fondos que se hayan consumido, o se envíen los más que sean necesarios. Estos reemplazos y envíos de fondos se harán siempre en la misma proporción en que se han distribuido los primeros 300.000 pesos de que habla el artículo 17 de la Convención de Contingentes.

Artículo 20. La Comisión organizará el ramo de cuenta y razón para la administración de la Caja de Reparos, nombrando los empleados que juzgue absolutamente necesarios para ello, y dotándolos con los sueldos correspondientes, los cuales se pagarán de la misma caja; todo según las instrucciones que reciba de los respectivos Gobiernos, a quienes dará cuenta oportunamente de lo que haga.

Artículo 21. La escuadra que la República Peruana debe mantener en el mar Pacífico, conforme al artículo 20 de la Convención, se compondrá de los buques que en la distribución hecha en el artículo 16 de este concierto, faltan para completar la fuerza total detallada en el 15.º, a saber: una fragata, una corbeta, un bergantín y una goleta; y los dos cruceros que debe mantener constantemente, serán: uno desde el límite más sur de la dicha República hasta el puerto de Panamá, y otro desde este puerto hasta el límite más norte de los Estados Unidos Mexicanos en el Pacífico.

Artículo 22. El presente concierto podrá ser revisto y reforzado en todo o en parte, siempre que los aliados lo juzguen conveniente.

En fe de lo cual los infrascritos han firmado y sellado el presente concierto, en la ciudad de Panamá, a quince días del mes de julio del año del Señor 1826.

Pedro Briceño Méndez — Pedro Gual — Manuel Lorenzo de Vidaurre — Manuel Pérez de Tudela — Antonio Larrazábal — Pedro Molina — José Mariano de Michelena — José Domínguez

Documento n.º 57. Informe del delegado colombiano Pedro Briceño Méndez sobre el resultado de las negociaciones.

Bogotá, 15 de agosto de 1826[74]

Pedro Briceño Méndez al señor Secretario de Estado del Departamento de Relaciones Exteriores de Colombia.

Después de haber tenido el honor de presentar a US. personalmente las cuatro actas de la Asamblea General americana reunida en Panamá, me resta solo hacer a US. una ligera exposición o análisis del curso de la negociación. De este modo creo que podrá suplirse la falta que US. habrá notado del diario de las negociaciones y conferencias que no fue posible llevar; así porque la legación no tuvo secretaría que la aliviase de esta penosa parte de los trabajos, como porque la urgencia y celeridad con que éstos se ejecutaron, no daba lugar para la redacción de aquel instrumento.

US. sabe por el protocolo, que la legación peruana presentó un primer proyecto al tratado principal y que no fue admitido a discusión, porque no estaba redactado en forma y porque contenía objetos muy ajenos de una acta de unión, liga y confederación. Era necesario presentar un contraproyecto, y aunque nosotros los colombianos lo teníamos preparado, no creíamos conveniente ofrecerlo como tal, porque temimos justamente que los actos que se habían dejado entrever de parte de alguna otra legación, fuesen un obstáculo para su admisión, y aun causa para que se rechazasen los principios más esenciales a la unión. Con el fin, pues, de desvanecer aquella desfavorable prevención contra Colombia, dando de nuestra parte pruebas irrefragables de franqueza y de sinceridad, propusimos que el contraproyecto se formase

74 Daniel Florencio O'Leary, Memorias del general O'Leary, Caracas, Ministerio de Defensa de Venezuela, 1981, v. XXVIII, págs. 561-574.

entre las legaciones de Colombia, Centroamérica y México, reunidas en conferencias confidenciales; que cada una llevase sus apuntes o memorias de los puntos, que en su opinión, debieran entrar en el tratado principal; y que del resumen y reunión de todos resultase el contraproyecto. Este pensamiento fue aplaudido, como que lisonjeaba el amor propio de todos los ministros, y alejaba toda idea de pretensión o superioridad. Propusimos también, que las conferencias confidenciales se tuviesen en la casa del señor Larrazábal, proposición que acabó de ganarnos la benevolencia de la legación central, y confirmó superabundantemente el espíritu de moderación y fraternidad que nos conducía.

Habiendo concurrido al día siguiente a la casa del señor Larrazábal, escribimos nuestros apuntes sin darles el nombre de proyecto, sin embargo de que estaban redactados el preámbulo, los artículos y la conclusión en la forma de tal, con la diferencia de que los artículos no tenían número, y cada uno estaba escrito en una hoja suelta en disposición de poderse enmendar, corregir y aun extraerse del todo.

Expusimos el plan que nos habíamos propuesto, la división de las partes que abrazaba, y todo lo que podría aclararlo. Se leyó y tuvimos la satisfacción de que no solo se creyese bueno por todos, sino que añadiesen las demás legaciones que era innecesario presentar otros apuntes, puesto que los nuestros podían ser admitidos desde luego con algunas ligeras variaciones y adiciones.

En esta virtud nos pidieron, y les dimos, copias de ellos. Lo mismo hicimos con los señores ministros peruanos, después que ellos se reunieron a los otros en el sentimiento de aprobación por nuestros apuntes, y manifestaron sus deseos de asistir a las conferencias confidenciales para que de una vez saliese acordado unánimemente el contraproyecto.

Dos días después se abrió la discusión de cada uno de los artículos y US. convendrá en que no me es fácil recordar ahora todo lo que se adujo en pro o en contra de ellos.

Bastará decir que nuestro proyecto fue admitido casi generalmente, habiéndosele extraído los siete artículos que acompaño. De estos, unos no fueron rechazados sino refundidos, y su sustancia se halla en otros de los que constan en el tratado; algunos solo fueron corregidos. Puede decirse que no han sido rechazados sino los dos que establecían la libertad del tráfico y comercio terrestre y marítimo entre los confederados, impidiendo el establecimiento de barreras; el que atribuía a la Asamblea el derecho de resolver definitivamente en juicio de conciliación todas las diferencias de los confederados; y el que fijaba en Panamá la residencia de la asamblea. Todos tres fueron excluidos por el voto de la legación mexicana, excepto el último que fue objetado no solo por ella, sino también por la central.

En compendio diré a US. que las objeciones principales fueron: al primero, que los artículos de comercio hacían innecesaria ya toda otra convención sobre esta parte de nuestras relaciones, que él por sí solo las abrazaba todas, del modo más extenso y liberal, y que la legación que hablaba (la mexicana)

no estaba autorizada para concluir semejante convención, porque todavía no había dado el Congreso las bases a que debía arreglarse el Ejecutivo en esta especie de negociaciones. Contra esta última razón casi no había qué replicar.

Así fue, que en vano nos esforzamos para que se fijase de alguna manera positiva nuestro comercio, aunque no fuese sino dando la base primordial. Todo lo que pudimos recabar fue lo que aparece del artículo 25 del Tratado, con la oferta positiva de que los confederados obtendremos ventajas comerciales que no se concederán a ninguna otra nación. En confirmación de esta oferta se nos dijo que la razón de no haberse concluido los tratados de comercio que están negociando tanto tiempo ha, la Gran Bretaña y los Estados Unidos del Norte, era porque estas potencias pretendían equipararse a las aliadas, y el Gobierno mexicano estaba decidido a sostener sus principios de preferencia a favor de sus cohermanos.

Relativamente al segundo, era fácil prever que no sería admitido, puesto que la fuerza definitiva que se pretendía dar en él a los juicios de conciliación de la Asamblea, la sacaba de la clase de conciliatoria para colocarla en la de árbitro, atribución que le había sido negada positivamente por el Congreso mexicano al ratificar el tratado de liga con Colombia. No aceptando México el arbitramento, debimos nosotros reformar en esta parte nuestras convenciones con el Perú y Centroamérica, porque nos parecía indigno de nuestro honor y nuestra gloria someter nuestras diferencias definitivamente al juicio de una asamblea cuyos miembros todos no estuviesen ligados con un mismo compromiso. Así fue que rehusamos prestarnos a la proposición hecha por los señores ministros centrales al aceptar nuestra declaración para que quedase vigente también esta parte de la convención de Bogotá de 15 de marzo de 1825.

A pesar de todo, en los artículos 16, 17, 18 y 19 del Tratado verá US. que conseguimos no solo establecer el juicio de conciliación respecto a las diferencias que ocurrieran entre los confederados, sino también la interposición y mediación más eficaces entre éstos y las potencias extrañas, dejando en el primer caso abierta la puerta para que la conciliación tenga la fuerza de arbitramento, y obligando, en el segundo, a la confederación a que declare desde luego si se liga o no con el confederado, sin poderse ligar nunca contra él, y castigando la infracción en ambos casos con la pena mayor que US. nos autorizó estipular. Era lo más que, a mi ver, podía alcanzarse después de haberse pronunciado tan explícitamente contra el arbitramento el Gobierno mexicano, y a la verdad, yo hallo que la confederación ha ganado con las modificaciones, primero porque se ha conciliado y convenido con ellas el deseo de conservar la paz con el derecho de hacer la guerra de un modo, que, a la vez hace si no imposible, al menos muy difícil el rompimiento, sin que para esto se hayan impuesto los confederados el penoso sacrificio de un derecho tan precioso como esencial de la soberanía.

Por lo que respecta al tercero, puedo asegurar a US. que solo nuestra sumisión al Gobierno y nuestra consagración a la gloria y honor de la república nos podía haber obligado a presentar a Panamá como el punto más adecuado para la reunión de la asamblea, porque estábamos íntimamente persuadidos de la oposición de las demás legaciones, y quizá teníamos fundamento para temer que no volviese a celebrarse otro congreso si hubiere de ser aquella su residencia. La insalubridad del clima, la carestía del país, y las pocas habitaciones de la ciudad para recibir a tantos ministros y proporcionarles alguna comodidad, eran razones demasiado obvias, para que pudiesen ocultársenos. Cumpliendo, sin embargo, con nuestro deber sostuvimos la proposición, y no cedimos sino cuando todas las otras legaciones estuvieron acordes en la opinión de la traslación y después que desechadas igualmente Guayaquil y Quito, se manifestó claramente el ardiente deseo de la legación mexicana porque pasase el cuerpo a su territorio. US. conoce perfectamente bien la importancia de México en la unión americana, y las grandes ventajas que le reportarán de que esta aliado llena fielmente sus compromisos. Acaso la residencia de la Asamblea dentro de su seno, presta alguna garantía para esperarlo así, y contribuye en bastante manera a consolidar las instituciones de aquella república, que pueden considerarse como vacilantes todavía.

En lugar del número 1.° de la copia B, la legación mexicana presentó el que se ve en el Tratado, bajo el artículo 21. Se creyó cortar de este modo las graves dificultades que ocurrirían cada vez que por desgracia era necesario usar de la palabra límites. A esta sola voz variaban de aspecto todas las discusiones.

Al ver que ella sola bastaba para convertir en serias y acaloradas las conferencias en que regularmente reinaba la sangre fría, la moderación, la fraternidad, y la franqueza más admirables, podría decirse que ella ejercía sobre la asamblea una influencia mágica e irresistible. La legación del Centro aducía al instante sus derechos sobre la provincia de Chiapas contra México y sobre las costas de Mosquitos contra Colombia. La del Perú protestaba que ella no podía pasar ni una sola sílaba sobre la materia, porque su Gobierno se lo había expresamente reservado. La de México sostenía viva y firmemente la incorporación de Chiapas, y aun llegó a anunciar que tal vez el Congreso habría decretado ya la posesión por la fuerza, del cantón de aquella provincia que había pertenecido en la unión del Centro. No crea US. que fuese suficiente la ambigüedad de nuestro propuesto artículo para acallar tanta pretensión.

Se intentó variar de cien maneras la redacción, sin que jamás se consiguiese unanimidad en la aprobación; fue, pues, forzoso prescindir de este punto, y conformarnos con la garantía estipulada en el artículo 21 del Tratado contra las colonizaciones extranjeras. Afortunadamente al rever el proyecto en las conferencias formales, pudimos convenir en la inserción del artículo 22 no sin grandes dificultades. US. verá bien que este artículo no da sino la expectativa a un derecho cuya consecuencia es de temer que sea precedida de hostilidad.

La legación mexicana introdujo, además, los artículos 15, 20, 27, 29 y 30, y el adicional del Tratado. El 15 estaba concebido en términos tan absolutos y generales que anulaba del todo y estaba en abierta contradicción con el 14, cuando el objeto de él era modificarlo solamente. La condición que finalmente se le insertó y lo convenido en el artículo 18, hace sin duda peligrosa la reserva pretendida por aquella república, pero ella encierra siempre el germen de la disolución de la conferencia así como el 3.º prueba claramente que México no desea una liga perpetua sino transitoria, sin más duración que la de la guerra actual. La primera redacción con que se presentó este artículo no nos dejó dudar un momento de que tales eran los sentimientos del Gobierno mexicano relativamente a la unión. Proponían sus ministros que tal Tratado concluyese con la guerra y que entonces se formase otra acta de unión, siempre que todos los aliados conviniesen en ella unánimemente. Nosotros dijimos que esto sería cambiar absolutamente el carácter y naturaleza del Tratado, y contradecirse abierta y vergonzosamente con lo establecido en los artículos 1 y 2. No fue el menor de nuestros sucesos en el curso de la negociación, haber conseguido que este artículo se modificase del modo que aparece en el Tratado.

En cuanto a los artículos 21 y 27, nosotros creíamos que sus contenidos podían ser objeto de estipulación general entre las potencias americanas, fuesen beligerantes o neutrales, y por esta consideración los omitimos en el proyecto; pero insistiendo las demás legaciones en mirar como conveniente su inserción en el acta de unión, hubimos de ceder luego que obtuvimos en el 27 una modificación importante a la claridad e inteligencia del artículo, y luego en lugar de las demás condiciones que fijaba el proyecto se limitó a referirse a un convenio especial que se concluirá cuando convenga a los Gobiernos.

Una corrección mayor aún sufrió el 29. La primera redacción de este artículo tendía a establecer una especie de intervención de la liga en la organización interior de los Estados, porque según él, ninguno de los aliados podía variar sus actuales formas de Gobierno, y el que lo hiciese no sería reconocido por los demás, y sería excluido para siempre de la confederación.

Semejante principio nos pareció demasiado peligroso y perjudicial a los Estados, escandaloso y de funesta trascendencia respecto a la política europea. Lo combatimos, pues, hasta que tuvimos la satisfacción de que se reformase, suprimiéndole lo que podía interpretarse como intervención y concibiéndole en términos que, si bien garantizan y afirman más las presentes instituciones de cada confederado, les deja también salvo el imprescriptible derecho de constituirse como más les convenga sin imponerles más pena que la misma establecida por los otros artículos del Tratado.

El artículo adicional ha sido una de las pruebas de la más alta deferencia que pudimos dar a la legación de México, porque en nuestro sentir él no entraba en los objetos del Tratado de Liga, y hace diferir demasiado la conclusión de los trabajos que se habían asignado a la Asamblea en las convenciones de Colombia con cada uno de los confederados. Además de esta objeción, nosotros expusimos que por este artículo se cambiaba notablemente el carácter y fin de aquellas estipulaciones, puesto que en su origen no tuvieron otro que el de definir entre las naciones de este continente los principios controvertibles del derecho público, para alejar todo motivo de rompimiento; que asociar ahora en esta saludable obra al antiguo mundo, era poner dilaciones, complicarla, embarazarla y quizá malograrla, exponiéndolos a todos los resultados de una negociación en que ciertamente tendremos desventajas. Lo único que pudimos alcanzar fue que el artículo no se insertase en el cuerpo del Tratado y que se omitiesen algunas cláusulas que daban margen a interpretaciones siniestras o exageradas.

El convenio a que se refiere el artículo 11 del Tratado, no necesita a mi ver explicación, sino en los párrafos 2 y 8, después que he expuesto los motivos que influyeron en la traslación de la asamblea, y para fijar su nueva residencia. Parecerá acaso extraño en el 2 que un cuerpo no deliberante sino negociador esté obligado a concluir sus trabajos en un término dado; pero esta objeción se desvanece leyendo con detención el párrafo. Su espíritu no es fijar el término de las negociaciones, sino impedir que éstas se prolonguen por interés o malicia de una de las Partes con perjuicio o burla de las demás.

Para estos casos es que se ha reservado a cada Gobierno el derecho de retirar sus ministros, esperando que sea el plazo de los tres meses, sin que por este paso pueda ser vista como rota la negociación establecida.

El artículo, pues, concilia todos los intereses, pone algún freno a la mala fe de los aliados y evita a la confederación las consecuencias funestas que trae siempre el rompimiento de una negociación. El 8.º puede mirarse como ofensivo a la dignidad, al honor y a los intereses del Gobierno y pueblo, dentro de cuya jurisdicción se reúne la Asamblea. Nosotros nos habríamos abstenido de prestarle nuestra aprobación, si no hubiésemos considerado, lo primero, que el proyecto de este convenio fue redactado por la misma legación mexicana, que era la que podría fundar esta queja por ahora; y lo segundo, que por los párrafos 1 y 10, esta transacción es de una naturaleza puramente transitoria, que será revista y revocada o reformada tan pronto como se aumente el número de los confederados o se crea conveniente por los actuales variar la residencia de la Asamblea.

Creo que estas razones excusan suficientemente nuestra deferencia en esta parte, deferencia que no habríamos tenido si las sesiones hubiesen de continuar dentro del territorio de Colombia.

La Convención de Contingentes y su accesorio y el concierto general de operaciones, son por sí solos bastantes para recomendarse.

Ellos están basados del modo preciso que US. nos previno, y si se atiende a nuestra posición y al curso de la guerra hasta hoy, no puede dejar de confesarse que es Colombia la que ha ganado, obteniendo que sus cohermanos vengan a ayudarla y a dividir con ella los costosos sacrificios que estaba haciendo por sí sola. Lejos de aumentar nuestros gastos, los vamos a disminuir considerablemente, sin perder nada de nuestra actual importancia marítima.

El único defecto que US. notará en estas transacciones, es que no se haya celebrado el convenio a que se refiere el artículo 16 de la Convención, porque efectivamente la falta de este instrumento deja un vacío inmenso y compromete las operaciones de la escuadra, si llega a ponerse en acción antes que aquella transacción haya pasado. Para ocurrir a este inconveniente, mi ilustre compañero y yo aprovechamos la ocasión que nos presentaba el haber sido comisionados para la redacción de la Convención de Contingentes, e insertamos en ella los cuatro artículos que hallará US. en la copia marcada con don

Al ofrecer el resultado de nuestros trabajos a la consideración de la asamblea, tuvimos cuidado de exponer extensamente los fundamentos que en nuestra opinión había para que estos artículos fuesen admitidos, como que sin ellos la escuadra federal se hallaría a cada paso comprometida.

Nuestras razones persuadieron, pero no convencieron a la legación mexicana. Ella confesó la necesidad de que fijasen los principios que habíamos establecido en el proyecto; pero añadió que no estaba autorizada para hacerlo ni se atrevía a tomar sobre sí la responsabilidad de prevenir a su Gobierno en una materia de tan gran trascendencia, y últimamente nos aseguró que éste sería el primer objeto de que se ocuparía la Asamblea de Tacubaya, para que pudiese estar terminado al tiempo de canjearse los presentes tratados, y se salvasen las dificultades en que preveíamos que iba a colocarse la escuadra por falta de una regla única de conducta, y por el doble conflicto en que debía verse, obrando cada buque conforme a la ley particular de su nación y dando motivo de queja a todos los neutrales, si, como es de temer, aquella ley es diferente en cada aliado respecto de ellos.

Esta explicación me hace recordar que he omitido exponer a US. las razones en que nos fundamos para revocar el artículo 7 del Tratado de unión, las estipulaciones que existían entre Colombia y sus aliados, respecto a los tribunales de presas. En el artículo citado restringimos a solo los corsarios la jurisdicción que por aquellas convenciones se había atribuido a los tribunales marítimos de cada parte, para juzgar también las presas hechas por buques pertenecientes a la otra. En estas estipulaciones era Colombia la que únicamente hacía prestaciones sin que recibiese compensación, atendiendo a que las demás repúblicas confederadas no han organizado sus departamentos marítimos ni erigido cortes de presas, ni tienen puertos cómodamente situados para que concurran a ellos las presas nuestras. Añada US. a estas razones los inconvenientes que nacen de semejantes estipulaciones en el modo vago e indefinido en que estaban concebidas. En ellas no se determinó cuál de los Gobiernos era el responsable por los juicios que se pronunciasen, si aquel de quien depende el tribunal que juzga, o aquel a quien pertenece el captor.

Tampoco estableció qué ley debía aplicarse en los juicios, si la del captor o la del tribunal; y US. ve bien cuán diferentes y peligrosas consecuencias nacen de la resolución de estas dudas, que cada una envuelve otras muchas igualmente difíciles en su aplicación. La república ha ganado, pues, infinito, libertándose de compromisos que le imponían obligaciones y responsabilidades efectivas, sin producirle derechos reales ni ventajas convenidas.

En el concierto sobre operaciones hemos comprendido algunos puntos que, aunque por su naturaleza debían encontrarse en la Convención de Contingentes, no convenía insertarlos en ellas, porque debiendo ésta ser pública, mientras que el secreto es de la esencia de aquéllas, era necesario reservarlas.

Así, nuestro principal cuidado en la redacción de estos instrumentos, fue expresar en la Convención todos aquellos puntos que necesitan la ratificación del Congreso, y limitar el concierto a los que son de pura administración; y por lo tanto del resorte exclusivo del Ejecutivo. Me prometo que esta clasificación será agradable al Gobierno tanto como es importante para el éxito de las operaciones. La redacción de esta parte de los trabajos de la asamblea, me fue confiada a mí, asociado con el general Michelena. No siéndonos posible combinar en este instrumento todos los doce planes de operaciones que deben formarse en virtud de la Liga, combinadas las relaciones militares de los aliados entre sí con sus propios recursos y necesidades, fue necesario dejar pendiente estos arreglos hasta que los Gobiernos puedan ejecutarlo con presencia de todas las circunstancias. [...]

Réstame solo decir algo sobre la conducta del comisionado inglés que concurrió a Panamá, y siendo una verdadera satisfacción al comunicar a US. que ella ha sido noble, franca y leal. No hemos tenido motivo alguno de queja y mucho menos de desconfianza del señor Dawkins; antes bien, todas las legaciones le debieron señales de un respeto y consideración muy lisonjero.

Los colombianos particularmente fuimos un objeto especial de sus atenciones, y no me avergüenzo de confesar que las que recibió mi célebre amigo y compañero el señor Gual, excedieron en mucho a todas las demás, y manifestaban claramente la alta opinión que se tenía de sus talentos, de su saber y de su carácter.

En el Protocolo consta el único paso oficial que dio el señor Dawkins en Panamá. Privadamente se limitó a aconsejarnos que manifestásemos respeto por las instituciones de los demás pueblos, cualesquiera que ellas fuesen, que no solo evitásemos todo cuanto pudiese contribuir a fomentar los temores y desconfianza que la Europa tenía de los principios revolucionarios, sino que procurásemos acreditar que la política de la América republicana no era lo que la Francia profesó bajo el mismo régimen, que no confirmásemos las sospechas de que íbamos a formar un sistema particular de política en contraposición a la europea, sino a cuidar solo de nuestros intereses, y proveer a nuestra seguridad; que sobre todo nos importaba dar pruebas de amor a la paz, y disposición para abrazarla aunque fuese a costa de algún sacrificio pecuniario. Sobre esto último insistió con tanto tesón, que yo no he dudado de que él fuese el objeto principal de su comisión, sin embargo de que constantemente protestaba que cuanto decía era su opinión y deseo, y no la de su Gobierno. Él nos aseguró que la Gran Bretaña se encargaría de la mediación, y que podría esperarse con confianza el suceso de ella, siempre que se diese como base de la negociación, la indemnización pecuniaria, porque decía que sin esto la

Francia no cooperaría jamás, y sin su ayuda no podría la Inglaterra adelantar nada; que convendría sobre manera, ganar tiempo para entablar la negociación, porque él creía que el momento era el más oportuno y temía mucho que, pasado una vez, no se presentase otro igual, porque cada día se complicaba más la cuestión del reconocimiento. Para apoyar esto nos alegó lo que los Estados Unidos habían declarado relativamente a Puerto Rico y Cuba, y añadió que la intervención que aquella república había dado a la Rusia en la cuestión, había causado ya, y causaría, nuevas y mayores dificultades. En un momento de calor él nos dijo que estaba cierto que ninguna de las repúblicas obtendría en Europa empréstito para continuar la guerra, mucho menos si era de invasión, y que por el contrario podría tenerse como seguro que los conseguiría muy cómoda y fácilmente, siempre que fuesen como precio de la paz. Según parece, él esperaba que la Asamblea no se retiraría de Panamá sin dar algún paso notable hacia la paz, y no pudo ocultar su sorpresa y sentimiento cuando supo lo contrario.

Entonces apuró sus esfuerzos con cada legación, y esto dio lugar a lo que US. habrá visto en las últimas conferencias de la Asamblea.

Por lo que hace al resultado de las tareas de la Asamblea, se manifestó bastante alarmado por ellas, en una visita que le hicimos el señor Gual y yo, dando a entender que los confederados habíamos renunciado el derecho de tratar con las naciones extrañas, reservando hacerlo en la Asamblea. Nosotros le hicimos ver su equivocación, y para desvanecer cualquiera otra prevención que acaso le hubiesen inspirado los rumores públicos, le permitimos que leyese el Tratado de unión y el de Contingentes. Después de haberlos leído los aplaudió, excepto la traslación del Congreso a México, porque los servicios, dijo, de Colombia a la causa de América y su adelantamiento, le dan derecho a tener en su seno aquel cuerpo, prescindiendo de su posición geográfica y de su importancia política.

Pedro Briceño Méndez

Documento n.º 58. Informe de los delegados Mexicanos sobre la traslación del Congreso de Panamá a Tacubaya

México, 26 de septiembre de 1826[75]

Transmitido por Juan José Espinosa de los Monteros a la Cámara del Senado de México.

Excelentísimos señores:

Los Excelentísimos señores Plenipotenciarios de la República en la Asamblea de los nuevos Estados americanos, con fecha del 22 del que rige, dicen a este Ministerio lo siguiente:

«Con el fin de satisfacer los deseos del Excelentísimo señor presidente, que V.S. nos expresa en su nota del 18 del presente, hemos solicitado y adquirido los papeles públicos a que se refiere, y solo en la Gaceta extraordinaria del Istmo, del 22 de junio, en El Sol, del 22 de agosto, y en el Suplemento de la Gaceta Real de Jamaica número 32, hemos encontrado noticia y especies que tienen relación con la Asamblea de los nuevos Estados americanos que se reunieron en Panamá. Las equivocaciones y errores políticos que contienen en este punto aquellos papeles van a quedar demostrados y desvanecidos con la sencilla exposición que pasamos a hacer de todo lo ocurrido en dicho Istmo, en los cuales tendremos que repetir algunos sucesos de que ya el Excelentísimo señor presidente está instruido por los respectivos protocolos que pusimos en manos de V.S.

«Llegados a Panamá el 4 de julio de este año después de veintidós días de navegación, pasados los cumplimientos y visitas de etiqueta, tratamos de comenzar los trabajos que tenían por objeto nuestra misión, y aunque todos los Ministros de las Repúblicas residentes allí ansiaban porque así

75 Antonio de la Peña y Reyes; comp., El Congreso de Panamá y algunos proyectos de unión hispanoamericana, México, Archivo Histórico Diplomático Mexicano, 1926, págs. 96-99.

sucediese, no pudo ser el que nos reuniésemos formalmente por hallarse enfermo el señor don Manuel Vidaurre, Plenipotenciario del Perú. Esperando su restablecimiento, tuvimos varias conferencias privadas que facilitaron el curso de las negociaciones, cuando llegó el caso de tenerlas formales. Con este fin nos congregamos el 22 de junio, y desde aquella fecha hasta el 15 de julio con el ímprobo trabajo de diez y once horas diarias, logramos proponer, discutir, ajustar y concluir un Tratado de amistad, liga, alianza y confederación perpetua en paz y en guerra entre las Repúblicas concurrentes, una Convención sobre Contingentes de hombres, buques y dinero para hacer efectivo el tratado, un concierto reservado a solo los Gobiernos aliados para uniformar las operaciones militares en mar y tierra, y un convenio para la traslación de la asamblea, necesarísima así por la insalubridad y absoluta falta de recursos que se experimentaba en el lugar designado, como por la dificultad de comunicaciones con los respectivos Gobiernos y escasez de noticias de los acontecimientos de Europa tan importantes a una asamblea, cuya principal atención era el proponer y negociar los medios de conservar la independencia de los nuevos Estados americanos, conviniendo en medidas capaces de desconcertar y resistir las que en contrario sentido por sí solos, o con auxilios de la Santa Liga, tomaran nuestros opresores. Es necesario verlo para creer que en cuatro meses que duramos ausentes, ni nosotros recibimos comunicación alguna de México, ni el Gobierno supo de nuestras operaciones a pesar de que por nuestra parte no se perdió ocasión alguna de participarlas, acompañándole sucesivamente los correspondientes documentos. La comunicación más frecuente en Panamá es la de que aquella sociedad mantiene con la capital de la República de Colombia (Santa Fe de Bogotá) y las cartas en ir y venir tardan setenta y cinco días a lo menos.

«En el mismo día que nos reunimos formalmente los Plenipotenciarios, apareció en la Gaceta del Istmo una alocución que se supone dicha a la Asamblea.

Ésta, que no escuchó la arenga, no aprobó tampoco semejante paso ni se conformó con aquellas ideas en el expediente de los negocios concluidos, y en la asignación de los que deben ser objeto de las futuras reuniones. El Ministro mismo que suscribió aquel papel convino en lo razonable de esta conducta.

«La República de Chile ofreció mandar a sus Ministros cuando se lo permitiesen las atenciones que le rodeaban con motivo de la guerra de Chile que en aquella misma época aún no terminaba. Buenos Aires no había manifestado deferencia a concurrir. El Alto Perú o Bolivia aún no está reconocida como República independiente de su antigua capital. Los Estados Unidos del Norte nombraron sus Ministros, de los que uno aún no sale para su destino, y el otro estaba en Bogotá. Ambos desean unirse y asistir a la Asamblea por convenir en cuanto no perturbase la neutralidad que observa y quiere seguir observando aquella República con la España. En igual caso, y con otras circunstancias se halla el Imperio del Brasil. Estas consideraciones, la facultad que la mayoría de las Repúblicas tenía a virtud de los tratados hechos por Colombia con México, Guatemala y el Perú, para comenzar a trabajar y elegir lugar a propósito para sus sesiones, la libertad en que quedan las Repúblicas que pueden ser aliadas para entrar en la Confederación siempre que ratifiquen los tratados concluidos, y el lugar que se dejó a las potencias neutras y amigas para concurrir como signatarias en las siguientes reuniones en que se ha de negociar cuanto pueda contribuir al establecimiento de un Derecho Público que uniforme la conducta del continente americano en paz y en guerra, resolvieron a la Asamblea a poner por obra y llevar al término sus negociaciones, y a meditar la traslación que después de algunas diferencias se acordó por mayoría se verificase en Tacubaya.

«A nuestro arribo a Panamá, ya habían comenzado las disensiones incitadas en Venezuela por el general Páez; pero ni éste ni el Gobierno a quien había desobedecido tomaban una actitud hostil, sino que aguardaban a que el general Bolívar en persona o del modo que le pareciese pusiera término a aquellas novedades, que si bien amenazaban un trastorno en la forma de Gobierno, aún no obraban su efecto. En tal estado quedó este negocio cuando salimos de aquella ciudad de regreso a esta República.

«En los días que permanecimos en Panamá reinaba la mayor tranquilidad y aquellos habitantes que solo sintieron el golpe desagradable de que dos o tres vecinos de los principales y de buen nombre fuesen presos por una denuncia que contra ellos dio en Lima un particular conocido por todos como embaucador y mal intencionado, suponiéndolos en combinación con los españoles. En este tiempo aparecieron frente a Cartagena, puerto del Atlántico, bien distante de Panamá, el navío «Guerrero» y dos fragatas españolas; por lo que el Comandante general declaró su distrito en estado de Asamblea, reasumió las facultades que las leyes le concedían, y congregó una junta de vecinos para pedirles subsidios. Los presos se justificaron y adquirieron su libertad a poco tiempo, y los buques desaparecieron a los dos días. Los Plenipotenciarios en medio de estas ocurrencias continuaron reunidos, no alteraron sus distribuciones ni tomaron parte alguna en negocios que no eran de su inspección, y que solo supieron por conversaciones familiares. De oficio nada se nos dijo por las autoridades de aquel suelo, el que a nuestra salida disfrutaba del mejor orden, quietud y sosiego».

Y de orden del señor presidente tengo el honor de trasladarlo a VV.EE., para conocimiento de la Cámara, entre tanto se elevan a él los tratados concluidos de la expresada asamblea que pasará oportunamente este Ministerio.

Dios guarde a VV.EE. muchos años. México, 26 de septiembre de 1826.

Juan José Espinosa de los Monteros Excelentísimos señores Secretarios de la Cámara del Senado

Documento n.º 59. Memorándum de la entrevista habida en México entre los ministros plenipotenciarios Mexicanos y colombianos de la Asamblea de los nuevos Estados de América

México, 25 de noviembre de 1827[76]

Habiéndose reunido en la casa de habitación de Su Excelencia el Plenipotenciario de Colombia a virtud de invitación que dirigió el día anterior, después de los cumplimientos recíprocos manifestó a Sus Excelencias los Plenipotenciarios de México que sentía vivamente tener que hacerles explicaciones francas sobre la resolución que había tomado, pero que muy a su pesar no podía demorarlas, porque se acercaba el término que había fijado para su regreso.

Expuso en consecuencia que desde su llegada a México se había reunido tres veces el Congreso general de esta República, y no obstante las esperanzas que siempre se le dieron de que esta Asamblea se ocuparía de los tratados y convenciones de Panamá, ha visto con sumo dolor transcurrir tanto tiempo sin que se haya iniciado siquiera este negocio; que semejante morosidad, el manejo particular que se había observado con respecto a la Asamblea y otras ocurrencias le indicaban bastantemente que no convenía a la política del Gobierno de México la reunión de Plenipotenciarios; por lo que considerando que se halla muy desairada su representación si permanece por más tiempo espectador de la fría e indiferente acogida que aquí ha tenido este gran proyecto, se ha resuelto a esperar la conclusión nada más de las actuales sesiones extraordinarias para restituirse a Colombia al siguiente día de cerradas si no se ratifican antes las estipula-

76 Antonio de la Peña y Reyes; comp., El Congreso de Panamá y algunos proyectos de unión hispanoamericana, México, Archivo Histórico Diplomático Mexicano, 1926, págs. 128-132.

ciones de Panamá; que ha creído de su deber anticipar esta resolución a los Plenipotenciarios de México para que no se atribuya este paso a precipitación o falta de buena voluntad por parte de la República de Colombia, procurando que si alguna vez creyese México conveniente a sus intereses que se congregase a la Asamblea encontraría en Colombia la mejor disposición para que se verificase, franqueando su territorio, conforme al tratado entre ambas Repúblicas, que está y continuará vigente, el punto que escoja, y buques para facilitar las comunicaciones y auxilios que necesiten los confederados, si para el tiempo que se quisiere la reunión no lo embarazasen los compromisos particulares que Colombia hubiere contraído, para lo que desde luego se hallaba en la misma libertad que antes de formarse las estipulaciones del Istmo.

Los Ministros de México procuraron satisfacer estas quejas asegurando al de Colombia, como lo han verificado por escrito otras veces, que el Ejecutivo había tomado el mayor empeño para que se instalara el Congreso de Tacubaya, y se realizaran los grandes objetos que movieron a adoptar tan interesante empresa; que al efecto ha instado del modo que cabe en sus atribuciones por el pronto despacho de los tratados de Panamá y ha dado pasos que acreditan el concepto de su importancia; pero que desgraciadamente no se han logrado sus deseos, bien por la calma con que caminan los cuerpos deliberantes o bien porque ocupado el nuestro de graves negocios no ha estimado perjudicial la demora de éste, juzgando inverificable el canje de las ratificaciones por tener entendido que las circunstancias en que se han hallado las Repúblicas de Colombia, Centroamérica y Perú no ha permitido a sus Gobiernos ocuparse de los expresados convenios ni darles su necesaria ratificación.

El Ministro de Colombia explicó que cuando hablaba del Gobierno de México no hacía referencia únicamente al

Ejecutivo, sino a todo; que por lo que respecta a los demás Gobiernos no podía saberse si habían ratificado sin que se hubiese invitado a sus Ministros al canje, y que aun cuando no hayan llegado los que faltan, y los que aquí existen no hubiesen recibido las ratificaciones nada de esto excusaba la negligencia del Gobierno mexicano en cumplir oportunamente lo que exige la buena fe y su honor tan solemnemente comprometido. Que en cuanto al Gobierno de Colombia había asegurado Su Excelencia algunas veces a los Plenipotenciarios de México que llegado el caso tenía que hacerles explicaciones muy satisfactorias, y ahora podía añadir con más franqueza que su Gobierno había ratificado las estipulaciones del Istmo asegurando tenerlas en su poder con este requisito; y era un consuelo muy grande para Su Excelencia al separarse de esta República el que supiese que la República de Colombia había cumplido religiosamente sus empeños.

Agregó que los ministros que faltan no han venido porque las noticias que se han divulgado sobre no prestarse México a tener en su seno a los Plenipotenciarios (lo que consta en papeles públicos que manifestaría) quizá les ha servido de retraente, y han esperado que su demora produzca nueva invitación.

Después se extendió Su Excelencia en explicar el proyecto que sabía por buenos conductos, aunque no oficialmente, se agitaba en Europa sobre la formación de tres Imperios de toda la América antes española, y la resolución dependía ya de una potencia solamente; y que en tales circunstancias era de toda necesidad que cada una de las Repúblicas, siendo unas potencias de tercer orden, no perdiese el tiempo y mirase por sí sin contar ya con la alianza de las demás supuesto que los mismos confederados y especialmente México no prestaban su cooperación a ella; que a esto se habían dedicado los enemigos de la Asamblea, sobre todo aquellos extranjeros que piensan sacar partido de nuestra posición aislada, porque saben profundamente que el mejor modo de preparar el teatro para sus intrigas futuras en cada una de nuestras capitales es mantenerse desunidos y discordes entre sí, contando para el éxito con nuestra inexperiencia y con el escaso caudal de conocimientos administrativos y diplomáticos que hemos podido adquirir después de nuestra emancipación; que si continuamos como estamos, abandonado cada cual a sus propios recursos y a la infancia de su política, es probable que algún día se vean haciendo una guerra encarnizada los mexicanos, colombianos, peruanos, etc., no por intereses propios nuestros sino como meros auxiliares, o instrumentos de la política de otros Gobiernos. Que muy diferente sería nuestra suerte si con tiempo uniformásemos los principios de nuestro sistema político y nos preparásemos en común a rechazar las insidias que nos esperan; la alianza efectiva es la única y muy poderosa que nos colocaría en la posición de primer orden y manejarnos como tales, y entonces las Repúblicas americanas sin perder un átomo de su soberanía en lo interior y exterior se libertarían de mil cuestiones embarazosas, a que necesariamente serían provocadas, y es bien fácil predecir desde ahora de parte de quién estaría la ventaja.

Los Ministros de México dijeron: que su Gobierno ya había consignado repetidas veces los principios de importancia y conveniencia general que formaban la base de la Asamblea americana así respecto a los aliados entre sí, como de las potencias extranjeras, y se hallaban convencidos que los Gobiernos de las demás Repúblicas confederadas se hallarían en disposición, como el de Sus Excelencias, a no dejar de la mano una empresa que debía hacer la felicidad de los nuevos Estados de América; pero que sería oportuno que las observaciones que acababa de manifestar el Plenipotenciario de Colombia se extendiesen por escrito.

Su Excelencia contestó, que ya lo habría verificado así si le hubiese sido posible excusar expresiones que quizá parecerían poco respetuosas en virtud de las circunstancias y de sus sentimientos de que no podía prescindir; que había sufrido con paciencia por más de un año, y no le parecía regular ni compatible con el decoro de Colombia continuar así después que se disuelva el actual Congreso; que en todo ese tiempo había tenido lugar de observar que los elementos de México pugnaban por ahora contra la Asamblea y ellos lo convencían por consiguiente que el negocio no estaba aquí aún maduro; y prueba de ello es la poca actividad que México ha manifestado en este negocio, de suerte que ni aun ha querido entrar en correspondencia con los demás Gobiernos americanos a pesar de las repetidas insinuaciones y del buen efecto que esto produjo en Panamá; que México había visto con demasiada negligencia sus relaciones políticas con sus hermanas, de manera que a excepción de un simple Encargado de Negocios en Bogotá no mantiene agente alguno diplomático en toda la extensión de la América antes española, aun en Guatemala su vecina; que arde actualmente en disensiones intestinas, que pudieron ahogarse en su nacimiento con dos o tres buenas providencias.

Que tal conducta parece argüir indiferencia hacia los nuevos Estados americanos, incluyendo a la República de Colombia, a la que aún no se ha correspondido el compromiso de haber mandado aquí un Ministro desde el pronunciamiento de Iguala.

Sus Excelencias los Plenipotenciarios de México contestaron que según se decía se presentaría pronto a la Cámara de Diputados un dictamen de la Comisión sobre el Tratado de Confederación. Su excelencia el Plenipotenciario de Colombia repuso que había más de un año que se le estaba diciendo lo mismo infructuosamente. Los Ministros de México ofrecieron al de Colombia dar desde luego cuenta a su Gobierno con las comunicaciones enunciadas en esta entrevista.

José Mariano Michelena — José Domínguez Manso — José Basilio Guerra

Documento n.º 60. Protocolo de la conferencia verbal tenida entre los delegados sobre la clausura del Congreso Americano.

Tacubaya, 9 de octubre de 1828[77]

Protocolo de la conferencia verbal tenida entre los Plenipotenciarios de Colombia, Centroamérica y Estados Unidos Mexicanos, en la casa del primero, en la villa de Tacubaya, el 9 de octubre de 1828.

Presentes los Plenipotenciarios, el Ministro de Colombia abrió la conferencia dando las más expresivas gracias a los Plenipotenciarios de Centroamérica y Estados Unidos Mexicanos por el honor que le habían dispensado en designar su casa para lugar de esta reunión, estando, como estaba, distante de la residencia de dichos Plenipotenciarios en la capital.

Su objeto, dijo, era manifestarles en esta conferencia con toda franqueza la resolución en que se hallaba de restituirse a su patria a principios del mes entrante, los motivos que le habían inducido a ello y los deseos de su Gobierno.

El Ministro de Colombia, continuó, ha formado esta resolución en virtud de una serie no interrumpida de hechos que han producido en su ánimo una convicción plena e irresistible del poco o ningún interés que los Estados Unidos Mexicanos toman por la reunión de los plenipotenciarios americanos en su territorio, según se había estipulado en Panamá. Quisiera poder omitir aquellos hechos, porque no es su intención hacer inculpaciones a nadie.

Pero en cumplimiento de sus deberes se ve compelido a entrar en una ligera narración de lo pasado, desde su llegada

77 Antonio de la Peña y Reyes; comp., El Congreso de Panamá y algunos proyectos de unión hispanoamericana, México, Archivo Histórico Diplomático Mexicano, 1926, págs. 142-150.

a esta República el 12 de agosto de 1826, para concluir justificando su resolución.

Los Plenipotenciarios mexicanos saben bien que los de Colombia en Panamá no habrían consentido en la traslación de la asamblea americana a esta villa, sin ciertas promesas y estipulaciones que parecían acreditar que la política de este Gobierno era enteramente favorable a aquel establecimiento, de inmenso precio e importancia para las nuevas Repúblicas, e infinitamente más para la que tuviese la dicha de hospedarlo en su seno.

El Ministro de Colombia, sin embargo, no bien llegado a Acapulco cuando comenzó a adquirir gradualmente nociones diametralmente opuestas.

Desde entonces el Congreso mexicano manifestó repugnancia bastante notable a ocuparse en tan grave negocio, por más esfuerzos que hizo el Ejecutivo para que lo pusiese en estado de cumplir con unas estipulaciones autorizadas por los Plenipotenciarios de estos Estados, en observación de instrucciones, según es público y notorio.

Así se infringió una de las partes más esenciales de un tratado público, permitiendo transcurriese el día 15 de marzo del año pasado, en que debieron canjearse los de Panamá, sin que para ello se hubiese dado ninguna especie de explicación satisfactoria o no satisfactoria.

Los Ministros mexicanos pueden acordarse de que ese mismo día 15 de marzo del año pasado pasó el de Colombia a sus casas respectivas a asegurarles personalmente, como lo hizo, que aunque no tenía todavía las ratificaciones en su poder por la distancia y otras circunstancias imprevistas, podía hacerles explicaciones muy satisfactorias de parte de su Gobierno en el caso de que se le invitase al canje, porque había recibido seguridades de que serían aprobadas y ratificadas.

La correspondencia que medió después entre los Plenipotenciarios de México y Colombia desde el 23 de junio hasta el 3 de agosto del año pasado, acreditará en todo tiempo la buena disposición del Colombia al efecto, puesto que solamente se exigió, como es muy justo, saber con antelación cuál era la determinación definitiva de los Estados Unidos Mexicanos sobre los tratados pendientes.

Como se continuó, a pesar de esto, guardando un profundo silencio por parte de este Gobierno sobre la aceptación o no aceptación de dichos tratados, el Plenipotenciario de Colombia creyó de su deber invitar a los de México, con fecha 24 de noviembre del año pasado, a una conferencia, que se verificó el día siguiente, y en la cual les manifestó la inutilidad de su residencia aquí por más tiempo y su disposición de regresar a su país.

No habiendo producido efecto alguno esta conferencia, el Ministro de Colombia pasó a los de México una nota de despedida, con fecha 17 de diciembre, a la cual se contestó en 3 de enero del presente año instándole para que permaneciese por más tiempo en esta República, pues el Gobierno de los Estados Unidos Mexicanos creía poder asegurar en todo aquel mes si las estipulaciones de Panamá se ratificarían o no.

Transcurrido ya todo el mes de enero sin que el Plenipotenciario de Colombia hubiese recibido las seguridades ofrecidas de una u de otra manera, pasó una segunda nota de despedida el 1.º de febrero, y fue luego a ofrecer sus respetos y a participar su resolución al presidente de los Estados Unidos Mexicanos.

Su Excelencia entonces hizo al Plenipotenciario de Colombia nuevas instancias para que desistiese de su marcha, en virtud de las cuales recogió aquella segunda nota, y se determinó a permanecer en estos Estados algún tiempo más, esperando el éxito de tan importante negociación.

Qué efectos hayan producido las nuevas gestiones del Ejecutivo, puede verlos cualquiera en los dictámenes, resoluciones y contrarresoluciones de las honorables Cámaras del Senado y de Representantes de los Estados Unidos Mexicanos.

Todos estos hechos, de una naturaleza incontrovertible, y otros muchos más que no se omiten por amor a la verdad, han persuadido al Ministro de Colombia de la necesidad de restituirse a su país lo más pronto posible.

En tan desgraciado caso cree haber cesado su misión, e invita, en cumplimiento de órdenes terminantes de su Gobierno, a los Plenipotenciarios que todavía residen aquí a extender un acta expresiva del pesar consecuente con la inutilidad de lo obrado por la conservación de la Asamblea y de la Confederación americana, de las causas que han intervenido en su conclusión por ahora, y de los motivos que urgen porque se renueve después, en circunstancias más felices.

Los Plenipotenciarios mexicanos contestaron que las circunstancias actuales eran mucho más favorables que las anteriores para la consecución del grande objeto de la Confederación americana; que ya se había manifestado claramente el sentido de las Cámaras a favor de los tratados, porque la de Diputados los aprobó con unas reformas tan insignificantes, que no influían en nada en la sustancia y esencia de las estipulaciones, y la del Senado, al devolver los mismos tratados a la Cámara de su origen sin aprobarlos, dio verdaderamente una prueba inequívoca, así de su conformidad con los tratados del Istmo, como de su consideración a la Asamblea, porque creyendo que los tratados debían ser aprobados íntegramente o reprobados, le pareció un medio muy a propósito para lograr aquel objeto, remitirlos a la Asamblea para que meditasen los Plenipotenciarios sobre las ligeras alteraciones de la Cámara de Representantes, pues que de este modo, si había anuencia en ellas de parte de Sus Excelencias, no habría por la de las Cámaras esas pequeñas discordancias para la absoluta aprobación de los tratados; que semejante disposición expresaba, de una manera indubitable, los esfuerzos que hacia siempre el Ejecutivo; la continuación de los empeños para el despacho de este gran negociado, y el aspecto diferente que había tomado la República mexicana, eran las mejores garantías que se podían ofrecer del feliz éxito de la obra de Panamá.

El Plenipotenciario de Colombia repuso inmediatamente que sentía observar que las esperanzas y protestas que acababa de oír eran las mismas que se le habían hecho hacía mucho tiempo, y que jamás se habían realizado; que él oponía hechos positivos a aquellas esperanzas que la experiencia había desvanecido, y en prueba de ello apelaba al juicio de su respetable compañero el Plenipotenciario de Centroamérica, que convencido de lo mismo, había pasado a los Plenipotenciarios mexicanos su nota de despedida el 1.º del último mes.

El Plenipotenciario de Centroamérica recordó las promesas que en diferentes épocas de esta desgraciada negociación se habían hecho, los deseos constantes de su Gobierno y la autorización y disposición de su Ministro para la continuación de las sesiones, que tuvo el honor de manifestar a los Plenipotenciarios de México en nota del 23 de junio del año pasado; que el 31 de agosto siguiente repitió los mismos sentimientos contestando a la del 29 del mismo, en que Sus Excelencias le aseguraron que la triste situación de la República de Centroamérica era el asunto interesantísimo que en concepto del Gobierno mexicano debía provocar a la mayor brevedad la apertura de la Asamblea; que invitado su honorable compañero el señor Ministro de Colombia a tan importante objeto, y convenido en prestar su cooperación, expuso que antes de tomar en consideración un asunto tan arduo y de tanta trascendencia, le parecía que era necesario fijar de antemano los principios en que en todo tiempo debían apoyarse y sostenerse las medidas que allí se adoptasen, proponiendo para facilitar el resultado el medio de una conferencia previa. ¿Y cuándo se verificó? A Sus Excelencias consta que no tuvo efecto sino hasta el 22 de diciembre en que los Ministros presentes se reunieron por primera vez, que la continuaron el 24 del mismo, y el 12 de enero de este año, en que por fin convinieron en la medida que aparece en el memorándum de ella.

Los Plenipotenciarios mexicanos, firmes en la nobleza de sus sentimientos por la pacificación de Centroamérica, tuvieron la bondad de asegurar el 19 del mismo al Ministro de aquella República que lo habían pasado (el memorándum) a su Gobierno, recomendándole la medida adoptada.

El que habla no puede explicar el disgusto y sorpresa con que vio pasar aquel mes sin saber si el Gobierno había tomado o no en consideración dicho memorándum, por lo que convencido de que era enteramente inútil su permanencia aquí, fue el 2 de febrero a participar al Excelentísimo señor presidente de la República que tenía permiso de su Gobierno para retirarse tan luego como lo verificase el Plenipotenciario de Colombia, que según entendía, pensaba salir el 4. Su Excelencia le contestó que acababa de estar allí a comunicarle su pronta marcha, pero que le había suplicado y reducido a que la difiriese porque el punto de los tratados se concluiría en el mes.

Últimamente volvieron a reunirse el 6 del mismo febrero los Ministros presentes, y Sus Excelencias Michelena y Domínguez dijeron que su Gobierno quería se tomasen en consideración las posteriores noticias de Centroamérica para saber si en virtud de ellas variaban de opinión, y todos unánimemente convinieron en que por las circunstancias que en ellas se describen era más necesaria la medida propuesta. Y comunicando al siguiente día los Plenipotenciarios de México este acuerdo a su Gobierno, le repitieron la súplica de que las providencias que hubiese de tomar fuesen prontas como lo demandaban las circunstancias efectivas en que se hallaba aquella República.

Que, sin embargo, el Ministro de Centroamérica aún ignora si el Gobierno de los Estados Unidos Mexicanos ha adoptado o no alguna medida en este negocio.

Que estos hechos constantes no los recuerda con un espíritu de recriminación de que está muy distante, sino porque ellos, unidos a los que ha referido el señor Ministro de Colombia, lo habían convencido profundamente de que, o México no tenía interés en concurrir por su parte a la realización de la Confederación americana, o repugnaba que la Asamblea se reuniese en su territorio; que cualquiera de estos extremos que fuese cierto, era en su concepto una razón suficiente para retirarse en obsequio mismo de la Confederación, porque de lo contrario era preciso que se hiciese ridículo y despreciable un proyecto tan importante, en otro tiempo y circunstancias acaso se podrá renovar con mejor éxito; que en atención a esto y a los quebrantos que diariamente sufre su salud en este clima, había solicitado permiso para restituirse a su país; que su Gobierno se lo había concedido, como tuvo la honra de decirlo a Sus Excelencias los Plenipotenciarios de México en su nota de despedida de diez del último septiembre, y que aunque entonces hizo una manifestación de los sentimientos de su Gobierno, quiere aprovechar la presente oportunidad para repetirla de una manera más solemne; que en consecuencia asegura que Centroamérica conserva siempre la misma idea de utilidad e importancia de la Confederación y los más vivos deseos de concurrir a ella, que a este fin había conservado a su Ministro en esta República por más de dos años, y que no había sido sino después de una profunda convicción de la inutilidad de su permanencia por más tiempo, cuando le había permitido retirarse mandándole, sin embargo, asegurar a Sus Excelencias que no por eso se creyese que los deseos de aquel Gobierno a favor de la Confederación se hubiesen entibiado; que menos era su objeto retardar ni entorpecer la reunión de la Asamblea, y en prueba de ello prometía enviar sin pérdida de tiempo sus Plenipotenciarios para concurrir a ella, tan luego que se le asegurase que ésta iba a reunirse.

El Plenipotenciario de Centroamérica concluyó manifestando su profundo reconocimiento a los de Colombia y Estados Unidos Mexicanos por las bondades que les había merecido durante su permanencia en esta República.

Los Plenipotenciarios de México repusieron que las esperanzas que en distintas ocasiones habían dado sobre este asunto no habían sido tan vanas, pues que al fin de este periodo ya habían las dos Cámaras del Congreso general el convenio, y ocupándose de los demás tratados concluidos en Panamá, prescindiendo, como se debe prescindir para el objeto de comprobar el hecho de haberse tomado en consideración, de éste o del otro resultado de la discusión y del concepto de las Cámaras; que agregada esta observación a las expuestas, no podían fijarse más en la idea que habían manifestado. Hicieron presentes las funestas consecuencias que se originarían desde luego con la disolución de la Asamblea, porque si en cualquiera ocasión debería producirlas un suceso tan desagradable, las causaría mucho más en las circunstancias en que se hallaban hoy las Repúblicas aliadas; la guerra entre Perú y Colombia, la civil que aflige a Centroamérica, la agitación, aunque momentánea, de la República mexicana, a todo se le daría influencia sobre la disolución, y aquellas circunstancias se presentarían en consecuencia con un aparato temible, supuesto que aun habían roto la fraternidad concentrada en la Asamblea de los Ministros de esas potencias, enviados precisamente para estar unidos perpetuamente en paz y en guerra.

Que aun cuando hubiesen sido reprobados los tratados de Panamá en la República de México, o en cualquiera de las otras, o en todas, no podía procederse a la disolución de la asamblea; antes bien, esto exigía la reunión de los Plenipotenciarios para acordar, según las nuevas y consecuentes instrucciones de sus respectivos Gobiernos, las reformas de que fuesen susceptibles aquellas estipulaciones o formar otras distintas; que por esto habían inculcado otras veces que la existencia de la asamblea en la actualidad no dependía de los tratados celebrados en Panamá, sino de otros preexistentes a su misma instalación convenidos entre México y Colombia, y entre esta república y las de Centroamérica y Perú, que están vigentes.

Hay que reflexionar, además, que el convenio sobre traslación de la Asamblea está aprobado en todas sus partes, y habiéndose comprometido por este tratado las Repúblicas aliadas a mantener sus plenipotenciarios en el lugar que hubiese fijado la Asamblea, parece que la disolución se opone al mismo convenio.

Los Plenipotenciarios de México hubieran querido que por parte de su Gobierno estuviesen ya ratificados los tratados; pero por este solo hecho ¿se habría podido proceder al canje deseado, ni en el 15 de marzo del año próximo anterior ni después, ni aun el día de hoy? De ninguna manera: sabido es que en Centroamérica no existe cuerpo legislativo que haya podido aprobar los tratados, y que el Perú ni aun ha mandado sus Ministros; ¿qué, pues, podía haberse aventajado con la aprobación de México y Colombia? Esto acredita que no ha consistido únicamente en el Gobierno mexicano la falta de canje de los tratados, y acaso esta consideración han tenido a la vista las Cámaras para no apresurarse a la aprobación.

El Plenipotenciario de Colombia dijo que no se trataba de la disolución de la Asamblea, ni su Gobierno deseaba propender a semejante cosa; que si estaba resuelto a restituirse a su país había sido forzado a ello por las circunstancias, y que si éstas variaban, Colombia sería la primera en mandar sus Plenipotenciarios a la Asamblea americana con instrucciones de consentir en todas aquellas estipulaciones justas y regulares que no estuviesen en contradicción con sus obligaciones existentes con las demás potencias de Europa y América al tiempo de la nueva reunión.

El Plenipotenciario de Colombia concluyó, finalmente, asegurando a los de Centroamérica y Estados Unidos Mexicanos que no le era posible expresar la aflicción de que estaba penetrado por el mal éxito de la negociación de Panamá, pero que se separaba de esta República lleno de reconocimientos por las bondades con que constantemente lo habían favorecido; y cualquiera que fuese su suerte futura, siempre recordaría con placer el tiempo en que tuvo la fortuna de tratar con unos Ministros tan excelentes y celosos por el bien de la América en general.

Los Plenipotenciarios mexicanos excitan en este punto el sobresaliente patriotismo de sus dignos y respetables compañeros el Plenipotenciario de Colombia y el de Centroamérica, confiados en el interés que siempre han tomado Sus Excelencias por la causa de América en los apreciables y costosos sacrificios que han prestado constantemente, y en la importancia de las obras del Istmo, a que han dedicado su sabiduría, su prudencia y su celo; que les causaba el dolor más profundo, cual no podrían jamás decir cumplidamente, considerar separados de su compañía a Sus Excelencias, en cuyos consejos tiene la Patria apoyadas sus más lisonjeras esperanzas; que sentían vivamente llevasen adelante una determinación que por sí sola había de ser origen de males de fatal trascendencia, y que no podrían ocultarse a la alta penetración de quienes con sus luces recomendables habían trabajado incesantemente por la felicidad pública.

Los Plenipotenciarios de México protestaron que si al de Colombia y al de Centroamérica pareciese más conveniente que la Asamblea se traslade a otro punto de la República, porque así sea más análogo al objeto, los Plenipotenciarios de México están dispuestos a lo que digan Sus Excelencias, así como a cualesquiera otras medidas que dependan del Ejecutivo y que conferenciando se juzguen conducentes al propio objeto.

Los Plenipotenciarios de Colombia y Centroamérica fueron de opinión que lo propuesto para la traslación de la Asamblea a otro punto de esta República no podía producir ningún buen efecto en estos momentos, ni mucho menos remover los inconvenientes que se le habían presentado por parte del Gobierno de estos Estados, concluyendo con dar las más expresivas gracias a los Plenipotenciarios mexicanos por sus atenciones y civilidades que no olvidarían jamás.

Pedro Gual — Antonio Larrazábal — José María Michelena — José Domínguez Manso

Documento n.º 61. Circular de la Cancillería mexicana a los gobiernos hispanoamericanos

México, 13 de marzo de 1831[78]

A S.E. Secretario de Relaciones Exteriores de la República de Buenos Aires, Perú, Bolivia, Colombia, Chile, Centroamérica.

México, 13 de marzo de 1831

Palacio del Gobierno Federal El infrascrito Secretario de Estado y del Despacho de Relaciones Exteriores e Interiores de los E.U. Mexicanos, tiene el honor de dirigirse a V.E. de orden del Vicepresidente en ejercicio del Poder Ejecutivo sobre un punto que juzga de la mayor importancia para todas las nuevas Repúblicas del continente americano.

Por diversos que puedan parecer a primera vista los intereses particulares de cada uno de estos Estados, ellos se hallan ligados entre sí por un interés general, por un interés primario que es nada menos que el de su existencia como

78 El Pacto de familia. Historia de un episodio de la diplomacia mexicana en pro de la anfictionía, México, Archivo Histórico Diplomático Mexicano, 1962, págs. 123-125. La iniciativa de la Cancillería mexicana en realidad se compone de varios proyectos superpuestos. El primero es un tratado de amistad y comercio con Chile, el cual inserta por primera vez en un acuerdo entre las nuevas repúblicas la excepción a la cláusula de la nación más favorecida. El segundo es la presente circular, la cual pretende instaurar una asamblea cuyas labores consistan en conferencias permanentes y privadas, y de las cuales se excluya a todo país ajeno al ámbito hispanoamericano. El tercer proyecto del Pacto de familia consiste en el envío de dos ministros cerca de las nuevas repúblicas, Manuel Diez de Bonilla a Centroamérica y Colombia, y a Juan de Dios Cañedo a Sudamérica. El paralelo con la iniciativa bolivariana de los tratados bilaterales es notorio. El desinterés de la mayoría de los gobiernos convocados, inmersos en las urgencias de la primera época independiente, impidió el éxito de esta iniciativa, aunque abona el terreno para la convocatoria al Congreso de Lima.

naciones: todas se hallan amagadas de los mismos peligros, todas tienen que apelar a los mismos medios de conservación. En estos se comprenden no solo las medidas necesarias para defenderse de un enemigo común, sino el género de relaciones que deban establecerse con las demás potencias extranjeras, que no procediendo del mismo origen ni hallándose en las mismas circunstancias, deben ser de una naturaleza muy diferente que las que existan entre este grupo de Repúblicas hermanas que nunca podrán considerarse como extranjeras entre sí sin romper todos los lazos de la naturaleza, de la costumbre, de la identidad de origen, religión y hábitos sociales.

Con este fin el Gobierno de estos Estados, en el Tratado celebrado con Colombia, acordó las reuniones periódicas de una Asamblea General compuesta de los Plenipotenciarios de todas las Repúblicas americanas, habiéndose comprometido ambos Gobiernos a invitarlas a este objeto, y de hecho se celebró el primer Congreso en Panamá y se trasladó luego a Tacubaya. No es del caso examinar ahora los motivos por qué esta reunión no produjo todos los saludables efectos que eran de esperar, pero es preciso sí expresar que una de las causas que más contribuyeron a su desconcepto y que obró de una manera muy directa en la disolución de la Asamblea, fue sin duda el grande aparato que se procuró darle y que si bien convenía a los importantes objetos que habían de ser materia de sus sesiones, hizo concurrir a ella a los agentes de potencias que de ninguna manera tenían el mismo interés en su feliz éxito.

Amaestrados pues por la experiencia, debemos remover las causas conocidas del descontento de aquella reunión y aprovechar todas las ventajas que ella debió producir. Las circunstancias lo hacen urgente; el antiguo mundo en medio de violentas agitaciones adquiere una nueva existencia que debe dar motivo a inmensas e incalculables variaciones en la política general. Es menester en tales momentos fijar la que deben observar estas nuevas Repúblicas y es menester que esto se haga de común acuerdo estrechando por medio de tratados los lazos fraternales que deben unirnos para el común apoyo y ventaja. Estos objetos grandiosos e interesantes no pueden llenarse cumplidamente sino por el concurso de los Plenipotenciarios de las Repúblicas americanas, formadas de las antiguas colonias españolas, pero es menester que esta reunión se haga sin el aparato pomposo de un Congreso, sino que tome el carácter de conferencias permanentes y, por decirlo así, privadas, que pudieran tenerse cuando la ocasión lo pidiere, para esto en concepto de este Gobierno el medio más adecuado sería que concurriendo los agentes de todas las referidas Repúblicas en la capital de alguna de ellas, acreditados cerca de aquel Gobierno lo estuvieren también para tratar entre sí acerca de los intereses de todas.

El Gobierno de estos Estados, muy lejos de pretender que tal reunión se verifique en esta capital, aunque encuentra en ello ventajas muy decisivas con respecto a las reuniones con Europa, promete desde luego mandar su Plenipotenciario a donde se prefije por la mayoría de los demás, ofreciendo sí con la mayor complacencia esta capital y todos los recursos de estos Estados para recibir a los Plenipotenciarios de las Repúblicas amigas si por las razones que se tuvieron presente para la traslación del Congreso de Panamá a Tacubaya se prefiriese esta ciudad.

El infrascrito suplica a V.E. tenga la bondad de someter a la deliberación de su Gobierno el contenido de esta nota y de invitarlo muy eficazmente a que coopere por su parte a la consecución de tan grande objeto no solo por medio del nombramiento y con los poderes e instrucciones necesarias de su plenipotencia, sino también interponiendo su influjo para que los de las otras Repúblicas hermanas sigan su ejemplo haciendo el nombramiento de los suyos.

El infrascrito aprovecha la oportunidad para asegurar a V.E. de la distinguida consideración con que es De V.E. muy obediente servidor Lucas Alamán

Documento n.º 62. Instrucciones de la Cancillería mexicana a los enviados extraordinarios cerca de las repúblicas que antes fueron colonias españolas.

México, 3 de junio de 1831[79]

A los Ministros Plenipotenciarios y Enviados Extraordinarios cerca de las Repúblicas que antes fueron colonias españolas, Juan de Dios Cañedo y Manuel Diez de Bonilla.

México, 3 de junio de 1831

El grande objeto político que de orden del Vicepresidente se ha propuesto en estas legaciones, es el de promover la unión de todas las Repúblicas formadas de lo que antes fue colonias españolas, para que procedan de acuerdo en todo lo que puede llamarse intereses comunes, y restableciendo los lazos fraternales que entre ellas existían y que nunca debieron romperse por la independencia, se adquiera para todas la consideración que en la política solo se concede a las grandes masas.

Si en todas épocas habría sido conveniente el proceder bajo principios uniformes en todo aquello que tiene relación con la política y el comercio exterior, en la presente ha venido a ser de indispensable necesidad. La Europa se halla en una crisis que cualquiera que sea su resultado debe ser trascendental a las nuevas Repúblicas de América. Si en la guerra que amenaza en el antiguo continente, el triunfo queda por los principios liberales, el reconocimiento de la independencia por toda la Europa inclusa la misma España, es indefectible; si por el contrario la fortuna abandona esta vez también las banderas de la libertad, la tempestad que se prepara para extirparla en América, único país que habrá

79 El Pacto de familia. Historia de un episodio de la diplomacia mexicana en pro de la anfictionía, México, Archivo Histórico Diplomático Mexicano, 1962, págs. 129-137.

quedado disfrutándola, ha de ser terrible. En el primer caso habremos llegado a una crisis diplomática de que solo podrá sacarse partido obrando todos de acuerdo; en el segundo es menester, también de acuerdo, prepararse a defender vigorosamente los bienes precisos que hemos adquirido.

Es preciso hacer que se penetren de toda la importancia de estos principios los gobiernos para los cuales está V.E. acreditado. Es menester que V.E. les demuestre todos los males que se han seguido, ya por haber obrado aisladamente las nuevas Repúblicas americanas, y los inmensos que resultarían de observar la misma conducta en circunstancias aún más delicadas. Puede citarse en apoyo un ejemplo notable por sus extensas y funestas consecuencias.

Cuando la Inglaterra resolvió reconocer la independencia de varias de las Repúblicas de América, dirigió sus comisionados, con el carácter ya de Plenipotenciarios para negociar tratados a cada una de las Repúblicas con quienes se intentaba formar este género de relaciones. A todos se les dio un modelo de tratado, formado ciertamente de la manera que era más conducente para los intereses ingleses, pues aunque todos sus artículos reposan sobre la base de la reciprocidad, ésta no podía ser sino imaginaria, atendidas las diversísimas circunstancias en que se hallaban las Partes Contratantes. Así es que, tratados celebrados con esta apariencia de igualdad, han sido en realidad ventajosos únicamente a la Inglaterra. México conoció desde entonces que así debía suceder infaliblemente, y persuadida también de que las relaciones que convenía a todo trance estrechar eran las de las Repúblicas, nuestras hermanas, a pesar de las ventajas políticas que traía entonces el tratar de cualquiera manera que fuese con la Inglaterra, se reservó en el primer tratado que celebró con los Plenipotenciarios británicos el derecho de conceder privilegios a los pabellones de las nuevas Repúblicas, y usando de él los concedió a Colombia en el tratado de comercio celebrado con ésta y estaba decidido a tratar bajo el mismo pie con las demás, mas Colombia se hallaba ya comprometida con la Inglaterra para no conceder privilegios, y México no pudo, por tanto, hacer efectivo su buen deseo. Bajo este pie de reciprocidad imaginaria se han ido formando los demás tratados que todas estas Repúblicas han celebrado, ya con varias potencias de Europa, ya con Estados Unidos de América, porque ligadas con la Inglaterra no podían conceder menos a los demás que lo que habían dado ya a aquélla, y así es que toda la ventaja del comercio de nuestras nuevas Repúblicas ha quedado para potencias que nos son enteramente extrañas, indiferentes de nuestra suerte y solo interesadas en sacar de nosotros utilidades pecuniarias. Bajo este punto de vista la suerte de la América es hoy peor que en el tiempo colonial, pues el comercio que entonces se hacía nos era mucho más propio que el actual que ejercen factores extranjeros, los cuales luego que se enriquecen mudan país y nos dejan privados de los capitales que se han formado con nuestros tesoros.

Si estos males se han seguido de aquel primer paso errado, ¿cuán mayores no serían los que dimanasen no ya de tratados puramente de comercio, sino de los que tuviesen por objeto intereses políticos del primer orden, como son ciertamente los que han de ventilarse por resultados de los actuales sucesos de Europa? España, tratando individualmente con cada una de estas Repúblicas, podría sacar condiciones de las más débiles que comprometiesen gravemente los intereses de las más fuertes, y la independencia podría quedar siempre amenazada, o por lo menos los pueblos que la disfrutan sujetos a condiciones que la hicieren ilusoria.

El Gobierno de Chile parece muy penetrado de estos principios, según lo ha manifestado su Plenipotenciario el señor

Campino, en un memorándum de que para mayor ilustración de esta materia se acompaña copia. Es de esperar que la experiencia de los males sufridos haya producido la misma convicción en los demás Gobiernos, y solo parece que falta poner mano al remedio en todo aquello que aún es susceptible de él.

El arbitrio que se propone en el memorándum citado parece sin duda el más adecuado, pues que previene todos los inconvenientes que se pulsaron en el Congreso de Panamá, inconvenientes que serán mayores si ahora se tratase de reunirlo de nuevo. No fue el más pequeño de aquella reunión, el haber invitado a ella a los representantes de Inglaterra y de Estados Unidos; es decir, de las potencias que tienen los intereses mercantiles y aun políticos encontrados con los nuestros y por consiguiente más empeñadas en embargar los objetos de la reunión. Esta debe ser enteramente de familia, y solo para consultar a los intereses peculiares de este grupo de Repúblicas nacidas en las antiguas colonias españolas; intereses que nada tienen de común con los de las otras potencias y que de consiguiente deben tratarse con absoluta exclusión de todas ellas. La reunión de Plenipotenciarios debe también ser permanente para que pueda ocurrir a todas las circunstancias y urgencias imprevistas, pues aun cuando para ellas no tuvieren instrucciones los Ministros que la forman, siempre resultaría la ventaja de que remitiesen preparadas las materias a sus respectivos Gobiernos, según lo que pudiera aproximarse a la opinión de los demás por los antecedentes que obraran en poder de cada Ministro.

Todos estos objetos se llenan satisfactoriamente concurriendo sin la forma ostensible de Congreso los Ministros de todos los Gobiernos de las nuevas Repúblicas de América en la capital de la una de ellas, provistos de poderes e instrumentos suficientes para tratar entre sí lo que sea del interés de todas.

Fundado en estas razones el Vicepresidente dirigió a los Gobiernos de todas las nuevas Repúblicas la invitación de que se acompaña copia y apoyado en las mismas invitará V.E. nuevamente a aquellos cerca de los cuales está acreditado, para que nombren sus Ministros conforme a este plan, instando porque sea cuanto antes, en razón de las urgencias de las circunstancias y de la rapidez de los acontecimientos políticos. Será punto que deberá decidirse por comunicaciones mutuas cuál sea la capital donde haya de celebrarse esta reunión: sobre esto no puede darse a V.E. instrucción especial y México mandará su Ministro a donde decida la mayoría de sus hermanas, y si estas piensan que México mismo sea el lugar más oportuno al efecto, como realmente lo es por su proximidad a la Europa y la prontitud con que se reciben las comunicaciones de aquella parte del mundo, el Vicepresidente recibirá con el mayor aprecio a los representantes de las demás Repúblicas.

Los asuntos que de preferencia deberán ocupar a los Plenipotenciarios y sobre los que deberán dárseles instrucciones son, en concepto del Vicepresidente, los siguientes:

1.° Bases sobre las cuales deberá tratarse con España cuando ésta se manifieste dispuesta a reconocer la independencia.

2.° Bases sobre las cuales deberá tratarse con la Santa Sede, en los concordatos que con ella hayan de hacerse.

3.° Bases sobre las cuales deben celebrarse los tratados que liguen a las nuevas Repúblicas con las demás potencias extranjeras.

4.° Bases sobre las cuales deben formarse las relaciones de amistad y comercio entre las nuevas Repúblicas.

5.º Auxilios que deban prestarse estas mismas Repúblicas entre sí en caso de guerra y medios de hacerlos efectivos.

6.º Medios para evitar las desavenencias entre ellas, y de cortarlas cuando ocurran por una intervención amistosa de las demás.

7.º Medios para determinar el territorio que debe pertenecer a cada República y de asegurar la integridad, ya sea con respecto a las nuevas Repúblicas entre sí, ya con las potencias extranjeras confinantes con ellas.

Sobre el primer punto, esto es, las bases sobre las cuales se ha de tratar con España, debe llamarse la atención de V.E. desde ahora al proyecto de una tregua con aquella potencia que antes tuvo colonias, y que el año pasado promovió la Inglaterra. El Vicepresidente además de hallarse impedido para entrar en este plan por la ley de 11 de mayo de 1826, de que se acompaña a V.E. un ejemplar, encuentra razones políticas que se lo embarazan y que en su concepto son demasiado fuertes. Todas las hallará V.E. expedidas en las comunicaciones que con esta ocasión se dirigieron al señor Gorostiza y de que también son adjuntas copias. Todo lo que no sea partir de la base del reconocimiento de la independencia será un embarazo en la negociación, pues aunque se cite el ejemplo de Holanda, no es de ninguna manera aplicable al caso actual, pues en la tregua que con aquella pactó España se hizo un formal reconocimiento de la independencia, como se ve en el primer artículo del tratado de que también se anexa copia.

Como no es posible suspender las negociaciones ya entabladas con varias potencias extranjeras que ellas deban conducir necesariamente a la celebración de tratados, que aunque sujetos a algunos inconvenientes traen sin embargo la ventaja de asegurar la independencia por medio de la amistad de las potencias que lo celebran, ya que por falta de la reunión deseada se tiene que obrar en esto aisladamente será conveniente que los Gobiernos que se hallen en ese caso, no hagan tratado alguno sino por tiempo determinado y que este sea el más corto posible, de esta manera al cabo de cierto tiempo todos los Gobiernos de las nuevas Repúblicas habrán quedado libres y en aptitud de consultar mejor a sus mutuos intereses. Bajo este pie obrará el Vicepresidente y así es que habiendo fijado el señor Gorostiza en el tratado que ha celebrado con las ciudades hanseáticas treinta años para su duración, esta cláusula no será aprobada y se reducirá a solos diez años como todos los demás.

Como relativos al cuarto punto, deben tomarse en consideración los siguientes:

Convenir en una regla uniforme de naturalización para que puedan ser considerados los naturales de cualquiera de las nuevas Repúblicas de América como naturales de todas las demás.

Convenir en una regla uniforme de nacionalización de buques para que puedan considerarse los de cada República como nacionalizados en todas las demás.

Sobre todos estos puntos convendría se tenga presente lo acordado en el Congreso de Panamá, aunque ciertamente no pueda convenirse en todo ello, sino considerarlo como base de nuevos trabajos.

De esta especificación de puntos se deduce que los unos son propios y peculiares de los Ejecutivos de todas las Repúblicas de América a los cuales encargan sus Constituciones la dirección de los negocios diplomáticos y por consecuencia pueden quedar definitivamente arreglados por los Plenipotenciarios, fijándose así la línea de política que todos han de seguir en las negociaciones que emprendan; otros suponen la sanción legislativa porque han de tener el carácter de tratados de alianza ofensiva y defensiva y estos podrán convenirse para que luego se sometan a la aprobación de los respectivos Congresos.

Será sin duda materia de discusión con los gobiernos cerca de los cuales está V.E. acreditado si ha de invitarse a esta reunión al Brasil. El Vicepresidente, considerando que aquel imperio solo difiere de las nuevas Repúblicas por la forma de su Gobierno, pero que en lo demás tiene idénticamente los mismos intereses; creyendo también que esa misma forma de su Gobierno le procura más fácil acceso para con los de Europa, se decide por la afirmativa.

Sin embargo, no se procederá a hacerle invitación alguna hasta tanto se sepa la opinión de los Gobiernos cerca de los cuales está V.E. acreditado. En todo caso, nunca deberá perderse de vista que siendo el objeto de mayor interés el evitar la concurrencia de Estados Unidos de América a esta reunión puramente de familia, si puede llamarse así, es necesario contar antes de la invitación con todas las seguridades posibles de que la asistencia del Brasil, que se halla en igualdad de circunstancias con Estados Unidos en cuanto a haber sido colonia de otra potencia y hallarse fijados en el continente americano, no inspira propensión alguna a éstos para concurrir, ni se les presenta por esto medio de exigirlo o de entablar contestaciones para que se les admita, sobre cuyo punto convendrá ponerse enteramente de acuerdo con los demás gobiernos americanos y acaso tomada su opinión lo mejor será no dar paso alguno a la invitación por ninguno de ellos y aguardar la reunión de los plenipotenciarios en el punto que se señale para tener así tiempo de sondear las disposiciones tanto del Brasil mismo como de Estados Unidos.

Para proceder de conformidad con lo que en estos negociados se adelante, será indispensable que los Ministros de la República cerca de las otras nuevas de América se mantengan en frecuente comunicación teniéndose mutuamente impuestos de cuanto pueda ocurrir conducente al servicio de la República. Es tan importante establecer sobre bases fijas esta clase de comunicaciones, cuanto que lo acaecido con la Asamblea americana reunida en Panamá es un suceso que se debe evitar para no malograr las negociaciones.

Los Ministros mexicanos destinados a concurrir a ella salieron de la República y no se volvió a tener noticia alguna de ellos hasta que después de algunos meses volvieron a Acapulco, de donde habían salido, siendo conductores de los tratados y convenciones allí estipulados. En todo este tiempo, ni ellos recibieron comunicación alguna del Gobierno, ni éste noticia suya, sin embargo de que mutuamente procuraron comunicarse.

Como sean más difíciles e irregulares los medios de comunicación entre esta República y las otras del Sur por el Pacífico, tratará V.E. de arreglar este punto de preferencia con los Gobiernos de Chile y el Perú, y si es posible y ellos se prestan a reportar con proporción el gravamen de establecimiento de paquetes o correos marítimos fijos y periódicos, podrá V.E. entrar en convenio por parte de la República para que se lleve a pronto efecto procediendo a celebrar una estipulación especial que comprenda los términos de la empresa, privilegios recíprocos que se concedan a dichos paquetes y todo lo demás que se estime conveniente a asegurar su sostén y mejor servicio, dando cuenta para la aprobación que se requiera.

También procurará V.E. conservar activas sus comunicaciones con los Ministros mexicanos en Estados Unidos e Inglaterra especialmente, y por ahora con este último, teniéndolo al corriente de cuanto se pase en los nuevos Estados de América, de sus adelantos y de los que V.E. obtenga en sus negociaciones, en concepto de que ya se le recomienda proceda del mismo modo con V.E. a quien se comunicarán oportunamente los nuevos nombramientos que se hagan por este Gobierno.

Como el Vicepresidente está persuadido que no se debe perder momento en formalizar y afianzar las relaciones de amistad que deben estrechar los lazos de la mutua benevolencia entre las Repúblicas de la lengua castellana, no piensa que se debe aguardar para entrar en tratados a la reunión de los Plenipotenciarios en el punto que los respectivos Gobiernos señalen, y por tanto ha conferido a V.E. los poderes necesarios para celebrar tratados de amistad, comercio y navegación. Para ello podrá V.E. conformarse con el celebrado con Chile, suprimiendo en el artículo 5 las palabras por mayor o al menudeo que han sido desaprobadas por la Cámara de Diputados, y explicando claramente en el protocolo de conferencias que por el artículo 15 no se entiende México de tal manera ligado que se le tenga por impedido de celebrar un tratado con España sin aguardar a que lo haga la República de Chile, pero que sí se tiene por obligado a gestionar con igual empeño el que se ponga a ambas en el caso de celebrarlo. Dicho artículo solo tendrá la fuerza arriba explicada cuando reunidos los Plenipotenciarios de todas las Repúblicas se fijen las bases sobre qué se ha de tratar con España y éste será uno de los principales fines de aquella reunión; pero antes sería prematuro ligarse de un modo tan positivo. La exención del servicio militar que concede el artículo 6 se entiende de solo los transeúntes, pues aquellos que están radicados en el país, así como disfrutarán todos los privilegios que las leyes conceden a los naturalizados, justo es que reporten también las cargas.

Sin aguardar a celebrar los tratados de amistad, comercio y navegación, en los cuales se insertará el artículo 13 del de Chile, puede V.E. ofrecer a los Gobiernos cerca de los cuales está acreditado los servicios de los agentes diplomáticos y consulares de la República a los cuales pueden dirigir sus instrucciones, pues se les ha dado ya por este Gobierno la de arreglarse a ellas e interponer en todo sus buenos oficios para el adelanto y prosecución de los intereses de las Repúblicas hermanas. Como el resultado necesario de estas negociaciones será el aumentar las relaciones mutuas entre esta Repúblicas y las a que V.E. va destinado, para asegurar el comercio y prestarle todo el apoyo que necesita procederá V.E. al nombramiento de vice cónsules mexicanos en los puntos y puertos que estime convenientes a dicho fin, eligiendo para el desempeño de estos encargos a individuos de casas de respetabilidad en el país, y de moralidad y honradez conocidas poniéndose previamente de acuerdo con el Gobierno y obteniendo su beneplácito si los individuos que se elijan fuesen súbditos suyos. Después de nombrados y admitidos por el Gobierno respectivo, les dará V.E. unas instrucciones provisionales para que se arreglen a ellas en el desempeño de su comisión, que no serán otras que las generalmente recibidas y en uso para esta clase de agentes, si no es que ellas deben corresponder a la benevolencia especial que anima a naciones hermanas, mas eso último será materia de la ley de arreglo de Consulados de que se ocupa el Congreso general y de las estipulaciones mutuas entre ambos países.

Puede servirse V.E. al expedirles las instrucciones de que se trata de las que se han dado por esta Secretaría al Cónsul mexicano en Burdeos de que incluyo copia, a que V.E. hará las variaciones que exijan las circunstancias locales.

Nada ha desacreditado tanto la causa de la independencia americana como las continuas inquietudes a que han estado expuestas las nuevas Repúblicas y las guerras ya intestinas, ya entre dos Repúblicas colindantes que han ocurrido. Con todo el interés de la más sincera amistad y sin más objeto que el bien y crédito de todos, se recomienda a V.E. que sin mezclarse para nada en lo relacionado a la administración interior de los países en que ha de residir, interponga sus buenos oficios y ofrezca los de la República para hacer cesar estar perjudicialísimas discusiones, consolidar los gobiernos establecidos y entablar entre ellos la mejor amistad y buena correspondencia.

Las comunicaciones entre esa legación y este Ministerio han de ser tan frecuentes como sea posible; contribuirá mucho a este fin el establecimiento de paquetes que he recomendado a V.E. antes, u otro medio que se crea suficiente a llenarlo. El orden que ha de seguirse en aquéllas se comunicará a V.E. por una instrucción particular que formará el Jefe del Departamento del Exterior. Debe sí recomendársele que no solo comunique con exactitud todo cuanto ocurra en la República de su residencia, sino también todos los sucesos interesantes de los países vecinos y aun de los remotos, extendiéndolos en forma de una revista mensual con las observaciones que V.E. crea conveniente hacer sobre ellos para poderlos apreciar debidamente. En los casos que convenga hará uso de la copia que se le acompaña.

Como los conocimientos que se tienen de las nuevas Repúblicas no son muy extensos, se recomienda a V.E. que además de formar y remitir un diario exacto de los viajes que por ellas haga, procure también recoger y remitir todas las notas estadísticas, históricas y políticas que pueda obtener, mandando los impresos y documentos que le parezcan más interesantes y manifestando su juicio sobre todo y muy particularmente sobre el estado de las opiniones políticas que encuentre generalizadas. Como por una desgracia y por un vicio inherente a la educación, todas las cuestiones que se han suscitado hasta aquí en los nuevos Estados de América se personalizan, se hace más indispensable para nosotros que para cualquier otro país tener un conocimiento exacto del carácter, opiniones y miras de los hombres que más han influido en los disturbios anteriores y las cualidades y demás circunstancias de los que actualmente dirigen los destinos y los negocios de las otras Repúblicas, su manejo, concepto público y cuanto contribuya a poseer su biografía. Empéñese V.E.

en reunir y mandar estos datos calificados con el bueno juicio e imparcialidad que le son propios para evitar el que solo se obtengan retratos desfigurados por los falsos colores que pinta la pasión o el partido. En todas partes es menester que cuide V.E. de hacer formar de estos Estados el concepto ventajoso que se debe por su extensión, fuerzas, riqueza, crédito y actual orden y arreglo en su administración, haciendo de esta manera apreciable su amistad.

Se recomiendo igualmente a V.E. que para contribuir a aumentar y enriquecer el Museo de antigüedades e historia natural procure adquirir y recoger todo cuanto le parezca interesante en ambos ramos, mandándolo bien empaquetado y con las correspondientes descripciones, consignado a los administradores de las aduanas marítimas o fronterizas para que lo manden a este Ministerio. Los pequeños gastos que en esto se eroguen se llevarán en cuenta separada y se satisfarán a V.E. de los fondos del Museo Nacional.

Por último se recomienda a V.E. por punto general atienda en todo al adelanto de los intereses de la República que le están particularmente encargados, siguiendo en los casos que no han podido preverse en estas instrucciones, el espíritu de ellas.

Lucas Alamán

Documento n.º 63. Tratado de confederación entre las repúblicas de Bolivia, Chile, Ecuador, Nueva Granada y Perú.

Congreso americano de Lima, 8 de febrero de 1848[80]

En el nombre de la Santísima Trinidad.

Habiendo proclamado su emancipación política los pueblos del continente americano, que por tres siglos habían sufrido una dura opresión, como colonias españolas, lograron vindicar sus derechos, triunfando en una lucha larga y sangrienta, y, constituidos en Repúblicas independientes, con principios e instituciones liberales y grandes elementos de riqueza y de prosperidad, abrieron su comercio a todas las naciones. Pero no obstante las fundadas y halagüeñas esperanzas sobre el porvenir de estas Repúblicas, se hallan aún débiles, como lo han sido en su origen todas las naciones, expuestas a sufrir usurpaciones u ofensas en su independencia, su dignidad y sus intereses, o a ver turbadas sus recíprocas relaciones de paz y de amistad.

No incluye la defensa de México ante la invasión estadounidense, la cual interviene luego del envío de la invitación al Congreso. El Tratado de Confederación retoma la idea bolivariana sobre la necesidad de articular y de coordinar las fuerzas defensivas hispanoamericanas. La novedad de ese tratado respecto al panameño está dada sobre todo por su mayor atención a los asuntos internos de la confederación. Dos otros tratados, de Comercio y Navegación, y de Asuntos Consulares, fueron firmados en la ocasión. En un

80 Congresos americanos de Lima, Lima, Archivo Diplomático Peruano, 1938, T. I, págs. 301-311. El Congreso tiene lugar en Lima entre diciembre de 1847 y marzo de 1848 con las presentaciones de Bolivia, Chile, Colombia, Ecuador y el país anfitrión. La convocatoria tiene por eje la hostilidad de las potencias exteriores: la búsqueda de reconquista española de la costa oeste de la América del Sur.

fracaso similar a la primera reunión hispanoamericana, los países representados ratificaron únicamente la convención consular; el Tratado de Confederación fue rechazado por las diferencias en interpretación y el acuerdo comercial se desestimó por considerar que la abolición de los obstáculos al libre comercio era imposible.

En semejante situación, nada más natural y necesario para las Repúblicas hispanoamericanas que dejar el estado de aislamiento en que se han hallado, y concertar medios eficaces para estrechar sólidamente su unión, para sostener su independencia, su soberanía, sus instituciones, su dignidad y sus intereses, y para arreglar siempre, por vías pacíficas y amistosas, las diferencias que entre ellas puedan suscitarse. Ligadas por los vínculos del origen, el idioma, la religión y las costumbres, por su posición geográfica, por la causa común que han defendido, por la analogía de sus instituciones, y, sobre todo, por sus comunes necesidades y recíprocos intereses, no pueden considerarse sino como partes de una misma nación, que deben mancomunar sus fuerzas y sus recursos para remover todos los obstáculos que se oponen al destino que les ofrecen la naturaleza y la civilización.

Así como han sido nuevos y extraordinarios los ejemplos que ha presentado la América española en su emancipación política, así es también nueva y extraordinaria la condición en que se halla; condición tan especial como favorable para establecer sus diversas relaciones de la manera más conforme a sus propias necesidades y bien entendidos intereses y a los principios sagrados del derecho de las naciones.

Convencidos de esto los Gobiernos de las Repúblicas del Perú, Bolivia, Chile, Nueva Granada y Ecuador, han convenido en celebrar los pactos necesarios sobre los puntos indicados; y al efecto, han conferido plenos poderes a sus respectivos Ministros, a saber: el Gobierno del Perú, al ciudadano Manuel Ferreiros; el de Bolivia, al ciudadano José Ballivián; el de Chile, al ciudadano Diego José Benavente; el del Ecuador, al ciudadano Pablo Merino; el de la Nueva Granada, al ciudadano Juan de Francisco Martín, quienes habiendo canjeado y examinado sus poderes, y hallándolos bastantes y en debida forma, han celebrado el siguiente tratado de confederación:

Artículo 1. Las Altas Partes Contratantes se unen, ligan y confederan para sostener la soberanía y la independencia de todas y cada una de ellas; para mantener la integridad de sus respectivos territorios; para asegurar en ellos su dominio y señorío, y para no consentir que se infieran, impunemente, a ninguna de ellas, ofensas o ultrajes indebidos. Al efecto, se auxiliarán con sus fuerzas terrestres y marítimas, y con los demás medios de defensa de que puedan disponer, en el modo y términos que se estipulan en el presente Tratado.

Artículo 2. En virtud del artículo anterior, y para los efectos que en él se expresan, se entenderá llegado el casus foederis:

1. Cuando alguna nación extranjera ocupe o intente ocupar cualquiera porción de territorio que se halle dentro de los límites de algunas de las Repúblicas confederadas, o haga uso de la fuerza para sustraer tal territorio del dominio y señorío de dicha República, sea cual fuere el pretexto que se alegue para ello; pues las Repúblicas confederadas se garantizan, mutuamente y de la manera más expresa y solemne, el dominio y señorío que tienen a todo el territorio que se halle comprendido dentro de sus respectivos límites; y no reconocen, ni reconocerán, derecho en ninguna nación extranjera, ni en ninguna tribu indígena, para disputarles aquel dominio y señorío.

2. Cuando algún Gobierno extranjero intervenga o pretenda intervenir con la fuerza para alterar las instituciones

de alguna o de algunas de las Repúblicas confederadas, para exigir que hagan lo que no fuere lícito por el derecho de gentes, o no fuere conforme con los usos recibidos por las naciones civilizadas, o no fuere permitido por sus propias leyes, o para impedir la ejecución de las mismas leyes, o de las órdenes, resoluciones o sentencias dictadas con arreglo a ellas.

3. Cuando alguna o algunas de las Repúblicas confederadas reciban de un Gobierno extranjero, o de alguno de sus agentes, ultraje u ofensa grave, ya directamente, ya en la persona de alguno de sus Agentes Diplomáticos, y no se obtenga de dicho Gobierno la debida reparación después de haber sido solicitada.

4. Cuando aventureros o individuos desautorizados, ya con sus propios medios, ya protegidos por algún Gobierno extranjero, invadan, o intenten invadir, con tropas extranjeras, el territorio de algunas de las Repúblicas confederadas, para intervenir en los negocios políticos del país, o para fundar colonias u otros establecimientos, con perjuicio de la independencia, soberanía o dominio de la respectiva República.

Artículo 3. Si alguna de las Repúblicas confederadas recibiere agresión, ofensa o ultraje de una potencia extranjera, en cualquiera de los casos del artículo anterior, y el Gobierno de dicha República no hubiere podido obtener la debida reparación o satisfacción, se dirigirá al Congreso de los Plenipotenciarios de las Repúblicas confederadas, presentándole una exposición comprobada del origen, curso y estado de la cuestión, y de las razones que demuestren haber llegado el caso de que las Repúblicas confederadas hagan causa común para vindicar los derechos de la que ha sido agraviada. Si el Congreso de los Plenipotenciarios resolviere ser justa la demanda de dicha República, lo participará a los Gobiernos de todas las Repúblicas confederadas, para que cada una de ellas se dirija al de la nación que hubiere cometido la agresión, o inferido la ofensa o ultraje, pidiendo la debida satisfacción o reparación; y si ésta fuere negada o eludida, sin motivo suficiente que justifique tal procedimiento, el Congreso de los Plenipotenciarios declarará haber llegado el casus foederis, y lo comunicará a los Gobiernos de las Repúblicas confederadas para los efectos del artículo 6 de este Tratado, y para que cada uno contribuya con el contingente de fuerzas y medios que le correspondan, en el modo y medios que acordare el mismo Congreso. Si en el caso de este artículo no estuviere reunido o pronto a reunirse el Congreso de los Plenipotenciarios, la República agraviada presentará la exposición comprobada, de que se ha hablado, a los Gobiernos de las otras Repúblicas confederadas, para que, apreciando su justicia, puedan dirigir los respectivos reclamos, a fin de obtener debida reparación; y si ésta fuere denegada, se reunirá, sin demora, el Congreso de los Plenipotenciarios, para que declare si ha llegado el casus foederis, y se proceda a lo que fuere con consiguiente a su declaratoria.

Artículo 4. Cuando el Congreso de los Plenipotenciarios de las Repúblicas confederadas no hallare justa la demanda que una de ellas haga por supuesta injuria recibida de otra potencia, o cuando una potencia extranjera, injuriada por alguna de las Repúblicas confederadas, no hubiere podido obtener de ésta la debida reparación, hallada justa por el Congreso de los Plenipotenciarios, éste excitará a los Gobiernos de las demás Repúblicas confederadas para que todos interpongan su mediación y buenos oficios, a fin de que se obtenga un avenimiento pacífico; pero si esto no se lograre, y por ello se abriere la guerra entre las dos naciones interesadas, las demás Repúblicas confederadas permanecerán neutrales en la contienda.

Artículo 5. Si antes de que el Congreso de los Plenipotenciarios de las Repúblicas confederadas resolviere sobre la demanda de auxilios hecha por alguna de las Repúblicas, fuere invadido el territorio de ésta por las fuerzas enemigas, y los Gobiernos de las otras Repúblicas confederadas reconocieren ser injusta la invasión y haber en ella un peligro común, podrán dar los auxilios correspondientes, como si hubiesen sido decretados por el Congreso de los Plenipotenciarios.

Artículo 6. Una vez comunicado a los Gobiernos de las Repúblicas confederadas haberse resuelto por el Congreso de los Plenipotenciarios ser llegado el casus foederis, para obrar contra alguna potencia extranjera, si ésta hubiere hecho agresión o abierto hostilidades contra alguna o algunas de dichas Repúblicas, todas éstas se considerarán en guerra con aquella potencia; y en consecuencia, cortarán toda clase de relaciones con ella y ninguna de las Repúblicas confederadas admitirá, mientras duren las hostilidades, ninguna clase de efectos de comercio, naturales o manufacturados, originarios del territorio de la potencia enemiga.

Los ciudadanos o súbditos de la nación enemiga que se hallen en el territorio de las Repúblicas confederadas deberán salir de él dentro de seis meses, si tuvieren en el país bienes raíces, y dentro de cuatro, si no los tuvieren; excepto en los casos para los que se haya acordado otra cosa por tratados anteriores.

Si la potencia contra la cual deben emplearse las fuerzas de las Repúblicas confederadas, en virtud de la declaratoria del Congreso de los Plenipotenciarios, no hubiese hecho agresión, ni abierto hostilidades contra ninguna de dichas Repúblicas, deberán los Gobiernos de éstas declararle la guerra en la forma debida, para que tenga efecto lo que en este artículo queda acordado.

Artículo 7. Las Repúblicas confederadas declaran tener un derecho perfecto a la conservación de los límites de sus territorios según existían al tiempo de la independencia de la España los de los respectivos Virreinatos, Capitanías Generales, Presidencias en que estaba dividida la América española; y harán demarcar dichos límites donde no lo estuviesen de una manera natural y precisa, convienen en que cuando esto ocurra, los Gobiernos de las Repúblicas interesadas nombren comisionados, que reunidos y reconociendo, en cuanto fuere posible, el territorio de que se trate, determinen la línea divisoria de las repúblicas, tomando las cumbres divisorias de las aguas, el thalweg de los ríos, u otras líneas naturales, siempre que lo permitan las localidades; a cuyo fin podrán hacer los necesarios cambios y compensaciones de terreno, de la manera que consulte mejor la recíproca conveniencia de las Repúblicas. Si los respectivos Gobiernos no aprobaren la demarcación hecha por los comisionados, o éstos no pudieren ponerse de acuerdo para hacerla, se someterá el asunto a la decisión arbitral de alguna de las Repúblicas confederadas, o de alguna de las naciones amigas, o del Congreso de los Plenipotenciarios.

Las Repúblicas que habiendo sido partes de un mismo Estado al proclamarse la independencia, se separaron después de 1810, serán conservadas en los límites que se les hubieren reconocido, sin perjuicio de los tratados que hayan celebrado o celebraren para variarlos o perfeccionarlos conforme al presente artículo.

Lo acordado en este artículo, en nada altera los tratados o convenios sobre límites, celebrados entre algunas de las Repúblicas confederadas, ni contraría la libertad que estas Repúblicas tienen para arreglar entre sí sus respectivos límites.

Artículo 8. Si se pretendiere reunir dos o más de las Repúblicas confederadas en un solo Estado, o dividir en varios Estados algunas de dichas Repúblicas, o segregar de una de ellas para agregar a otra de las mismas Repúblicas, o a una potencia extranjera uno o más puertos, ciudades o provincias, será preciso, para que tal cambio tenga efecto, que los Gobiernos de las demás Repúblicas confederadas declaren, expresamente, por sí o por medio de sus Plenipotenciarios en el Congreso, no ser perjudicial dicho cambio a los intereses y seguridad de la Confederación.

Artículo 9. Las Repúblicas confederadas, con el fin de que se conserve entre ellas inalterable la paz, adoptando el principio que aconsejan el derecho natural y la civilización del siglo, establecen: que cualesquiera cuestiones o diferencias que entre ellas se susciten, se arreglen siempre por vías pacíficas, tocando a la Confederación el hacer reparar cualquier ofensa o agravio que alguna o algunas de dichas Repúblicas infieran a otra u otras de la Confederación.

En consecuencia, jamás se emplearán las fuerzas de unas contra otras, a no ser que alguna o algunas rehúsen cumplir lo estipulado en los tratados de la Confederación, o lo resuelto conforme a ellos por el Congreso de los Plenipotenciarios; pues en estos casos se emplearán los medios necesarios para hacer entrar en sus deberes a la República o Repúblicas refractarias, con arreglo a lo que las demás Repúblicas de la Confederación acordaren entre sí, directamente o por medio de sus Plenipotenciarios en el Congreso.

Artículo 10. En cualquier caso, no previsto, que se susciten, entre dos o más de las Repúblicas confederadas, cuestiones o diferencias capaces de turbar las buenas relaciones de paz y amistad que deben existir entre ellas, y no hayan podido terminar tales cuestiones o diferencias por medio de su correspondencia o de sus negociaciones diplomáticas, los

Gobiernos de las demás Repúblicas confederadas interpondrán sus buenos oficios, directamente, o por medio de sus Plenipotenciarios, y se esforzarán a fin de que las Repúblicas interesadas entren en un avenimiento que asegure sus buenas relaciones. Pero si esta mediación no fuere bastante para que las dichas Repúblicas minen sus desavenencias, ni se conviniere en someterlas al arbitraje de un Gobierno elegido por ellas mismas, entonces el Congreso de los Plenipotenciarios, examinando los motivos en que cada una de las Repúblicas interesadas funde su pretensión, dará la decisión que hallare más justa. Si alguna de las Repúblicas confederadas abriere hostilidades, faltando a lo acordado en este artículo y en el anterior, o rehusare cumplir lo decidido por el Congreso, las demás Repúblicas confederadas suspenderán todos sus deberes para con ella, sin perjuicio de los demás medios que tengan a bien adoptar para hacer efectiva la decisión y para que la República refractaria sienta las consecuencias de su infidelidad a este pacto.

Artículo 11. Si los Plenipotenciarios de las Repúblicas confederadas, reunidos en el Congreso, hubieren de interponer buenos oficios, a fin de terminar las cuestiones o diferencias suscitadas entre algunas de dichas Repúblicas, y para verificarlo creyeren conveniente el que alguno o algunos de ellos pasen cerca de los Gobiernos de las Repúblicas interesadas, podrán disponerlo así, dándole las instrucciones necesarias para que su mediación tenga toda la eficacia y buen resultado que debe desearse.

Artículo 12. Conservando, como conserva, cada una de las Repúblicas confederadas, el pleno derecho de su independencia y de su soberanía, no podrán intervenir en sus negocios internos, ni los Gobiernos de las otras Repúblicas, ni el Congreso de los Plenipotenciarios; pero no se entenderá como tal intervención los auxilios que deben prestarse con arreglo a este tratado, ni los medios que, conforme a él, pueden emplearse para asegurar su cumplimiento y el de los demás tratados de la Confederación.

Artículo 13. Ninguna de las Repúblicas confederadas permitirá que en su territorio se hagan reclutamientos o enganchamientos, que se organicen tropas o que se hagan armamentos u otros aprestos de guerra, de cualquier especie que sean, con el objeto de hostilizar o de turbar la paz y tranquilidad interior de otra de las Repúblicas de la Confederación.

Artículo 14. Los reos por delitos comunes que, en el país donde se hubieren cometido, tuvieren señalada pena de muerte o de trabajos públicos, reclusión o encarcelamiento por cuatro o más años, los desertores del ejército o de la marina, los deudores alzados o fraudulentos y los deudores al Erario Nacional, o a otros fondos públicos de una de las Repúblicas confederadas que se asilaren en otra de ellas, serán devueltos a los Jueces o Tribunales a quienes competa su juzgamiento, siempre que lo soliciten por conducto de la primera autoridad política de una provincia limítrofe con la otra República, si en ella hubiere de ser juzgado el reo, o por conducto del Gobierno Supremo en los demás casos; debiendo acompañarse a la solicitud los documentos que, conforme a las leyes del país en que haya de ser juzgado el reo, sean bastantes para decretar su prisión y enjuiciamiento. La entrega del reo se hará por la primera autoridad política del lugar en que aquél se halle, y en caso de duda sobre el valor de los documentos que le hayan dirigido, consultará con la autoridad superior inmediata o con el Gobierno Supremo.

Los desertores del Ejército o de la Marina que se entreguen, conforme a este artículo, no podrán ser castigados en su país por la deserción cometida, sino con el aumento del tiempo de su servicio, o con la disminución de su precio.

Los reos por delito de traición, rebelión o sedición contra el Gobierno de una de las Repúblicas confederadas, que se asilen en otra de ellas, no serán entregados en ningún caso; pero podrán ser expulsados del país en que se hubieren asilado, o internados hasta cincuenta leguas de las fronteras o costas, cuando haya motivos fundados para temer que promuevan conspiraciones, o amaguen, de otra manera, contra su propio país. La expulsión o internación solo podrá hacerla el Gobierno de la República que haya prestado el asilo.

Artículo 15. Siempre que hayan de reunirse las fuerzas de las Repúblicas confederadas, para obrar conforme a este tratado, el Congreso de los Plenipotenciarios acordará el contingente con que cada República deba contribuir; sin perjuicio de que aquélla o aquéllas que vengan a ser el teatro de la guerra, aumenten sus fuerzas hasta donde sus circunstancias se lo permitan.

El contingente de las tropas se distribuirá en proporción a la población de las respectivas Repúblicas.

Las fuerzas marítimas y los transportes para las fuerzas que hayan de conducirse por mar, se darán por las Repúblicas que los posean o tengan más facilidades para su adquisición, compensándose por las otras Repúblicas estos auxilios marítimos con tropas de tierra, o, de otro modo, según las bases que se establezcan por el mismo Congreso de Plenipotenciarios, quedan, sin embargo, en libertad las Repúblicas que tengan fuerzas marítimas para dar, en lugar de éstas, el dinero equivalente, cuando siendo necesarias dichas fuerzas para obrar en el Atlántico, se hallen en el Pacífico, o viceversa.

Artículo 16. La dirección de las fuerzas de la Confederación, que se reúnan en una de las Repúblicas confederadas, la tendrá el Jefe Supremo de dicha República, quien podrá mandar por sí el Ejército, o nombrar al General que deba tomar el mando en jefe de él.

Los contingentes de tropas, con sus transportes, trenes y demás artículos de guerra, los víveres y el dinero con que las Repúblicas confederadas concurran a la defensa común, podrán pasar y repasar libremente por el territorio de cualquiera de ellas que se halle interpuesta entre la potencia amenazada o invadida y la que preste el auxilio; y para evitar embarazos y abusos en este tránsito, se acordarán las reglas convenientes por los Gobiernos de las Repúblicas respectivas.

Artículo 17. Para la indemnización de los gastos causados en los auxilios que se presten las Repúblicas confederadas, se observarán los principios siguientes:

si el auxilio se presta en una contienda cuya causa sea común, o interese directamente a todas las Repúblicas confederadas, ninguna de ellas tendrá derecho a reclamar de las otras indemnización alguna; si el auxilio no redundare sino en favor de alguna o de algunas de dichas Repúblicas, éstas deberán indemnizar los gastos hechos por las otras; si las fuerzas de la Confederación se emplearen para hacer entrar en su deber a alguna de las Repúblicas confederadas, que no hubiere observado o cumplido lo que estuviere obligada a observar o cumplir por los tratados de la Confederación, solo será responsable de los gastos la República culpable.

Artículo 18. Cada una de las Repúblicas confederadas nombrará un Ministro Plenipotenciario para el Congreso de la Confederación, establecido por el presente tratado, que deberá reunirse, por primera vez, en la época que se fije para hacer el canje de las ratificaciones; y en lo sucesivo en las épocas que se determinen por el mismo Congreso, o por los Gobiernos de las Repúblicas confederadas.

El Gobierno de la República en cuyo territorio se reuniere, o haya de reunirse, el Congreso de los Plenipotenciarios, considerará a éstos como si fuesen Ministros públicos acreditados cerca de él, y les prestará todos los auxilios que demanda el carácter sagrado e inviolable de sus personas, y los demás que necesitaren para el fácil y cumplido desempeño de su misión.

Artículo 19. En la primera sesión de cada una de las reuniones ordinarias o extraordinarias del Congreso de los Plenipotenciarios, se nombrará por él un presidente y un Secretario. El mismo Congreso acordará los reglamentos necesarios para su correspondencia y para su régimen económico.

Los actos del Congreso serán suscritos por todos los Plenipotenciarios, refrendados por el Secretario y sellados con el sello de la Confederación. El sello de la Confederación representará un hemisferio con el continente de la América, llevando inscritos en sus respectivos lugares los nombres de las Repúblicas confederadas, y en la circunferencia lo siguiente: «Confederación americana».

Artículo 20. Los Plenipotenciarios de las Repúblicas confederadas, como representantes de sus respectivos Gobiernos, podrán acordar entre sí todos los tratados y convenciones necesarios para favorecer y fomentar los intereses recíprocos de las mismas Repúblicas, y para sostener los derechos que les sean comunes, o cuya lesión pudiera afectarlas a todas. Pero estos tratados y convenciones solo serán obligatorios para cada una de las Repúblicas confederadas en aquello que haya sido estipulado con acuerdo de su Plenipotenciario, y ratificado por su Gobierno.

Artículo 21. El Congreso de los Plenipotenciarios de las Repúblicas confederadas, como mediador o árbitro en los negocios concernientes a las relaciones de las mismas Repúblicas, solo tendrá las siguientes atribuciones:

1. Acordar las medidas, decisiones y demás actos que expresamente le estén encargados por este Tratado, o por los que en adelante se celebren por las Repúblicas confederadas.

2. Dar la debida interpretación a los tratados y convenios de las Repúblicas confederadas entre sí, celebrados en el mismo Congreso, siempre que ocurran dudas en su ejecución.

3. Proponer a los Gobiernos de las Repúblicas confederadas, en los grandes conflictos en que éstas puedan hallarse, las medidas que en su concepto fueren más convenientes, y que los Plenipotenciarios no estuvieren autorizados a acordar por medio de tratados.

Todos los actos de que habla este artículo podrán acordarse con el voto de la pluralidad absoluta de todos los Plenipotenciarios de las Repúblicas confederadas, y no necesitarán de la ratificación de ningún Gobierno para llevarse a efecto, siempre que no sean contrarios a las bases establecidas en este tratado, o a las que se establezcan en los que en adelante se celebren.

Se entenderá que haya pluralidad absoluta de votos para los efectos de este artículo, cuando haya un número de votos conformes, que exceda al de la mitad de las Repúblicas confederadas.

Artículo 22. El Congreso de los Plenipotenciarios de las Repúblicas confederadas podrá negociar, como representante de la Confederación, con los Gobiernos de las potencias que lo reconozcan como tal, en los casos siguientes:

1. Para celebrar aquellos tratados que los Gobiernos de todas las Repúblicas confederadas juzgaren conveniente se celebren bajo principios uniformes para todas ellas; bien entendido que estos tratados no serán obligatorios sino cuando

hayan sido ratificados por todos los Gobiernos de las Repúblicas interesadas.

2. Para pedir, y aceptar o no, las satisfacciones debidas a la Confederación por las injurias o agravios que se hayan inferido a cualquiera o cualesquiera de las Repúblicas confederadas, y que hayan sido declaradas comunes a todas.

3. Para suspender las hostilidades, en caso de guerra entre las Repúblicas confederadas y otra potencia, mientras se celebran los tratados definitivos de paz.

En los casos segundo y tercero de este artículo bastará para los acuerdos del Congreso la concurrencia de los votos de la pluralidad absoluta de los Plenipotenciarios de las Repúblicas confederadas. Si el acuerdo fuere favorable al avenimiento o a la paz y alguno de los Plenipotenciarios hubieren sido contrarios a él, las Repúblicas que éstos representen quedarán en libertad de continuar por sí las reclamaciones o las hostilidades; pero en este caso las demás Repúblicas permanecerán neutrales.

Artículo 23. El presente tratado y el de Comercio y Navegación, firmado en esta fecha, se comunicarán a los Gobiernos de los Estados americanos que no hayan concurrido a su celebración, excitándolos para que les presten su accesión. Los Estados de cuyos Gobiernos se obtuviere esta accesión, quedarán incorporados en la Confederación, y serán en todo considerados como si hubiesen concurrido a la celebración de estos tratados.

Artículo 24. El presente tratado será ratificado por los Gobiernos de las Repúblicas Contratantes, y los instrumentos y la ratificación serán canjeados, en esta ciudad de Lima, en el término de veinticuatro meses, o antes si fuere posible.

En fe de lo cual, nosotros los Ministros Plenipotenciarios de las Repúblicas de Nueva Granada y Ecuador, Perú, Bolivia y Chile, firmamos el presente y lo sellamos con nuestros respectivos sellos, en Lima, a ocho días del mes de febrero del año del Señor de mil ochocientos cuarenta y ocho.

Manuel Ferreyros — José Ballivián — D.J. Benavente — J. de Francisco Martín — Pablo Merino

Documento n.º 64. Tratado continental concluido entre las repúblicas de Chile, Ecuador y Perú.

Congreso continental de Santiago de Chile, 15 de septiembre de 1856[81]

En nombre de la Santísima Trinidad.

La República del Perú, la República de Chile y la República del Ecuador, deseando cimentar, sobre bases sólidas, la unión que entre ellas existe, como miembros de la gran familia americana, ligados por intereses comunes, por un común origen, por la analogía de sus instituciones, y por muchos otros vínculos de fraternidad, y estrechar las relaciones entre los pueblos y los ciudadanos de cada una de ellas, quitando las trabas y restricciones que puedan embarazarlos, y con la mira de dar, por medio de esa unión, desarrollo y fomento al progreso moral y material de cada una y de todas las Repúblicas y mayor impulso a su prosperidad y engrandecimiento, así como nuevas garantías a su independencia y nacionalidad y a la integridad de sus territorios, han considerado conducente a estos fines celebrar un tratado de unión entre sí y con los demás Estados americanos que convengan en adherirse a él, y al efecto han nombrado sus respectivos Plenipotenciarios, a saber:

Para institucionalizar la convergencia política de los tres países, el presente Tratado continental instituye la asamblea permanente de la Liga de los Estados Latinoamericanos. A diferencia de los anteriores, el Congreso de Santiago es reticente a la idea de una alianza defensiva y ofensiva, actitud

81 Congresos americanos de Lima, Lima, Archivo Diplomático Peruano, 1938, T. I, págs. 613-620. El Congreso se realiza en Santiago entre el 15 de septiembre de 1856 y el 3 junio de 1857. Nuevamente su propósito es la creación de una «Unión de las repúblicas americanas» bajo designios bolivarianos.

que los plenipotenciarios explican por el deseo de evitar la hostilidad de las potencias extranjeras.

Siempre debido a disensos entre los países miembros y a problemas de interpretación, el Tratado no será ratificado por ninguno de los países miembros.

S.E. el presidente de la República del Perú, al señor don Cipriano C. Zegarra, encargado de Negocios de dicha República cerca del Gobierno de Chile; S.E. el presidente de la República de Chile, al señor don Antonio Varas, ministro de Relaciones Exteriores de dicha República; S.E. el presidente de la República del Ecuador, al señor don Francisco Javier Aguirre, ministro plenipotenciario de dicha República cerca del Gobierno de Chile.

Los cuales, habiéndose comunicado sus respectivos plenos poderes, y hallándolos en buena y debida forma, han convenido en los artículos siguientes:

Artículo 1. Los ciudadanos o naturales de cualquiera de las Altas Partes Contratantes, gozarán en los territorios de cualquiera de las otras, del tratamiento de nacionales, con toda la latitud que permitan las leyes constitucionales de cada Estado. Sus propiedades o bienes gozarán igualmente en los territorios de cualquiera de las Altas Partes Contratantes, y en todas circunstancias, de la misma protección y garantías de que gocen las propiedades o bienes de los nacionales, y no estarán sujetos a otras cargas, exacciones o restricciones, que las que pesaren sobre los bienes y propiedades de los ciudadanos o naturales del Estado en que existan.

Artículo 2. Las naves de cualquiera de los Estados, en los mares, ríos, costas o puertos de los otros Estados gozarán de las mismas exenciones, franquicias y concesiones que las naves nacionales, y no serán gravadas con otros impuestos, restricciones o prohibiciones que los que gravaren a las naves nacionales.

Lo estipulado en este artículo, no se aplicará al comercio de cabotaje, que cada Estado sujetará a las reglas que estimare conveniente.

Artículo 3. La importación o exportación de frutos o mercaderías de lícito comercio en naves de cualquiera de las Altas Partes Contratantes, será tratada en los territorios de las otras como la importación o exportación hecha en naves nacionales.

Artículo 4. La correspondencia pública o particular procedente de cualquiera de los Estados que hubiese sido franqueada previamente en las oficinas respectivas, dirigida a cualquiera de los otros, o destinada a pasar en tránsito por su territorio, girará libremente y con seguridad por los correos y postas de dichos Estados, y no se cobrará por ella ningún derecho o impuesto. La misma regla se aplicará a los diarios, periódicos o folletos, aun cuando no hubiesen sido previamente franqueados en las oficinas o lugar de su procedencia.

Artículo 5. Los documentos otorgados en el territorio de cualquiera de las Altas Partes Contratantes, las sentencias pronunciadas por sus Tribunales, y las pruebas rendidas en la forma que sus leyes tengan establecidas, surtirán, en los territorios de cualquiera de las otras, los mismos efectos que los documentos otorgados en su propio territorio, que las sentencias pronunciadas por sus Tribunales, y las pruebas rendidas conforme a sus propias leyes.

Artículo 6. Las Altas Partes Contratantes convienen en concederse mutuamente la extradición de los reos de crímenes graves, con excepción de los delitos políticos, que se asilaren o se hallaren en sus territorios y que hubieran cometido esos crímenes en el territorio del Estado que los reclamare. Una convención especial determinará los crímenes y las formalidades a que deberá sujetarse la extradición.

Artículo 7. Las Altas Partes Contratantes se comprometen y obligan a unir sus fuerzas para la difusión de la enseñanza primaria y de los conocimientos útiles en los territorios de cada una de ellas, y a ponerse oportunamente de acuerdo acerca de las medidas que con ese fin deberán adoptar.

Artículo 8. Los médicos, abogados, ingenieros, y demás individuos que tuvieren una profesión científica o literaria, cuyo ejercicio requiere un título, y que fueren ciudadanos o naturales de cualquiera de las Altas Partes Contratantes y hubieren obtenido en los territorios de ésta el correspondiente título, serán reconocidos en los territorios de cualquiera de las otras, como tales abogados, médicos o ingenieros, tan luego como los Estados Contratantes adopten un sistema de estudios y de pruebas literarias que guarden analogía y correspondencia y que se consideren bastantes para habilitar al ejercicio de dichas profesiones. Se sujetarán, sin embargo, a las formalidades y pruebas de incorporación o recepción en los colegios o cuerpos literarios o científicos del respectivo Estado, según estuviere establecido para los nacionales.

Artículo 9. Con la mira de dar facilidades al comercio y estrechar las relaciones que las ligan, las Altas Partes Contratantes convienen en adoptar un sistema uniforme de monedas, tanto en su ley como en las subdivisiones monetarias, y un sistema uniforme de pesos y medidas. Convienen, igualmente, en unir sus esfuerzos para uniformar, en cuanto sea posible, las leyes y tarifas de aduanas. Para el cumplimiento de lo estipulado en este artículo, las Partes Contratantes celebrarán oportunamente los acuerdos necesarios.

Artículo 10. Las Altas Partes Contratantes adoptan, en sus relaciones mutuas, los siguientes principios:

1. La bandera neutral cubre la mercadería enemiga, con excepción del contrabando de guerra.

2. La mercadería neutral es libre a bordo del buque enemigo, y no estará sujeta a confiscación, a menos que sea contrabando de guerra.

También convienen en renunciar al empleo del corso, como medio de hostilidad contra cualquiera de las Partes Contratantes, y en considerar y tratar como piratas a los que lo hicieran en el caso a que se refiere este artículo.

Igualmente considerarán y tratarán como piratas a sus ciudadanos o naturales que aceptaren letras de marca o comisión para ayudar a cooperar hostilmente con el enemigo de cualquiera de ellas.

Artículo 11. Los agentes diplomáticos y funcionarios consulares de cada una de las Altas Partes Contratantes, prestarán a los ciudadanos o neutrales de las otras, en los puertos o lugares en que no hubiere agente diplomático o cónsul de su propio país, la misma protección que a sus nacionales.

Artículo 12. Se comprometen igualmente a fijar de una manera precisa y determinada, y en conformidad a los principios del Derecho internacional, los privilegios, exenciones y atribuciones de sus funcionarios diplomáticos y consulares y adoptar las reglas en sus relaciones con los demás Estados.

Artículo 13. Cada una de las Partes Contratantes se obliga a no ceder ni enajenar, bajo ninguna forma, a otro Estado o Gobierno, parte alguna de su territorio, ni a permitir que dentro de él se establezca una nacionalidad extraña a la que al presente domina, y se compromete a no reconocer con ese carácter a la que por cualquiera circunstancia de establezca.

Esta estipulación no obstará a las cesiones que los mismos Estados comprometidos se hicieren unos a otros para regularizar sus demarcaciones geográficas o fijar límites naturales a sus territorios, o determinar con ventaja mutua sus fronteras.

Artículo 14. Cada uno de los Estados Contratantes se obliga y compromete a respetar la independencia de los demás y, en consecuencia, a impedir, por todos los medios que estén a su alcance, que en su territorio se reúnan o preparen elementos de guerra, se enganche o reclute gente, se acopien armas, o se apresten buques para obrar hostilmente contra cualquiera de los otros, o que los emigrados políticos abusen del asilo, maquinando o conspirando contra el orden establecido en dicho Estado, o contra su Gobierno.

En caso que dichos emigrados o asilados dieren justo motivo de alarma a un Estado, y éste solicitare su internación, deberán ser alejados de la frontera o de la costa hasta una distancia suficiente, para disipar todo recelo o impedir que continúen siendo justo motivo de inquietud o alarma.

Artículo 15. Cuando contra cualquiera de los Estados Contratantes se dirigiesen expediciones o agresiones con fuerzas terrestres o marítimas procedentes del extranjero, sea que se compongan de naturales del Estado contra quien se dirige, o de extranjeros y que no obren como fuerzas pertenecientes a un Estado o Gobierno reconocido de hecho o de derecho, o que no tuvieren comisión para actos de guerra, conferida también por un Gobierno también reconocido, serán reputados y tratados por todos los Estados Contratantes, como expediciones piráticas, y sujetos en sus respectivos territorios, los que en ellas figurasen, a las leyes contra piratas, si hubieren cometido actos de hostilidad contra cualquiera de dichos Estados o contra sus buques, o que en el acto de ser atacados por fuerzas de cualquiera de los Estados Contratantes no se rindiesen a la segunda intimación.

Artículo 16. En el caso que expediciones o agresiones de la clase de que habla el artículo anterior, se dirigieren contra cualquiera de los Estados, y éste reclamare el apoyo o auxilio de los demás, se comprometen y obligan a prestar ese auxilio para impedir la expedición o agresión, para capturarla o destruirla, y para capturar o destruir todo buque que formase parte de ella o que anduviere armado en guerra con el mismo fin, sin pertenecer como buque armado en guerra a ningún gobierno reconocido. Si el auxilio de que habla este artículo fuere prestado por alguno o algunos de los Estados solamente, como deberán hacerlo según las facilidades que les dieren su proximidad al Estado amenazado o sus elementos, los demás concurrirán a los gastos que se hicieren en la proporción que de común acuerdo se fijare.

Artículo 17. Se obligan también a no conceder el tratamiento nacional ni conferir empleo, sueldo o distinción alguna, a los que figuraren como jefes en esas expediciones piráticas y a negarles el asilo, si el Estado contra quien se dirige o se haya dirigido la expedición lo exigiere.

Artículo 18. En caso de infringirse, por uno o más ciudadanos de uno de los Estados, alguna o algunas de las estipulaciones de este Tratado o de los que se celebren en consecuencia de él, o de los que ligaren a los demás Estados particularmente entre sí, la responsabilidad de la infracción pesará sobre dichos ciudadanos sin que por tal motivo se interrumpa la buena armonía y amistad entre los Estados ligados por el Tratado infringido, obligándose cada uno a no proteger al infractor o infractores, y a contribuir a que se haga efectiva la responsabilidad de ellos.

Artículo 19. Para el caso desgraciado de violar alguna de las Altas Partes Contratantes de este Tratado, o los que se celebren en consecuencia de él o cualquier Tratado que liga particularmente entre sí a algunas de ellas, se estipula que la parte que se creyere ofendida, no ordenará ni autorizará actos de hostilidad o represalias, ni declarará la guerra sin presentar antes al Estado ofensor una exposición de los motivos de queja comprobada, con testimonios justificativos bastantes, exigiendo justicia o satisfacción, y sin que ésta haya sido negada o dilatada; igual procedimiento se obligan a observar en el caso de cualquiera otra ofensa, injuria o daño inferido o hecho por uno de los Estados al otro, de manera que no se ejecutarán actos de represalia, ni se cometerán hostilidades, ni se declarará la guerra, sin la previa exposición de motivos para que se dé satisfacción o se haga justicia, y sin agotar antes todos los medios pacíficos de arreglar sus diferencias.

Se comprometen, igualmente, para alejar todo motivo que perjudique a la buena inteligencia y armonía que deben mantenerse entre sí, que cualquiera que sean los motivos que alguno de ellos tuviere para variar el orden de sus relaciones con otros de los Estados, constituidos por actos internacionales, cualquiera que sea el carácter de éstos, no procederá a variarlos sin haber comunicado su resolución al otro Estado, y propuesto o indicado las bases bajo las cuales deberán arreglar esas mismas relaciones en adelante.

Artículo 20. Con la mira de consolidar y robustecer la unión, de desarrollar los principios en que se establece y de adoptar las medidas que exige la ejecución de algunas de las estipulaciones de este Tratado, que requiere disposiciones ulteriores, las Altas Partes Contratantes convienen en nombrar cada una de ellas un Plenipotenciario, y en que estos Plenipotenciarios reunidos en Congreso representen a todos los Estados de la Unión para los objetos de este Tratado.

La primera reunión del Congreso de Plenipotenciarios se verificará a los tres meses de canjeadas las ratificaciones de este Tratado, o antes si fuese posible, y seguirá reuniéndose en adelante a lo menos cada tres años. Se reunirá en las capitales de los Estados Contratantes, por turno, según el orden que se fijare en la primera reunión.

Artículo 21. El Congreso de Plenipotenciarios tendrá derecho y representación bastante para ofrecer su mediación, por medio del individuo o individuos de su seno que designe, en caso de diferencias entre los Estados Contratantes, y ninguno de ellos podrá dejar de aceptar dicha mediación.

Si cuando ocurrieren las diferencias, no estuviere reunido el Congreso, procederá a convocarlo el Gobierno cuyo Ministro Plenipotenciario hubiese sido último presidente, para que el Congreso haga esta designación. Del mismo modo se procederá cuando otro motivo exigiere que el Congreso de Plenipotenciarios sea convocado y reunido.

Artículo 22. El Congreso, en ningún caso y por ningún motivo, puede tomar como materia de sus deliberaciones los disturbios intestinos, movimientos o agitaciones interiores de los diversos Estados de la Unión, ni acordar para influir en esos movimientos ningún género de medidas, de modo que la independencia de cada Estado, para organizarse y gobernarse como mejor conciba, sea respetada en toda su latitud y no pueda ser contrariada ni directa, ni indirectamente, por actos, acuerdos o manifestaciones del Congreso.

Artículo 23. El presente Tratado será comunicado inmediatamente después del canje de sus ratificaciones, por los Gobiernos de las Repúblicas Contratantes, a los demás Estados hispanoamericanos y al Brasil, y éstos podrán incorporarse en la unión que se establece y quedarán obligados a todas sus estipulaciones, celebrando un tratado para su aceptación, con cualquiera de los signatarios del presente.

Artículo 24. Las concesiones, exenciones y favores que se estipulan en este Tratado, respecto de los Estados Contratantes y de los que más adelante se adhieran a él, y los que se estipularen en los tratados que posteriormente se celebren a consecuencia de él y con el mismo fin, se entienden otorgados, todos y cada uno de los que concede cada Estado en reciprocidad de todos y cada uno de los que otros Estados le otorguen, sin que una reciprocidad parcial pueda dar derecho al goce de ninguno de ellos.

Artículo 25. El presente Tratado se estipula por el término de diez años, contados desde la fecha del canje de las ratificaciones; pero continuará en vigor aun después de transcurrido este término, si ninguna de las Partes Contratantes anuncia a las otras su intención de hacerlo cesar con doce meses de anticipación. El mismo término deberá mediar entre el anuncio y la cesación del Tratado en cualquiera época en que se hiciera la notificación, transcurridos los diez años que el tratado debe durar en vigor.

Artículo 26. El presente Tratado será ratificado y las ratificaciones canjeadas en Santiago, dentro de doce meses, o antes si fuere posible.

En fe de lo cual los respectivos Plenipotenciarios lo han firmado y puesto en él su sello.

Hecho en Santiago, a los quince días del mes de septiembre del año de Nuestro Señor, mil ochocientos cincuenta y seis.

Cipriano C. Zegarra — Antonio Varas — Francisco X. Aguirre

Documento n.º 65. Tratados de unión y alianza defensiva, conservación de la paz, y comercio y navegación concluidos entre las repúblicas de Bolivia, Colombia, Chile, Ecuador, El Salvador, Perú y Venezuela

Segundo congreso de Lima, 23 de enero y 12 de marzo de 1865[82]

1. Tratado de unión y alianza defensiva entre los estados de América contratantes

Lima, 23 de enero de 1865

En el nombre de Dios.

Los Estados de América que adelante se mencionan, deseando unirse para proveer a su seguridad exterior, estrechar relaciones, afianzar la paz entre ellos, y promover otros intereses comunes, han resuelto atender aquellos objetos por medio de pactos internacionales, de que el presente es el

82 Congresos americanos de Lima, Lima, Archivo Diplomático Peruano, 1938, T. I, págs. 547-552 y 559-561.
El Congreso se organiza en Lima entre el 14 noviembre de 1864 y el 13 marzo de 1865. Participan las delegaciones de siete países: Bolivia, Colombia, Chile, Ecuador, El Salvador, Perú y Venezuela.
La Asamblea llama por última vez a formar una confederación para hacer frente a las nuevas agresiones externas: la ocupación francesa de México, los ensayos de reconquista española de la isla de Santo Domingo y la declaración de guerra de España al Perú y a Chile. En esta ocasión se suscriben cuatro tratados. Además de los tres incluidos en esta sección, los delegados firman un Tratado de Correos. El legado bolivariano de crear un árbitro para las disputas entre países es estipulado en todos sus detalles en el Tratado de Conservación de la Paz; el Tratado de Comercio y Navegación, por su parte, introduce el objetivo de unión monetaria y la libre circulación de las monedas de los países confederados. No obstante su importancia y visión, estos tratados tampoco serán ratificados por los Congresos nacionales.

primero y cardinal. Para ello han conferido plenos poderes como sigue: por los Estados Unidos de Colombia, don Justo Arosemena; por Chile, don Manuel Montt; por Bolivia, don Juan de la Cruz Benavente; por el Ecuador, don Vicente Piedrahita; por el Perú, don José Gregorio Paz Soldán; por El Salvador, don Pedro Alcántara Herrán; y por los Estados Unidos de Venezuela, don Antonio Leocadio Guzmán.

Y habiendo los Plenipotenciarios canjeado sus poderes, que hallaron bastantes y en debida forma, han convenido aquí en las siguientes estipulaciones:

Artículo 1. Las Altas Partes Contratantes se unen y ligan a los objetos arriba expresados y se garantizan mutuamente independencia, su soberanía y la integridad de sus territorios activos, obligándose, en los términos del presente Tratado, a defenderse contra toda agresión que tenga por objeto privar a una de ellas de cualquiera de los derechos aquí expresados, venga la agresión de una potencia extraña, ya de alguna de ligadas por este pacto, ya de fuerzas extranjeras que no obedezcan a un Gobierno reconocido.

Artículo 2. La Alianza aquí estipulada producirá sus efectos cuando haya violación de los derechos expresados en el artículo 1 y especialmente en los casos de ofensa, que consistan:

1. En los actos dirigidos a privar a alguna de las Naciones Contratantes de una parte de su territorio, con ánimo de apropiarse su dominio o de cederlo a otra potencia.

2. En actos dirigidos a anular o variar la forma de Gobierno, la Constitución política o las leyes que cualquiera de las Partes Contratantes se diere o hubiere dado en ejercicio de su soberanía; o que tengan por objeto alterar violentamente su régimen interno o imponerle, de la misma manera, autoridades.

3. En actos dirigidos a someter a cualquiera de las Altas Partes Contratantes a protectorado, venta o cesión de territorio, o establecer sobre ellas cualquiera superioridad, derecho o preeminencia, que menoscabe u ofenda el ejercicio amplio y completo de su soberanía e independencia.

Artículo 3. Los aliados decidirán, cada uno por su parte, si la ofensa que se hubiere inferido a cualquiera de ellos se halla comprendida entre las enumeradas en los artículos anteriores.

Artículo 4. Declarado el casus foederis, las Partes Contratantes se comprometen a cortar, inmediatamente, sus relaciones con la potencia agresora, a dar pasaporte a sus Ministros públicos, a cancelar las patentes de sus agentes consulares, a prohibir la importación de sus productos naturales y artefactos, y a cerrar los puertos a sus naves.

Artículo 5. También nombrarán las mismas Partes Plenipotenciarios que celebren los convenios precisos para determinar los contingentes de fuerza y los auxilios terrestres, marítimos o de cualquiera otra clase, que los aliados deben dar a la nación agredida; la manera en que las fuerzas deben obrar y los otros auxilios realizarse, y todo lo demás que convenga para el mejor éxito de la defensa.

Los Plenipotenciarios se reunirán en el lugar que designare la parte ofendida.

Artículo 6. Las Altas Partes Contratantes se obligan a suministrar a la que fuere agredida, los medios de defensa de que cada una de ellas juzgare disponer, aunque no hayan precedido las estipulaciones de que habla el artículo anterior, con tal que el caso fuere, a su juicio, urgente.

Artículo 7. Declarado el casus foederis, la parte ofendida no podrá celebrar convenios de paz o de tregua, sin comprender en ellos a los aliados que hubiesen tomado parte en la guerra y quisieren aceptarlos.

Artículo 8. Si, lo que Dios no permita, una de las Partes Contratantes ofendiese los derechos de otra, garantizados en esta alianza, se procederá, por las demás, de la misma manera que si el agravio fuere cometido por una potencia extraña.

Artículo 9. Las Altas Partes Contratantes se obligan a no conceder ni aceptar de ninguna nación o gobierno, protectorado o superioridad que menoscabe su independencia y soberanía, y se comprometen, igualmente, a no enajenar a otra nación o gobierno parte alguna de su territorio. Estas estipulaciones no obstan, sin embargo, para que las Partes que fueren limítrofes se hagan las cesiones de territorio que tuvieren a bien para la mejor demarcación de sus límites o fronteras.

Artículo 10. Las Altas Partes Contratantes se obligan a nombrar Plenipotenciarios que se reúnan cada tres años, aproximadamente, y ajusten los pactos convenientes para estrechar y perfeccionar la unión establecida en el presente Tratado.

Un acuerdo especial del actual Congreso determinará el día y el lugar en que deba reunirse la primera Asamblea de Plenipotenciarios, la cual hará igual designación para la siguiente; y así en lo sucesivo hasta la expiración del presente Tratado.

Artículo 11. Las Altas Partes Contratantes solicitarán, colectiva o separadamente, que los demás Estados americanos que han sido invitados al actual Congreso, se adhieran a este Tratado; y desde que dichos Estados manifiesten su aceptación formal, tendrán los derechos y obligaciones que de él emanan.

Artículo 12. Este Tratado durará en pleno vigor por el término de quince años, contados desde el día de esta fecha, y pasado ese tiempo, cualquiera de los Contratantes podrá ponerle término, por su parte, anunciándolo a los demás con doce meses de anticipación.

Artículo 13. El canje se hará en la ciudad de Lima, en el término de dos años, o antes, si fuere posible.

En fe de lo cual, nosotros, los Ministros Plenipotenciarios suscritos, firmamos el presente, y lo sellamos con nuestros respectivos sellos, en Lima, a veintitrés días del mes de enero del año del Señor de mil ochocientos sesenta y cinco.

José G. Paz Soldán — J. de la Cruz Benavente — Justo Arosemena — Manuel Montt — Vicente Piedrahita — P.A. Herrán — Antonio Leocadio Guzmán

2. Tratado sobre la conservación de la paz

Lima, 23 de enero de 1865

En el nombre de Dios.

Los Estados de América que según el Tratado de unión y alianza de esta misma fecha, se han ligado para diversos objetos; hallándose representados por los Plenipotenciarios que suscriben dicho Tratado y canjeados y hallados en debida forma sus poderes, a saber: por los Estados Unidos de Colombia, don Justo Arosemena; por Chile, don Manuel Montt; por Bolivia, don Juan de la Cruz Benavente; por el Ecuador, don Vicente Piedrahita; por el Perú, don José Gregorio Paz Soldán; por el Salvador, don Pedro Alcántara Herrán, y por los Estados Unidos de Venezuela, don Antonio Leocadio Guzmán, han convenido en las siguientes estipulaciones:

Artículo 1. Las Altas Partes Contratantes se obligan solemnemente a no hostilizarse, ni aun por vía de apremio, y a no ocurrir jamás al empleo de las armas como medio de terminar sus diferencias, que procedan de hechos no comprendidos en el casus foederis del Tratado de alianza defensiva, firmado en esta fecha. Por el contrario emplearán exclusivamente los medios pacíficos para terminar todas esas diferencias, sometiéndolas al fallo inapelable de un árbitro, cuando no puedan transigirlas de otro modo.

Las controversias sobre límites quedan comprendidas en esta estipulación.

Artículo 2. Cuando las Partes interesadas no puedan convenir en el nombramiento del árbitro, se hará éste por una Asamblea especial de Plenipotenciarios nombrados por las naciones Contratantes e igual en número, por lo menos, a la mayoría de dichas naciones.

La reunión se llevará a efecto en el territorio de cualquiera de las naciones vecinas a las interesadas que designe aquélla que primero hubiere solicitado el nombramiento.

Artículo 3. Siempre que al solicitarse la designación de árbitro, en el caso del artículo anterior, estuviere reunida en el número antes determinado la Asamblea de Plenipotenciarios de que habla el artículo 10 del tratado de unión y alianza suscrito en esta fecha, corresponderá a dicha Asamblea hacer el expresado nombramiento.

Artículo 4. Si una de las Partes Contratantes rehusare o eludiere el nombramiento de árbitro, la otra podrá ocurrir a los demás Gobiernos de los Estados aliados, los cuales tomarán en consideración cada uno por su parte, la exposición del caso, y procurarán decidir a la Parte remitente al cumplimiento de la estipulación contenida en el artículo 1.

Artículo 5. Cuando las Partes interesadas no hubieren fijado de antemano la manera de proceder para ventilar sus derechos, corresponderá al árbitro determinar el procedimiento.

Artículo 6. Cada una de las Partes Contratantes se obliga a impedir, por todos los medios que estén a su alcance, que en su territorio se preparen o reúnan elementos de guerra, se enganche o reclute gente, o se apresten buques para obrar hostilmente contra cualquiera de las otras potencias signatarias o adherentes.

Se obligan también a impedir que los emigrados o asilados políticos abusen del asilo, conspirando contra el Gobierno del país de su procedencia.

Artículo 7. Cuando dichos emigrados o asilados políticos dieren justo motivo de queja a la potencia de donde proceden o a otra limítrofe de aquella donde residan, deberán ser alejados de la frontera, hasta una distancia suficiente para disipar todo temor, siempre que la potencia así amenazada solicitare su internación con documentos justificativos.

Artículo 8. Las Altas Partes Contratantes se obligan a no permitir por su territorio el tránsito de tropas, de armas y artículos de guerra destinados a obrar contra alguna de ellas.

Artículo 9. Asimismo se obligan las Partes Contratantes a no permitir que en sus puertos hagan provisiones de artículos de contrabando de guerra, los buques o escuadras de naciones que se encuentren en estado de guerra con alguna de las signatarias del presente Tratado; ni que se haga la carena de dichos buques de guerra, ni menos que se constituyan en los mismos puertos en acecho contra la nación con la cual se encuentren en estado de guerra o de hostilidad declarada.

Artículo 10. Las Altas Partes Contratantes solicitarán, colectiva o separadamente, que los demás Estados que han sido invitados al actual Congreso, se adhieran a este tratado; y desde que dichos Estados manifestaren a todas ellas su aceptación formal, tendrán los derechos y obligaciones que de él emanan.

Artículo 11. Este Tratado durará en pleno vigor por el término de quince años, contados desde el día de la fecha; y pasado ese término, cualquiera de los Contratantes podrá, por su parte, ponerle fin, anunciándolo a los demás con doce meses de anticipación.

Artículo 12. El canje de las ratificaciones de este tratado, se hará en la ciudad de Lima, en el término de dos años, o antes si fuere posible; y surtirá sus efectos entre las partes que lo hagan a medida que lo fueren ejecutando.

En fe de lo cual, nosotros, los Ministros Plenipotenciarios suscritos, firmamos el presente y lo sellamos con nuestros respectivos sellos, en Lima, a veintitrés días del mes de enero del año del Señor de mil ochocientos sesenta y cinco.

José G. Paz Soldán — J. de la Cruz Benavente — Justo Arosemena — Manuel Montt — Vicente Piedrahita — P.A. Herrán — Antonio Leocadio Guzmán

3. Tratado de comercio y navegación

Lima, 12 de marzo de 1865

En el nombre de Dios.

Los Estados de América, que abajo se mencionan, con la mira de facilitar sus relaciones comerciales entre sí y con las demás naciones, como el medio de cimentar la unión de intereses a que propenden, han convenido en celebrar un Tratado de comercio y navegación, por medio de sus Plenipotenciarios, que lo son: por el Perú, el señor don José Gregorio Paz Soldán; por Bolivia, el señor don Juan de la Cruz Benavente; por los Estados Unidos de Colombia, el señor don Justo Arosemena; por el Ecuador, el señor don Vicente Piedrahita; por Guatemala, el señor general Pedro Alcántara Herrán; por el Salvador, el expresado señor general Pedro Alcántara Herrán, y por los Estados Unidos de Venezuela, el señor don Antonio Leocadio Guzmán, por cuya ausencia y comisión firma el mencionado señor don Justo Arosemena: los que después de haber canjeado sus respectivos poderes y encontrándolos en buena y debida forma, han convenido en los artículos siguientes:

Artículo 1. Los Estados Contratantes se obligan a mantener abiertos al comercio del mundo sus puertos, ríos y mercados, bajo las leyes y reglamentos de cada Estado, y al amparo del Derecho de gentes.

Artículo 2. Los naturales y los buques de cualquiera de los Estados Contratantes serán considerados en todos los demás como nacionales, para los efectos del tráfico interior y exterior de los mismos Estados, cuyos súbditos y banderas gozarán de igualdad mutua y completa en las relaciones comerciales.

Artículo 3. Los Estados Contratantes se otorgan, sin impuestos ni gabelas de ninguna clase, el libre uso de sus astilleros para la construcción, reparación o carena de sus naves de guerra. Los buques mercantes de cualquiera de ellos serán tratados también como nacionales, en lo concerniente a las expresadas obras de astillero.

Artículo 4. En los casos de incendio, naufragio u otro peligro en que se encontraran las naves, sean mercantes o de guerra, de cualquiera de los Estados Contratantes, las autoridades de los puertos inmediatos les prestarán todos los auxilios de que puedan disponer, siendo obligación de los interesados cubrir los gastos que hubiere ocasionado el auxilio.

Artículo 5. Los Estados Contratantes se obligan a adoptar y mantener el sistema métrico decimal, según se estableció primitivamente en Francia, con las modificaciones que, en cuanto a monedas, se expresan en los dos artículos siguientes.

Artículo 6. La unidad monetaria será una pieza de plata igual en peso, diámetro y ley a la de cinco francos en el sistema francés, dividida en cien partes o centavos.

Artículo 7. No queda restringida para los Estados Contratantes la facultad de acuñar las monedas que a bien tengan, siempre que éstas se adapten al sistema decimal y se hallen en relación con la unidad establecida.

No se comprometen las Partes Contratantes a reacuñar sus actuales monedas para adaptarlas al nuevo sistema, sino conforme lo permitan sus recursos.

Artículo 8. Las monedas que se emitieren en cada uno de los Estados Contratantes, tendrán también en los demás curso legal por su valor equivalente.

Artículo 9. Los naturales y vecinos de cada uno de los Estados Contratantes podrán viajar libremente de uno a otro Estado, y en el territorio de cualquiera de ellos, sin necesidad de pasaporte, a menos que en tiempo de guerra, interior o exterior, se creyere indispensable establecer temporalmente aquella restricción.

Artículo 10. Los naturales de un Estado que se hubieren avecindado en otro, no tendrán en él más protección que la que las leyes y autoridades del país otorguen a sus respectivos naturales, a menos que se pretenda obligarlos a servir contra el país de donde son naturales o naturalizados, pero tendrán también todos los derechos de que gocen los nacionales y que sean compatibles con la Constitución política.

Artículo 11. Los agentes diplomáticos y consulares de cada uno de los Estados Contratantes prestarán a los naturales o naturalizados de los otros, en los puertos o lugares en que éstos no tuvieren agentes diplomáticos o consulares, la misma protección personal y real que a sus nacionales.

Artículo 12. Cualquiera de las estipulaciones precedentes que se hallare en contradicción con las de otros pactos que alguno de los Estados Contratantes haya celebrado de antemano, se declara en suspenso respecto de dichos Estados, mientras subsista el mencionado pacto.

Artículo 13. Todas las concesiones estipuladas en el presente Tratado son solidarias y correlativas y se considerarán como mutuas compensaciones de las demás franquicias y favores que los Estados signatarios se han otorgado.

Artículo 14. El presente Tratado durará por el término de quince años, contados desde la fecha. Si al fenecimiento de este término ninguna de las Altas Partes Contratantes hubiere hecho saber a las otras su resolución de ponerle fin, continuará vigente para todas hasta doce meses después de que cualquiera de ellas haya expresado la supradicha resolución que desligando solamente a la parte que la manifieste, dejará subsistente el Tratado para las demás.

Artículo 15. Los Estados americanos que no son parte en el presente Tratado podrán serlo, manifestando su adhesión a él, en la forma de estilo, a los Estados signatarios, y desde entonces quedarán con todos los derechos y obligaciones que del mismo pacto emanan.

Artículo 16. El canje de las ratificaciones se verificará en Lima dentro de dos años, o antes si fuere posible, entre aquellos Estados que las hubieren hecho o concurrieren al acto por medio de sus Plenipotenciarios.

En fe de la cual, nosotros, los Ministros Plenipotenciarios mencionados, firmamos el presente y lo sellamos con nuestros respectivos sellos, en Lima, a doce días del mes de marzo del año del Señor de mil ochocientos sesenta y cinco.

José O. Paz Soldán — J. de la Cruz Benavente — Justo Arosemena — Vicente Piedrahita — P.A. Herrán

Libros a la carta

A la carta es un servicio especializado para
- empresas,
- librerías,
- bibliotecas,
- editoriales
- y centros de enseñanza;

y permite confeccionar libros que, por su formato y concepción, sirven a los propósitos más específicos de estas instituciones.

Las empresas nos encargan ediciones personalizadas para marketing editorial o para regalos institucionales. Y los interesados solicitan, a título personal, ediciones antiguas, o no disponibles en el mercado; y las acompañan con notas y comentarios críticos.

Las ediciones tienen como apoyo un libro de estilo con todo tipo de referencias sobre los criterios de tratamiento tipográfico aplicados a nuestros libros que puede ser consultado en Linkgua-ediciones.com.

Linkgua edita por encargo diferentes versiones de una misma obra con distintos tratamientos ortotipográficos (actualizaciones de carácter divulgativo de un clásico, o versiones estrictamente fieles a la edición original de referencia).

Este servicio de ediciones a la carta le permitirá, si usted se dedica a la enseñanza, tener una forma de hacer pública su interpretación de un texto y, sobre una versión digitalizada «base», usted podrá introducir interpretaciones del texto fuente. Es un tópico que los profesores denuncien en clase los desmanes de una edición, o vayan comentando errores de interpretación de un texto y esta es una solución útil a esa necesidad del mundo académico.

Asimismo publicamos de manera sistemática, en un mismo catálogo, tesis doctorales y actas de congresos académicos, que son distribuidas a través de nuestra Web.

El servicio de «libros a la carta» funciona de dos formas.

1. Tenemos un fondo de libros digitalizados que usted puede personalizar en tiradas de al menos cinco ejemplares. Estas personalizaciones pueden ser de todo tipo: añadir notas de clase para uso de un grupo de estudiantes, introducir logos corporativos para uso con fines de marketing empresarial, etc. etc.

2. Buscamos libros descatalogados de otras editoriales y los reeditamos en tiradas cortas a petición de un cliente.

www.ingramcontent.com/pod-product-compliance
Lightning Source LLC
LaVergne TN
LVHW100137051026
849525LV00004B/1429
* 9 7 8 8 4 1 0 7 6 0 0 8 0 *